Edition HMD

Herausgegeben von:

Hans-Peter Fröschle
i.t-consult GmbH
Stuttgart, Deutschland

Knut Hildebrand
Hochschule Weihenstephan-Triesdorf
Freising, Deutschland

Josephine Hofmann
Fraunhofer IAO
Stuttgart, Deutschland

Matthias Knoll
Hochschule Darmstadt
Darmstadt, Deutschland

Andreas Meier
University of Fribourg
Fribourg, Schweiz

Stefan Meinhardt
SAP Deutschland SE & Co KG
Walldorf, Deutschland

Stefan Reinheimer
BIK GmbH
Nürnberg, Deutschland

Susanne Robra-Bissantz
TU Braunschweig
Braunschweig, Deutschland

Susanne Strahringer
TU Dresden
Dresden, Deutschland

EBOOK INSIDE

Die Zugangsinformationen zum eBook inside finden Sie
am Ende des Buchs.

Die Fachbuchreihe „Edition HMD" wird herausgegeben von Hans-Peter Fröschle, Prof. Dr. Knut Hildebrand, Dr. Josephine Hofmann, Prof. Dr. Matthias Knoll, Prof. Dr. Andreas Meier, Stefan Meinhardt, Dr. Stefan Reinheimer, Prof. Dr. Susanne Robra-Bissantz und Prof. Dr. Susanne Strahringer.

Seit über 50 Jahren erscheint die Fachzeitschrift „HMD – Praxis der Wirtschaftsinformatik" mit Schwerpunktausgaben zu aktuellen Themen. Erhältlich sind diese Publikationen im elektronischen Einzelbezug über SpringerLink und Springer Professional sowie in gedruckter Form im Abonnement. Die Reihe „Edition HMD" greift ausgewählte Themen auf, bündelt passende Fachbeiträge aus den HMD-Schwerpunktausgaben und macht sie allen interessierten Lesern über online- und offline-Vertriebskanäle zugänglich. Jede Ausgabe eröffnet mit einem Geleitwort der Herausgeber, die eine Orientierung im Themenfeld geben und den Bogen über alle Beiträge spannen. Die ausgewählten Beiträge aus den HMD-Schwerpunktausgaben werden nach thematischen Gesichtspunkten neu zusammengestellt. Sie werden von den Autoren im Vorfeld überarbeitet, aktualisiert und bei Bedarf inhaltlich ergänzt, um den Anforderungen der rasanten fachlichen und technischen Entwicklung der Branche Rechnung zu tragen.

Weitere Bände in dieser Reihe:
http://www.springer.com/series/13850

Stefan Reinheimer
Hrsg.

Cloud Computing

Die Infrastruktur der Digitalisierung

Herausgeber
Stefan Reinheimer
BIK GmbH
Nürnberg, Deutschland

Das Herausgeberwerk basiert auf vollständig neuen Kapiteln und auf Beiträgen der Zeitschrift HMD – Praxis der Wirtschaftsinformatik, die entweder unverändert übernommen oder durch die Beitragsautoren überarbeitet wurden.

ISSN 2366-1127   ISSN 2366-1135 (electronic)
Edition HMD
ISBN 978-3-658-20966-7   ISBN 978-3-658-20967-4 (eBook)
https://doi.org/10.1007/978-3-658-20967-4

Die Deutsche Nationalbibliothek verzeichnet diese Publikation in der Deutschen Nationalbibliografie; detaillierte bibliografische Daten sind im Internet über http://dnb.d-nb.de abrufbar.

Gedruckt auf säurefreiem und chlorfrei gebleichtem Papier

Springer Vieweg ist ein Imprint der eingetragenen Gesellschaft Springer Fachmedien Wiesbaden GmbH und ist ein Teil von Springer Nature.
Die Anschrift der Gesellschaft ist: Abraham-Lincoln-Str. 46, 65189 Wiesbaden, Germany

Vorwort

Werden uns nachfolgende Generationen einmal ungläubig fragen, ob wir „Alten" früher wirklich mit Rechnern gearbeitet haben, die ihre Anwendungssoftware lokal gespeichert hatten und wir überdies regelmäßig Updates selbst durchführen mussten. „Wie habt Ihr denn dann zusammengearbeitet und wie habt Ihr gewährleistet, dass die Daten auch sicher waren, wenn der Rechner kaputtgegangen ist?" Werden unsere Argumente, wie mangelnde Internet-Verfügbarkeit, eingeschränkte Bandbreite und Sicherheitsbedenken den kommenden IT-Nachwuchs überzeugen können? Wie bei so vielen technischen Entwicklungen werden wir auch diese Fragen erst retrospektiv beantworten können. Legen wir uns diese Edition HMD also in zehn, oder besser schon in fünf (?) Jahren auf Wiedervorlage, um die offenen Punkte des Vorworts zu klären.

Zurück zur Gegenwart: Zahlen zum Thema Cloud Computing – selbst von seriösen Institutionen – weisen große Diskrepanzen auf. So verkündet das Statistische Bundesamt in seiner Pressemitteilung vom 20. März 2017 (Nr. 102/17): „17 % der Unternehmen nutzten 2016 Cloud Computing" gegenüber 12 % im Jahr 2014.[1] In zwei Jahren also ein Anstieg von 5 Prozentpunkten, oder knapp 42 %. Die bitkom jongliert jedoch mit ganz anderen Fakten. Ihre nahezu zeitgleiche Presseinformation vom 14. März 2017 titelt „Nutzung von Cloud Computing in Unternehmen boomt" und postuliert, dass 65 % der deutschen Unternehmen im Vorjahr Cloud Computing genutzt haben und gegenüber 2014 ein Anstieg von 21 Prozentpunkten, oder knapp 48 % zu verzeichnen ist.[2] Liegt es am unterschiedlichen Verständnis für Cloud Computing? Berücksichtigt das Statistische Bundesamt vielleicht nur Public Cloud Services? Die Unterschiede im Verständnis sind den Pressemitteilungen der beiden Institutionen nicht zu entnehmen. Fakt ist: Das Thema ist so attraktiv, dass Artikel der Zeitschrift „HMD – Praxis der Wirtschaftsinformatik" in einem Band der Edition HMD in aktualisierter und erweiterter Form erscheinen. Die zusammengestellten Beiträge tangieren alle drei Ebenen des Cloud Computings: Software as a Service (SaaS), Platform as a Service (PaaS) und Infrastructure as a Service

---

[1] https://www.destatis.de/DE/PresseService/Presse/Pressemitteilungen/2017/03/PD17_102_52911.html.

[2] https://www.bitkom.org/Presse/Presseinformation/Nutzung-von-Cloud-Computing-in-Unternehmen-boomt.html.

(IaaS). Beurteilen Sie selbst, ob Cloud Computing eine der zentralen Voraussetzungen für die Digitalisierung ist, wie sie von einigen Fachleuten eingeschätzt wird.

Gruppiert habe ich die Artikel in drei Kategorien. Im Rahmen der *Grundlagen* zeigen zwei Beiträge auf, wie sich das Thema Cloud Computing bislang entwickelt hat und was für die Zukunft zu erwarten ist. Zur Unterstützung bei der Beurteilung des kaum überschaubaren Leistungsangebotes gibt es einen Überblick über Key Performance Indicators für SaaS. Abgerundet wird dieser Teil durch zwei Beiträge, in denen zum einen die DATEV einen Einblick in ihre Cloud-Strategie gibt und zum anderen die Auswirkungen dieser Technologie auf das SAP Leistungsportfolio aufgezeigt werden.

Die zweite Kategorie, *Praxisbeispiele*, fasst Beiträge zusammen, die den innovativen Einsatz von Cloud-Technologien in den verschiedensten Branchen beschreiben. Dazu gehören der Maschinen- und Anlagenbau genauso wie Dienstleistungen in der Wirtschaftsprüfung und der Reisebranche. Branchenübergreifend befasst sich ein Beitrag mit dem Einsatz von SaaS und PaaS in Unternehmen, um die klassische Personalverwaltung in ein aktives Personalmanagement zu überführen.

Die *Implikationen* befassen sich mit Auswirkungen des Cloud Computing. Darunter finden sich durchaus kritische Beiträge. Da gibt es jenen, der die Herausforderungen für die externe Revision bei der Beurteilung von Cloud Systemen im Unternehmen adressiert oder jenen, der informationsethische Aspekte der Daten und Applikationen in der Wolke aufgreift, um uns zu sensibilisieren. Konkrete operative Auswirkungen für die Softwareentwicklung werden thematisiert, genauso wie eine strategischere Betrachtung, wie Cloud Plattformen und resultierende Geschäftsmodelländerungen die IT-Industrie selbst digitalisieren und was das für Entwickler und Anwender bedeutet. Das IT-Sicherheitsgesetz gibt seit 2015 ein Regelwerk für die Sicherheit informationstechnischer Systeme und den Schutz kritischer Infrastrukturen vor. Der abschließende Beitrag analysiert die Implikationen dieses Regelwerkes auf das IT-Risikomanagement von Cloud-Dienstleistungen.

Ich denke, die Zusammenstellung der Beiträge schafft sowohl Übersicht über eine zentrale, disruptive Technologie mit Bedeutung für die vierte industrielle Revolution als auch spezifische und punktuelle Einblicke in ihre Auswirkungen, so dass Breite und Tiefe des Themas abgesteckt werden, ohne den Anspruch, sämtliche Aspekte und die gesamte Komplexität abzudecken.

Ich wünsche Ihnen viele Erkenntnisgewinne und Anregungen zur Reflexion Ihrer eigenen Situation im Umfeld des Cloud Computings, verbunden mit der Hoffnung, dass Sie daraus eigene Ableitungen für eine Umsetzung in Ihrem Unternehmen, Ihrer Aus- und Weiterbildung oder Ihrem Forschungsumfeld treffen können.

Nürnberg im Januar 2018   Stefan Reinheimer

Inhaltsverzeichnis

**9   Vom traditionellen Personalmanagement hin zu e-HRM
in der Cloud Implementierungsansätze einer digitalen
HR-Transformation** 113
Robert-Christian Ziebell, Klaus-Peter Schoeneberg, Martin Schultz,
José Albors Garrigós und M. Rosario Perello-Marin

Teil III   Implikationen

**10   Risikoorientiertes Monitoring von Cloud-Systemen: Methoden
für die externe Revision** 143
Andreas Kiesow, Johannes Langhein und Oliver Thomas

**11   Digitalisierung der IT-Industrie mit Cloud Plattformen –
Implikationen für Entwickler und Anwender** 155
Christopher Hahn

12   Security-by-Design in der Cloud-Anwendungsentwicklung. 169
Gunther Schiefer, Andreas Oberweis, Murat Citak und
Andreas Schoknecht

Die Autoren

Michael Adelmeyer Michael Adelmeyer ist wissenschaftlicher Mitarbeiter am Fachgebiet für Unternehmensrechnung und Wirtschaftsinformatik an der Universität Osnabrück. Zu seinen Forschungsgebieten zählen Cloud Computing, Kritische Infrastrukturen, IT-Sicherheit, IT-Compliance sowie IT-Audit. Im Rahmen seiner vorhergehenden beruflichen Tätigkeit als IT-Revisor im Bereich Information Risk Management in einer Wirtschaftsprüfungsgesellschaft in Düsseldorf wurde er als Certified Information Systems Auditor (CISA) zertifiziert.

Prof. Dr. José Albors Garrigós José Albors Garrigós ist emeritierter Professor an der Polytechnischen Universität Valencia (UPV) in Spanien. Er studierte Wirtschaftsingenieurwesen an der Polytechnischen Universität Madrid, wo er zudem seinen Doktortitel und einen MBA erwarb. Mit mehr als 25 Jahren Berufserfahrung als Ingenieur trat Dr. Albors 1995 in die UPV ein und wurde 2010 zum ordentlichen Professor ernannt. Er verfügt über umfangreiche akademische und wissenschaftliche Erfahrung in den Bereichen Innovations-, Technologie- sowie Wissensmanagement, wo er als Berater und Forscher tätig war. Er hat mehr als 80 Artikel in internationalen Fachzeitschriften und 150 Beiträge auf internationalen Konferenzen veröffentlicht.

Prof. Dr. Christian Bär Christian Bär ist als Chief Digital Officer für die digitale Transformation der DATEV eG in der Geschäftsleitung verantwortlich. Zusätzlich ist er als Professor für Wirtschaftsinformatik, insbesondere Prozess- und Projektmanagement, an der Steinbeis-Hochschule Berlin tätig.

Prof. Dr. Thomas Barton Thomas Barton ist Professor an der Hochschule Worms und Studiengangleiter für den Master-Studiengang Wirtschaftsinformatik.

Seine Schwerpunkte liegen in den Bereichen Entwicklung betrieblicher Anwendungen, E-Business und Digitalisierung. Er ist Sprecher des Arbeitskreises Wirtschaftsinformatik an Hochschulen für angewandte Wissenschaften im deutschsprachigen Raum (AKWI), einer Fachgruppe in der Gesellschaft für Informatik (GI).

Prof. Dr. Oliver Bendel Oliver Bendel lehrt und forscht als Professor für Wirt-
schaftsinformatik und Informationsethik an der Hochschule für Wirtschaft der
Fachhochschule Nordwestschweiz FHNW, mit den Schwerpunkten E-Learning,
Wissensmanagement, Social Media, Wirtschaftsethik, Informationsethik und
Maschinenethik.

Dipl.-Kfm. Stefan Brassel Stefan Brassel ist Leiter des Bereiches ‚License &
Cloud Technology Consulting' des zur Bechtle AG gehörenden IT-Systemhauses in
Aachen, welches für den Bereich Lizenzberatung, Software-Asset-Management
sowie Public Cloud Technology als interner Dienstleister für die Bechtle System-
häuser in Nordrhein Westfalen auftritt. Sein Schwerpunkt liegt neben dem Thema
‚Compliance' im Softwareumfeld im Bereich des individuellen Lösungsdesign
hybrider IT-Umgebung in Bezug auf ‚On Premise sowie Public Cloud Services'.

Murat Citak Murat Citak war wissenschaftlicher Mitarbeiter des Karlsruher
Instituts für Technologie (KIT) und ist derzeit als Software-Entwickler tätig. Seine
Forschungsarbeiten umfassen die Themen Software-Entwicklung, Prozessmodel-
lierung sowie die Simulation von Prozessmodellen.

Christian Dremel Christian Dremel ist wissenschaftlicher Mitarbeiter am Institut
für Wirtschaftsinformatik an der Universität St. Gallen. In Zusammenarbeit mit der
Audi AG promoviert Herr Dremel am Lehrstuhl von Prof. Walter Brenner im
Bereich Big Data Analytics. Zu seinen Forschungsgebieten zählen insbesondere die
organisationale Verankerung von Big Data Analytics im Unternehmenskontext,
sowie die Nutzenpotenziale von Big Data Analytics.

Prof. Dr. Andreas Gadatsch Andreas Gadatsch ist Inhaber der Professur für
Betriebswirtschaftslehre, insbesondere Wirtschaftsinformatik und Leiter des Mas-
terstudiengangs Innovations- und Informationsmanagement im Fachbereich Wirt-
schaftswissenschaften der Hochschule Bonn-Rhein-Sieg in Sankt Augustin. Er ist
Autor von weit über 300 Publikationen, davon über 24 Bücher, die z. T. in mehreren
Auflagen und Sprachen erschienen sind.

Marco Graf Marco Graf ist Forschungsassistent an der Hochschule Worms in
einem Projekt von Prof. Dr. Thomas Barton. Nach Abschluss des Bachelor-Studiums
befindet er sich aktuell am Ende seines Master-Studiums im Studiengang Wirtschaftsinformatik. Darüber hinaus ist er als Geschäftsführer von Traveloca.com
tätig.

Dr. Christopher Hahn Christopher Hahn ist als Produkt- und Projektmanager im
Bereich eHealth tätig. Zuvor war er als wissenschaftlicher Mitarbeiter am Fachgebiet Informations- und Kommunikationsmanagement an der Technischen Universität Berlin tätig. Zu seinen Forschungsschwerpunkten zählen Cloud Plattform
Ökosysteme, deren Geschäftsmodelle und erforderliche Fähigkeiten sowie die Auswirkungen der Digitalisierung in der IT-Industrie.

Raoul Hentschel Raoul Hentschel studierte Wirtschaftsinformatik an der TU Dresden und ist aktuell Doktorand und wissenschaftlicher Mitarbeiter am Lehrstuhl für Wirtschaftsinformatik, insb. Informationssysteme in Industrie und Handel (ISIH) an der Technischen Universität Dresden. Derzeit befasst sich Herr Hentschel in seiner Forschung mit Modellen/Taxonomien zur Entscheidungsunterstützung bei der Auswahl von Cloud Service Providern. Weitere Felder sind Cloud Computing, Cloud Services, Wertschöpfungsnetzwerke von Cloud Anbietern und cloudbasierten ERP-Systemen. Neben seiner Tätigkeit am Lehrstuhl ist Herr Hentschel Geschäftsführer der Campusspeicher GmbH, einem Anbieter von Managed-Hosting Dienstleistungen.

Matthias Herterich Matthias Herterich beschäftigt sich am Center for Design Research (CDR) der Stanford University und am Institut für Wirtschaftsinformatik in St. Gallen und mit digitaler Produkt- und Serviceinnovation im Kontext der Digitalen Transformation in produkt-nahen Industrien. Seine Arbeiten fokussieren sich auf die Identifikation und Umsetzung von Nutzenpotenzialen, die sich durch digitalisierte physische Güter („Smart Products") in interdisziplinären (Service-)Ökosystemen ergeben.

Dr. Andreas Kiesow Als Mitarbeiter am Fachgebiet für Informationsmanagement und Wirtschaftsinformatik an der Universität Osnabrück untersuchte Andreas Kiesow die Digitalisierung der Abschlussprüfung und die Entwicklung innovativer Geschäftsmodelle für die externe Revision. Im Frühjahr 2017 schloss er seine Promotion in diesem Forschungsschwerpunkt erfolgreich ab.

Frank Klees Frank Klees arbeitet z. Zt. als Stratege für Innovationen bei der SAP SE. Im Rahmen seiner Aufgaben erarbeitet er den Einfluss neuer Technologien auf das Geschäftsfeld der SAP und inkubiert neue Technologien und Geschäftsmodelle. Sein Fokus liegt auf der internen Umsetzung dieser Innovationen und deren Skalierbarkeit. Frank hat sein Studium der Wirtschaftsinformatik an der Hochschule Karlsruhe abgeschlossen.

Raoul Könsgen Raoul Könsgen ist wissenschaftlicher Mitarbeiter am Institut für Management an der Universität Koblenz-Landau. Zu seinen Forschungsschwerpunkten zählen das Mitarbeiterverhalten in sozialen Medien, der Einfluss von Online-Bewertungen auf die Unternehmensreputation und Cloud Computing.

Prof. Dr. Peter Krug Peter Krug ist seit 2014 Vorstandsmitglied der DATEV eG und verantwortet hier den Bereich der Produktentwicklung. Bereits seit 1989 ist er Mitarbeiter der DATEV eG und war in der Zeit von 1994 bis 2008 als Leitender Angestellter für den Entwicklungsbereich sowie in der Zeit von 2009 bis 2014 als Mitglied der Geschäftsleitung für den Vertriebsbereich zuständig. Im Januar 2017 wurde er vom Berliner Senat zum Professor für Wirtschaftsinformatik, insbesondere Digitalisierung und Automatisierung kaufmännischer Prozesse ernannt und übt seitdem eine Lehrtätigkeit an der Steinbeis Hochschule Berlin aus. Darüber hinaus

ist Peter Krug Mitglied im Hauptvorstand des Digitalverbands Bitkom und Beirats-
mitglied des gemeinnützigen Vereins Deutschland sicher im Netz (DsiN).

Johannes Langhein Johannes Langhein ist wissenschaftlicher Mitarbeiter am
Fachgebiet für Informationsmanagement und Wirtschaftsinformatik an der Univer-
sität Osnabrück. Seine Forschungsschwerpunkte liegen in der Digitalisierung des
Steuer- und Prüfungswesens. Des Weiteren leitet er das Drittmittelprojekt „Audit-
Clouds" am Fachgebiet.

Dr. Christian Leyh Christian Leyh studierte Wirtschaftsinformatik an der Hochschule Schmalkalden sowie Business Engineering an der Steinbeis-Hochschule
Berlin. Seit 2008 ist er wissenschaftlicher Mitarbeiter am Lehrstuhl für Wirtschaftsinformatik, insb. Informationssysteme in Industrie und Handel der Technischen
Universität Dresden, an dem er 2014 seine Promotion zum Thema der Erfolgsfaktoren bei ERP-Projekten in kleinen und mittleren Unternehmen sowie deren Implikationen auf den ERP-System-Lehreinsatz abschloss. Zurzeit befasst sich Herr Leyh
mit seiner Habilitation. Der Fokus seiner Forschung liegt dabei auf den Themenfel-
dern Digitalisierung und Industrie 4.0, vor allem mit Bezug zu deren Auswirkung
auf die Entwicklung von Anwendungssystemlandschaften in Unternehmen. Neben-
beruflich lehrt Christian Leyh die Fächer Betriebliche Anwendungssysteme und
Business Support Systems an der Hochschule Schmalkalden.

Thore Möhlmann Thore Möhlmann arbeitet im Bereich Strategie & Portfolio des
„Industry & Customer Development" bei der SAP SE. Sein Tätigkeitsfeld beinhaltet insbesondere den zukunftsorientierten Teil des Industrie-Produktportfolios zu
steuern. Dies umfasst Themenbereiche wie Innovationsmanagement sowie neue
Technologien & Geschäftsmodelle. Sein Studium der Wirtschaftsinformatik schloss
er an der Universität Rostock ab.

Prof. Dr. Andreas Oberweis Andreas Oberweis ist Professor für Angewandte
Informatik am Karlsruher Institut für Technologie (KIT). Daneben ist er Direktor
und wiss. Vorstand im FZI Forschungszentrum Informatik am KIT. Aktuelle For-
schungs- und Lehrinteressen liegen im Bereich Software und Information Systems
Engineering, Geschäftsprozessmanagement, IT-Sicherheit, Social Media und
Mobile IT. An der Hector-School of Engineering and Management ist er Programm-
direktor für das berufsbegleitende, englischsprachige Masterprogramm „Service
Management and Engineering". Er ist Mitgründer der PROMATIS software GmbH
(1994) und der HORUS software GmbH (2009) in Ettlingen.

Dr. M. Rosario Perello-Marin M. Rosario Perello-Marin ist Associate Professor
an der der Polytechnischen Universität Valencia (UPV) in Spanien. Dr. Perello-Marin
studierte Wirtschaftsingenieurwesen an der UPV und absolvierte einen MBA der IE
Business School in Madrid. Im Jahr 2015 promovierte sie an der UPV und schloss
mit einer internationalen Promotion ab. Mit mehr als 15 Jahren Berufserfahrung in
der Unternehmensberatung trat sie als Associate Professor 2012 in die UPV ein.

Davor hat sie hat als Associate Professor an der Universität CEU Kardinal Herrera sowie der ESIC Marketing and Business School gelehrt. Ihre aktuellen Forschungsinteressen umfassen Unternehmertum, Entwicklung von Teamfähigkeiten und anderen Managementfähigkeiten, innovative Personalmanagementpraktiken, Ko-Kreation an Hochschulen und aktives Lernen in der Hochschulbildung.

Christopher Petrick Christopher Petrick hat Betriebswirtschaftslehre mit den Schwerpunkten Accounting und Management an der Universität Osnabrück studiert. Nach seiner Masterarbeit, in der er sich thematisch mit den Auswirkungen des IT-Sicherheitsgesetzes auf Cloud-Dienstleistungen befasst hat, begann er eine Tätigkeit als IT-Projektmanager in einem Bekleidungskonzern. Projektschwerpunkte sind Themen der strukturellen und strategischen Ausrichtung der IT-Abteilung sowie Digitalisierungs- und Transformationsprojekte.

Jun.-Prof. Dr. Mario Schaarschmidt Mario Schaarschmidt ist Juniorprofessor für Logistik, Technologie und Innovationsmanagement an der Universität Koblenz-Landau. Er ist Mitglied des Instituts für Web Science and Technology (West) sowie Vizepräsident des Instituts für Scientific Entrepreneurship and International Transfer. Seine Forschungsschwerpunkte umfassen Innovationsmanagement, Soziale Medien sowie Organisatorische Gestaltung.

Dr.-Ing. Gunther Schiefer Gunther Schiefer ist akademischer Mitarbeiter am Lehrstuhl für betriebliche Informationssysteme des Karlsruher Instituts für Technologie (KIT). Dort beschäftigt sich der Informatiker seit mehr als 15 Jahren mit der Erforschung und Entwicklung von Methoden und Verfahren für die sichere und vertrauenswürdige Nutzung von Daten mit mobilen Geräten und in der Cloud. Seine Schwerpunkte sind die digitale Souveränität des Anwenders und die ganzheitliche Gestaltung von anforderungsadäquaten sicheren Prozessen. Neben seiner Arbeit in nationalen und internationalen Forschungsprojekten im Verbund mit Unternehmen und Forschungseinrichtungen ist er in der Lehre aktiv.

Prof. Dr. Klaus-Peter Schoeneberg Klaus-Peter Schoeneberg ist Professor für Wirtschaftsinformatik an der Beuth Hochschule für Technik Berlin. Seine Schwerpunkte in Lehre und Forschung liegen in den Bereichen Künstliche Intelligenz, Business-Analytics, Digitalisierung und Komplexitätsmanagement. Prof. Schoeneberg ist Autor zahlreicher Publikationen zu den Bereichen Business Analytics und Komplexitätsmanagement und Herausgeber der Schriftenreihe Business Analytics im Springer/Gabler Verlag. Vor seiner Berufung war er als Unternehmensberater in nationalen wie internationalen Projekten tätig. Er verfügt über langjährige Managementerfahrungen in den Bereichen Projekt- und Prozessmanagement sowie Business Intelligence- und ERP-Einführungen und ist Inhaber der Unternehmensberatung Schoeneberg Consulting.

Andreas Schoknecht Andreas Schoknecht war wissenschaftlicher Mitarbeiter des Karlsruher Instituts für Technologie (KIT) und ist derzeit als Software-Entwickler tätig. Seine Forschungsarbeiten umfassen die Themen Prozessmodellierung, Ähnlichkeit von Prozessmodellen sowie die Suche in Prozessmodellsammlungen.

Prof. Dr. Martin Schultz Martin Schultz ist Professor für Wirtschaftsinformatik an der Hochschule für Angewandte Wissenschaften Hamburg. Zu seinen Lehr- und Forschungsschwerpunkten zählen Geschäftsprozessmanagement und Process Mining sowie ERP-Systeme und die Digitalisierung in der Wirtschaftsprüfung. Er verfügt über langjährige Erfahrungen in der Beratung und Prüfung in den Bereichen Geschäftsprozesse, IT-Management und ERP-Systemen.

Prof. Dr. Frank Teuteberg Frank Teuteberg ist Leiter des Fachgebiets für Unternehmensrechnung und Wirtschaftsinformatik an der Universität Osnabrück. Zu seinen Forschungsgebieten zählen Cloud Computing, e-Health, Sustainable Supply Chain Management, Mensch-Technik-Interaktion, Industrie 4.0 sowie Digitale Geschäftsmodelle. Er ist Autor und Co-Autor von mehr als 270 Publikationen, welche u. a. in national und international renommierten wissenschaftlichen Fachzeitschriften veröffentlicht wurden.

Prof. Dr. Oliver Thomas Oliver Thomas ist Professor für Informationsmanagement und Wirtschaftsinformatik an der Universität Osnabrück und Direktor am dortigen Institut für Informationsmanagement und Unternehmensführung. Er ist stellvertretender Sprecher des Fachbereichs Wirtschaftsinformatik in der Gesellschaft für Informatik (GI) sowie Mitglied im Beirat des vom niedersächsischen Wirtschaftsministerium eingerichteten Netzwerks Industrie 4.0 Niedersachsen.

Robert-Christian Ziebell Robert-Christian Ziebell ist seit 2015 Doktorand an der Polytechnischen Universität Valencia mit dem Forschungsschwerpunkt „Digitalisierung von Personalprozessen". Zuvor hat er Wirtschaftsinformatik an der Fachhochschule Wedel studiert und einen MBA an der IE Business School in Madrid erfolgreich abgeschlossen. Er hat langjährige Berufspraxis auf verschiedenen Fach- und Führungspositionen in internationalen Konzernen sammeln können. Sein Fokus liegt auf dem Projekt- und Prozessmanagement in Rahmen von Großprojekten.

Teil I

Grundlagen

Cloud Computing: Status quo, aktuelle Entwicklungen und Herausforderungen

Raoul Hentschel und Christian Leyh

Zusammenfassung

Die Informations- und Kommunikationstechnologie (IKT) unterliegt nicht nur derzeit sondern bereits seit mehr als einem Jahrzehnt einem raschen Wandel und hat dabei enormen Einfluss auf nahezu jeden Lebensbereich. Unternehmen, Organisationen und auch Privatpersonen verlagern ihre Aktivitäten zunehmend in die digitale Welt. Beispielsweise nutzen Industrie- und Handelsunternehmen vermehrt die Potenziale des E-Commerce, Behörden und öffentliche Einrichtungen reduzieren den Verwaltungsaufwand durch E-Government, soziale Interaktionen finden vermehrt in virtuellen Netzwerken statt, und auch ein Großteil des weltweiten Finanzverkehrs wäre ohne den Einsatz von IKT quasi nicht mehr denkbar. Mit dieser drastisch zunehmenden Digitalisierung des Unternehmensalltags und der Gesellschaft an sich sind auch wesentlich höhere Anforderungen an Informationssysteme und ein stetig wachsender Bedarf an Rechenleistungen und Speicherkapazitäten verbunden. Einen möglichen Lösungsansatz hierfür bietet Cloud Computing. Durch scheinbar unendliche IT-Ressourcen, die auf Abruf bereitgestellt oder auch wieder „zurückgegeben" werden können, entsteht für Unternehmen eine äußerst flexible und skalierbare Hard- und Softwareinfrastruktur. Clouds treten dabei in verschiedenen Organisationsformen/Ausprägungen auf, wie z. B. als private, public oder hybrid Cloud. Des Weiteren können Unternehmen entscheiden, Clouds im Eigenbetrieb (Sourcing-Option: insourced) nur innerhalb und nur für das eigene Unternehmen aufzusetzen oder diese außerhalb des Unternehmens von Fremdanbietern (Sourcing-Option: outsourced) zu beziehen. Jedoch, unabhängig von der

Überarbeiteter Beitrag basierend auf Hentschel & Leyh (2016) Cloud Computing: Gestern, heute, morgen, HMD – Praxis der Wirtschaftsinformatik Heft 311, 53(5):563–579.

R. Hentschel (✉) · C. Leyh
Technische Universität Dresden, Dresden, Deutschland
E-Mail: raoul.hentschel@tu-dresden.de; christian.leyh@tu-dresden.de

© Springer Fachmedien Wiesbaden GmbH, ein Teil von Springer Nature 2018
S. Reinheimer (Hrsg.), *Cloud Computing*, Edition HMD,
https://doi.org/10.1007/978-3-658-20967-4_1

konkreten Ausgestaltung des „Rechnens aus oder in der Wolke" bietet Cloud Computing effiziente und effektive Unterstützungsmöglichkeiten für zukünftige Entwicklungen und Trends, z. B. für die unternehmensseitige Ausrichtung hin zum komplett digitalisierten Unternehmen oder zum Industrie 4.0-Unternehmen. Man könnte teilweise sogar so weit gehen, zu sagen, dass die Nutzung von Clouds und Cloud Services zur Bewältigung der Herausforderungen des technologischen Fortschritts ein elementarer und notwendiger Bestandteil ist.

Schlüsselwörter
Cloud Computing · Cloud-Dienste · Chancen und Risiken · Digitalisierung · SaaS · PaaS · IaaS

1.1   Entwicklung des Cloud Computing – Definition und Abgrenzung

1.1.1   Der Begriff „Cloud Computing"

Ein neuartiger und zugleich disruptiver IT-Ansatz beschäftigt seit mehreren Jahren die Köpfe von Führungskräften und IT-Abteilungen und verspricht die Lösung für jegliche Probleme zu sein: Cloud Computing ist das Schlagwort zur Lösung sämtlicher Kapazitäts- und Leistungsengpässe. Nahezu kein anderes IT-Thema wird derzeit und wurde in den vergangenen Jahren so stark und teilweise auch kontrovers diskutiert wie das „Rechnen aus oder in der Wolke".

„Cloud Computing" geht dabei auf RAMNATH K. CHELLAPPA (Professor für Informationstechnologie der Goizueta Business School) zurück, der 1997 auf einer Konferenz in Dallas den Begriff prägte (Chellappa 1997). Seitdem ist der Begriff allgegenwärtig. Dennoch gibt es derzeit keine einheitliche oder standardisierte Definition, doch werden gemeinsame/ähnliche Merkmale und Ausprägungen dieses Ansatzes in der Literatur diskutiert.

In nahezu allen Definitionen werden die Merkmale einer „**flexiblen und skalierbaren Infrastruktur**" (Rittinghouse und Ransome 2010), der „**Illusion von unendlichen Computer-Ressourcen**, die **auf Abruf** zur Verfügung stehen" (Armbrust et al. 2009) und der **nutzenbasierten Abrechnung** für Dienste hervorgehoben. Letzteres impliziert, dass es sich um ein Verfahren handelt, das es ermöglicht, ein IT-Projekt ohne großen Kostenaufwand und langen Planungsvorlauf zu starten.

Das Wort „Cloud" deutet nach (Baun et al. 2009) darauf hin, dass **alle Dienste von einem Provider im Internet oder Intranet** erbracht werden. Historisch gesehen ist das Wolkensymbol eine Metapher für das Internet, die ursprünglich im Rahmen von Netzwerkdiagrammdarstellungen verwendet wurde. Das Zeichen symbolisiert die Schnittstelle für den Transport von Daten, die an unterschiedlichen Orten lokalisiert sind (Rittinghouse und Ransome 2010).

In jüngerer Literatur wird immer häufiger die relativ junge Definition des US-amerikanischen National Institute of Standards and Technology (NIST) herangezogen, sodass von einer weitläufig anerkannten Definition in der IS-Forschung gesprochen werden kann (Höllwarth 2011; Schneider und Sunyaev 2015; Baun et al. 2011). Das NIST bezeichnet Cloud-Computing als ein Modell, welches den ubiquitären und komfortablen Zugriff über ein Netzwerk auf einen **Pool von Ressourcen** ermöglicht, der durch mehrere Anwender genutzt werden kann. Zu den bereitgestellten Ressourcen zählen **Netzwerke, Speicherplatz, Rechenleistung, Anwendungen** und weitere Dienste, welche unverzüglich ohne menschliche Interaktion zwischen Cloud-Anwender und Cloud-Anbieter, an den **tatsächlichen Bedarf** angepasst, genutzt werden können. Nutzer erwarten dabei die ständige Verfügbarkeit dieser gemeinsam genutzten Ressourcen (Mell und Grance 2011).

Technisch steht Cloud Computing im Zusammenhang mit der Virtualisierung von Hardware, virtuellen Rechenzentren und den Service-Ebenen „Software-as-a-Service" (SaaS), „Platform-as-a-Service" (PaaS) und „Infrastructure-as-a-Service" (IaaS), auf die in den weiteren Kapiteln noch detaillierter eingegangen wird.

Wirtschaftlich handelt es sich um eine spezielle Form des Outsourcings von IT-basierten Funktionen, bei der der Betrieb und die Wartung der Services durch spezialisierte Anbieter erfolgen.

1.1.2 Cloud Computing vs. Grid Computing

Das Konzept – wie auch der Name – des Grid Computing, der historisch älteren Technologie, stammt aus der Mitte der 1990er-Jahre und geht auf den Bereich der elektrischen Netze zurück (Weinhardt et al. 2009). Zunächst stand vor allem das Ziel der Einfachheit und Zuverlässigkeit der Stromnetze im Vordergrund (Foster und Kesselman 1999): Der Nutzer erhielt über standardisierte Adapter Zugriff auf das Stromnetz, die technische Realisierung blieb ihm jedoch verborgen.

Das Prinzip sollte sich demnach auch auf IT-Ressourcen wie Rechenleistung oder Speicherkapazität übertragen lassen. Der Bedarf groß angelegter wissenschaftlicher Anwendungen, beispielsweise des Large Hadron Collider (LHC) des CERN, an mehr Rechenleistung, als ein lokales Cluster-System bereitstellen konnte, und schneller Vernetzung über das Internet trieb schließlich die Idee einer gemeinsamen, koordinierten Nutzung von Ressourcen über virtuelle Organisationen (VO) hinweg voran und beschleunigte die Entwicklung des Grid Computing.

Foster und Kesselman (1999), einer der Pioniere des Grid Computing, definiert ein System mit den folgenden drei Eigenschaften als Grid:

- Dezentrale Ressourcenkontrolle, d. h. ein Grid besteht aus geografisch verteilten Ressourcen, die administrativ unabhängig von Organisationen betreut werden.
- Standardisierte, offene Protokolle und Schnittstellen, d. h. die Grid-Middleware ist nicht anwendungsspezifisch und kann zu verschiedenen Zwecken eingesetzt werden.
- Nichttriviale Eigenschaften des Dienstes, z. B. in Bezug auf Antwortzeitverhalten, Verfügbarkeit oder Durchsatz.

Hinsichtlich dieser drei Eigenschaften bestehen durchaus Ähnlichkeiten mit dem Cloud-Computing-Konzept, allerdings werden etwa Fragen des Utility Computing, das heißt wirtschaftliche Kriterien, die das Geschäftsmodell betreffen, oder der Zentralisierung von Rechenzentren nicht berücksichtigt. Gerade in wissenschaftlich genutzten Grid Umgebungen werden Geschäfts- und Preisgestaltungsmodelle nicht beachtet, denen jedoch beim Cloud Computing wesentliche Bedeutung zukommt (Weinhardt et al. 2009).

Die Ansätze des dezentralen Managements und der verteilten Ressourcen beim Grid Computing werden beim Cloud Computing nicht weiterverfolgt. Vielmehr bietet gerade die Zentralisierung von IT-Ressourcen (Rechenzentren, Management usw.) ökonomische Vorteile, die bei Cloud-Geschäftsmodellen eine zentrale Rolle spielen.

1.2   Das heutige Cloud Computing

Heutzutage bedingen immer stärker steigende Nutzerzahlen, die drastisch zunehmende Digitalisierung der Gesellschaft und damit verbunden wesentlich höhere Anforderungen an Informationssysteme einen stetig wachsenden Bedarf an Rechenleistungen und Speicherkapazitäten (vgl. Abb. 1.1).

Klassische Modelle der Datenverarbeitung, wie das bewährte Client/Server-Modell, können dabei diesen Anforderungen teilweise nicht mehr gerecht werden. Cloud Computing kann diese Anforderungen teilweise oder gar gänzlich erfüllen. An erster Stelle steht hier der Einsatz von modernen/innovativen Virtualisierungstechnologien, deren Funktion in der Nachbildung physikalischer Hardware besteht. Doch ist die Akzeptanz dieses Ansatzes wohl erst der Entwicklung eines neuen Umweltbewusstseins in der IT-Branche geschuldet (Lampe 2010). Nicht wenig dazu beigetragen haben auch serviceorientierte Architekturen (SOA),[1] die es Unter-

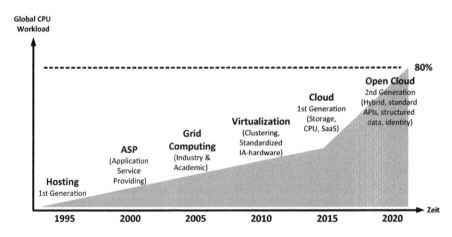

Abb. 1.1 Technische Evolution des Cloud Computing (Experton Group 2010)

---

[1] Weitere Informationen zum Thema SOA im HDM Heft 253 (2007).

nehmen ermöglichen, einzelne Dienste voneinander zu entkoppeln und flexibel kombinierbar zu machen. Dies erhöht nicht nur die Agilität und Flexibilität von Unternehmen, sondern gestattet auch die gezielte Auslagerung von Funktionen an externe Dienstleister (Sirtl 2010).

1.2.1 Organisationsdimensionen von Clouds

Aus Organisations- bzw. Unternehmenssicht kann derzeit zwischen Private, Public und Hybrid-Clouds und einigen Mischformen unterschieden werden. Zusätzlich kann eine Unterscheidung durch eine zweite Dimension, der Sourcing-Option, vorgenommen werden (BITKOM 2010). Der Zusammenhang wird in Abb. 1.2 veranschaulicht.

In einer **Public Cloud** teilen sich mehrere Anwender dieselbe Infrastruktur. Ein unabhängiger Service-Provider stellt gegen Bezahlung eine vorher definierte Leistung zur Verfügung. Oftmals erfolgt die Abrechnung auf Subskriptionsbasis oder auch nach tatsächlich genutzten Ressourcen (Cohen 2009). Da Leistung dynamisch

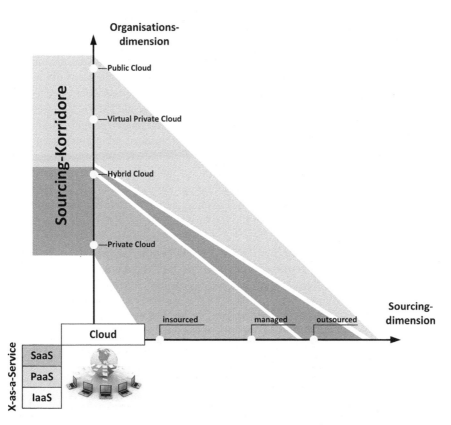

Abb. 1.2 Typisierung von Clouds in zwei Dimensionen (BITKOM 2010)

an alle Teilnehmer verteilt wird, die physischen Ressourcen der Infrastruktur jedoch begrenzt sind, spielen Service-Level-Agreements (SLAs) eine entscheidende Rolle. Der Service-Provider garantiert daher in der Regel nicht für eine physische Kapazität oder die Kontrolle über die Ressourcensteuerung, sondern bietet lediglich eine Mindesterreichbarkeit. Der Betrieb von sicherheitskritischen Anwendungen in einer Public Cloud erweist sich daher im Unternehmenskontext als schwierig.

Die Nachteile der Public Cloud lassen sich mit einer **Private Cloud** teilweise kompensieren. Private Clouds sind so konzipiert, dass lediglich ein vorab definierter Nutzer vollständige Kontrolle über den Zugriff und die IT-Infrastruktur hat. Die Implementierung erfolgt dazu hinter der Unternehmensfirewall, der Zugang ist in der Regel über ein Intranet beziehungsweise ein Virtual Private Network (VPN) möglich. Oftmals werden Private Cloud-Umgebungen vom Unternehmen selbst betrieben, eine Auslagerung an einen externen Dienstleister ist jedoch ebenso möglich. Durch den Besitz von eigener IT-Infrastruktur wird die Abhängigkeit von Drittanbietern und Herstellern reduziert, was der Vermeidung eines Anbieter-Lock-Ins zugutekommt. In einigen Anwendungsfällen kann das Bereitstellen von Cloud Services in einer Private Cloud trotzdem nicht optimal sein, beispielsweise wenn es um das Abfangen von Lastspitzen geht. Zu nennen wäre hier zum Beispiel eine groß angelegte Marketingkampagne, auf dessen Reaktion unerwartet viele Benutzeranfragen auf der Webseite registriert werden. An dieser Stelle wird das Konzept der Hybrid Cloud tragfähig.

Bei der **Hybrid Cloud** handelt es sich um eine Mischform aus Public und Private Cloud. Bei diesem Konzept werden bestimmte IT-Services oder Funktionalitäten in eine Public Cloud ausgelagert, damit der Regelbetrieb in der Private Cloud unbeeinträchtigt weiter erfolgen kann (Baun et al. 2009). Unternehmen können bei die diesem Modell die eigenen IT-Ressourcen nutzen und bei Spitzenbedarf Rechenleistung an einen Cloud-Service-Provider auslagern (Lissen et al. 2014). Art und Umfang der Kopplung zwischen Private Cloud und Public Cloud hängen von der Unternehmenspolitik ab, oftmals kommen nur unkritische Geschäftsapplikationen für die Nutzung in einer Hybrid Cloud infrage. Denn die größte Herausforderung dieses Cloud-Typs liegt neben für den Benutzer homogen erscheinenden Systems (Lissen et al. 2014) vor allem in der Security- und Service-Integration (BITKOM 2010).

Eine zweite Dimension zur Unterscheidung von Clouds ist, wie zuvor genannt, die **Sourcing-Option**. Während eine Public Cloud vollständig durch einen externen Dienstleister betrieben wird (outsourced) und hierdurch die Einflussnahme des Unternehmens auf den Anbieter sehr beschränkt ist (z. B. keine individuellen Service-Level-Agreements), kann bei einer Private Cloud kundenspezifisch definiert werden, welche Mindestanforderungen erfüllt werden müssen. Das Unternehmen gewinnt damit an Kontrolle und kann selbst entscheiden, ob die Private Cloud im Unternehmen verbleiben soll (insourced) oder der Betrieb durch einen externen Dienstleister nach dessen Vorgabe erfolgen soll (managed). Bei einer Hybrid Cloud hat das Unternehmen ebenfalls alle Sourcing-Optionen, wobei der Teil der Public Cloud stets an einen Dienstleister ausgelagert wird (BITKOM 2010).

1.2.2 X-as-a-Service

1.2.2.1 Einordung der XaaS-Begriffe

Weitgehend durchgesetzt haben sich drei Abstraktionsebenen von Cloud Services, das auch als „Everything-as-a-Service"-Paradigma bezeichnet wird. Anhand einer Klassifizierung in drei Service-Ebenen, die mit „Software-as-a-Service" (SaaS), „Platform-as-a-Service" (PaaS) und schließlich „Infrastructure-as-a-Service" (IaaS) bezeichnet werden, kann die Großzahl der zugrunde liegenden Geschäftsmodelle üblicherweise eingeordnet werden. Ebenso kann eine Unterscheidung nach Funktionalität und Zielsetzung vorgenommen werden (Lenk et al. 2009). Die einzelnen Schichten (Cloud-Stacks) werden nach dem Abstraktionsgrad angeordnet, wie Abb. 1.3 verdeutlicht. Dadurch kann ein Dienst aus einer Schicht höheren Abstraktionsgrades auf einen Dienst, der in einer darunterliegenden Schicht realisiert wird, zurückgreifen. Demnach wird also ein bestehender Dienst zu einer neuen Dienstrealisierung verwendet. Je höher die Ebene, desto komplexer ist der Service, der auf der Ebene bereitgestellt wird. Auf der anderen Seite wird das Einsatzspektrum auf niedrigeren Schichten begrenzt (Sirtl 2010).

Verdeutlicht werden soll die Differenzierung der Service-Ebenen später anhand ausgewählter Geschäfts- und Erlösmodelle bekannter Vertreter der jeweiligen Schicht. An dieser Stelle wird die Unterscheidung unter technischen Gesichtspunkten vorgenommen.

1.2.2.2 Infrastructure-as-a-Service

Die unterste Abstraktionsschicht stellt physikalische IT-Basisinfrastruktur in Form von Diensten bereit. Sie wird daher auch mit Infrastructure-as-a-Service (kurz: IaaS)

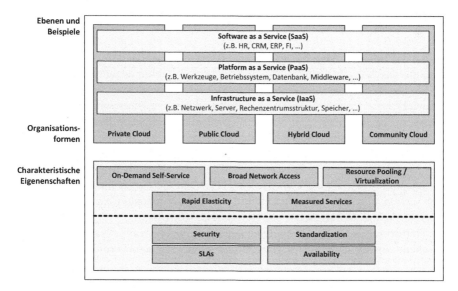

Abb 1.3 Ausprägungen von Cloud Computing (in Anlehnung an (Pelzl et al. 2013))

bezeichnet. Der Fokus liegt hierbei auf der dynamischen Zuweisung von IT-Ressourcen wie beispielsweise Speicher-, Prozessor-, und Netzkapazitäten, die durch Virtualisierung geteilt und zugewiesen werden und letztendlich auf Abruf dem Nutzer zur Verfügung stehen (Vaquero et al. 2008). IaaS-Infrastrukturen werden immer dann verwendet, wenn komplexe Anwendungslandschaften vorliegen, die klassische Hardware nicht mehr bewältigen kann. Rechenleistung, Speicher und sonstige IT-Infrastrukturkomponenten werden vom Anwender nicht eigenständig erworben und gewartet, sondern von einem IT-Dienstleister gemietet. Somit entfällt der teure Erwerb von Rechenzentrumsinfrastruktur. Bekannte Vertreter in diesem Bereich sind beispielsweise Amazon mit den Amazon Web-Services (AWS)[2] oder T-Systems mit der DSI vCloud.[3]

Aus Nutzersicht kann von einer uneingeschränkten Skalierbarkeit der Kapazitäten ausgegangen werden, da weitere Ressourcen dynamisch bei Bedarf allokiert werden können. Dies geschieht mit sogenannten Ressource-Sets, die eine Art Hardware-Pool darstellen. Der Pool wird mit einer Programmierschnittstelle (API) angesprochen und ermöglicht zum Beispiel die flexible Skalierung der Infrastruktur oder den Aufbau von Netzwerktopologien.

Damit ein getrenntes, automatisiertes Management sowohl der physikalischen als auch der virtuellen Ressourcen möglich ist, unterscheidet man zwischen den beiden Service-Ebenen Physical Resource Set (PRS) und Virtual Resource Set (VRS). Die erste Ebene, das PRS, bildet demnach die reine Hardware, die von Hardware-Herstellern bereitgestellt wird. Die zweite Ebene, das VRS, verwendet Virtualisierungstechnologien, sogenannte Hypervisors, um virtuelle Instanzen nutzen zu können. Die Unterteilung in zwei Ebenen findet auch deshalb statt, da IT-Ressourcen unterschiedlich virtualisiert werden (Vaquero et al. 2008).

Typische Nutzergruppen von IaaS-Leistungen sind IT-Dienstleister, Cloud-Provider und Fachabteilungen.

1.2.2.3 Platform-as-a-Service

Die mittlere Schicht Platform-as-a-Service (PaaS) steht in engem Zusammenhang mit Software-as-a-Service (SaaS), richtet sich allerdings vielmehr an Anwendungsentwickler und System-Architekten statt an Endbenutzer. Ihnen wird eine Plattform geboten, auf der sich eigene Software entwickeln, testen und ausführen lässt. Es handelt sich technisch gesehen lediglich um eine weitere Variation von SaaS, allerdings mit mehr Freiheitsgraden. Bei PaaS wird keine vollständig ausführbare Software angeboten – wie dies bei SaaS der Fall ist – vielmehr stellt der Service-Provider sogenannte Programming Environments (PE) und Execution Environments (EE) zur Verfügung, mit deren Hilfe sich Software in bestimmten Programmiersprachen entwickeln lässt (Rittinghouse und Ransome 2010).

Platform-as-a-Service kann demnach als weiterer Evolutionsschritt von klassischen Hosting-Diensten verstanden werden, nachdem Provider durch die

---

[2] Weitere Informationen unter: https://aws.amazon.com/de/.

[3] Weitere Informationen unter: https://cloud.telekom.de/infrastruktur/dsi-vcloud/.

Bereitstellung von Skriptsprachen bereits eine Vielzahl von Softwareent-wicklungsmöglichkeiten angeboten haben. Bei PaaS wird jeder Aspekt der Softwareentwicklung, angefangen vom Design über das Testen und die Imple-mentierung bis hin zum Verteilen der Software, in der Cloud angeboten. Dies macht aber auch deutlich, dass eine hohe Abhängigkeit zum PaaS-Provider besteht. Oftmals kommen proprietäre Elemente (z. B. Bibliotheken oder Kompo-nenten) zum Einsatz, die einen Wechsel des Anbieters erschweren. Bekannte Beispiele für PaaS-Implementierungen sind die von Google bereitgestellte Goo-gle App Engine[4] oder die von Microsoft entwickelte Azure-Plattform.[5]

1.2.2.4 Software-as-a-Service

In der höchsten Abstraktionsschicht – bezeichnet mit Software-as-a-Service (Saas) – erfolgt die Bereitstellung von standardisierten Anwendungen, die Endnut-zer direkt adressieren. Die Software wird dabei über das Internet von einem Service-Anbieter zur Verfügung gestellt, eine lokale Software-Installation entfällt. Anwender benötigen daher zur Nutzung von SaaS-Diensten in den meisten Fällen lediglich einen Internet-Zugang und einen Webbrowser. Neue Technologien, wie beispiels-weise AJAX (Asynchronous JavaScript and XML) und HTML5, erlauben eine nahezu desktopartige Nutzung der SaaS-Software. Dadurch werden Kenntnisse bzw. Expertise und Kontrolle der Funktionalität der Technologieinfrastruktur über-flüssig. Der SaaS-Dienstanbieter ist für den Betrieb und die Wartung der Software verantwortlich (Buxmann et al. 2008). Die Anpassungs- und Integrationsmöglich-keiten von SaaS-Software sind oftmals eingeschränkt, da die Anwendungen über eine Multi-Tenant-Architektur einer breiten Masse an Anwendern zur Verfügung gestellt werden. Die Anforderungen an die lokalen Rechnerkapazitäten wie Fest-plattenspeicher oder CPU-Geschwindigkeit werden reduziert, da die eigentliche Berechnung/Rechenleistung nicht mehr am Arbeitsplatz, sondern in den unterge-ordneten Ebenen des Cloud-Stacks stattfindet. Abgerechnet werden SaaS-Leis-tungen häufig nach dem „Pay per use" Prinzip, bei dem Anwender nur für tatsächlich genutzte Einheiten bezahlen. Eine separate Lizenzierung der Software entfällt (Vaquero et al. 2008). Eine Realisierung des SaaS-Konzepts ist in nahezu allen Bereichen denkbar, in denen Standardsoftware zum Einsatz kommt. Im betriebli-chen Umfeld findet es bisher jedoch vorwiegend Anwendung im Bereich der CRM-und ERP-Software. Maßgeblich dafür ist vor allem der hohe Grad an wiederkehrenden Funktionen und Prozessen, die sich in der genannten Software standardisieren las-sen. Als bekanntes Beispiel für eine SaaS-Implementierung soll hier der amerikani-sche Anbieter für CRM-Software Salesforce genannt werden, der neben seinem erfolgreichen Produkt Salesforce[6] CRM auch diverse Vertriebs-, Marketing- und Innovationsmanagement-Lösungen anbietet.

---

[4] Weiter Informationen unter: https://cloud.google.com/appengine/.

[5] Weitere Informationen unter: https://azure.microsoft.com/de-de/.

[6] Weitere Informationen unter: http://www.salesforce.com/de/.

1.2.3 Fallbeispiele zu X-as-a-Service

In der Praxis dient das XaaS-Paradigma einerseits dazu, Dienstleistungsangebote/
Geschäftsmodelle zu klassifizieren und abzugrenzen, andererseits als gedankliches
Hilfsmittel, wenn es darum geht, die Komplexität von Cloud-Lösungen zu verstehen.
Der Service-Gedanke der 3-Ebenen-Architektur steht schließlich in engem Zusammenhang mit modernen Virtualisierungskonzepten. Virtualisierung ist ein wesentli-
ches, wenn nicht sogar das Schlüsselelement zur Bereitstellung cloudbasierter
Services. Die Technologie löst eine Vielzahl von Problemen klassischer IT-Landschaften, wie beispielsweise das des Managements von verteilten IT-Ressourcen
durch ein zentrales Verwaltungssystem oder die Konsolidierung von Systemen, um
die Kosten von Hardware und Verbrauchskosten (Strom, Kühlung) zu reduzieren.
Obwohl Virtualisierung bereits vor über vierzig Jahren in Großrechnern bei IBM
betrieben wurde, gewann sie erst mit der Einführung von Multicore-Prozessoren an
Popularität (Baun et al. 2009). Hersteller von Virtualisierungstechnologie bezeichnen
die neue Technik gar als „Allheilmittel" im Interesse schlanker und kostengünstiger
IT-Infrastrukturen (Härdter 2010). Virtualisierung bietet neben technischen Vorteilen
wie Effizienz, Verlässlichkeit und hoher Verfügbarkeit auch wirtschaftliche, da unter
anderem die Auslastung von IT-Ressourcen gesteigert wird, Flexibilität und Qualität
zunehmen und dadurch das für die Systeme verantwortliche Management entlastet
wird. Die Möglichkeiten der Virtualisierung haben dazu geführt, dass sich etliche
Geschäftsmodelle entwickelt haben. Neben den Großkonzernen wie Amazon, Google
oder Microsoft, die zugleich Pioniere auf diesem Gebiet sind, haben sich auch kleine
und mittelständische Anbieter mit differenzierten Angeboten am Markt positioniert.
Die Bandbreite erstreckt sich von Unternehmen, die ihre bisherige Produktpalette um
Cloud Services ergänzt haben, bis hin zu Unternehmen, die ausschließlich Cloud-
Dienste anbieten und sich darauf spezialisiert haben. Die Klassifikation von
Geschäftsmodellen soll an dieser Stelle anhand kleinerer Anbieter vorgenommen
werden, die sich vor allem in der DACH-Region etabliert haben.

1.2.3.1 Fallbeispiel IaaS: Profitbricks[7]
Als eines der ersten deutschen Unternehmen im Bereich Infrastructure-as-a-Service,
das den Trend aus den USA aufgegriffen hat, gilt das Unternehmen Profitbricks, das
sich mit technologischen Innovationen und strengen Datenschutzrichtlinien einen
Namen gemacht hat. Das Leistungsangebot von Profitbricks umfasst im Wesentlichen die Bereitstellung von Rechenleistung und Speicherkapazität in einem virtuellen Rechenzentrum. Der Anwender kann hierbei beliebig viele virtuelle Server
erstellen, die mit 1-62 CPU-Kernen versehen werden können. Jede Instanz ist dabei
flexibel skalierbar und kann im laufenden Betrieb angepasst werden. Jedem Server
kann redundanter Block-Speicher zugeordnet werden, auf dem eine persistente
Speicherung der Daten erfolgt. Die Server können über interne Netzwerk-Schnittstel-
len miteinander kommunizieren (VLAN), sodass eine vollständige Isolierung vom
Internet möglich ist. Um eine hohe Ausfallsicherheit und Verfügbarkeit zu gewährleisten,

---

[7] Weitere Informationen unter: https://www.profitbricks.de/.

können die Ressourcen innerhalb des gleichen Rechenzentrums in verschiedenen Brandschutzzonen bereitgestellt werden. Zugleich kann die gesamte Infrastruktur auf mehrere Rechenzentren verteilt werden, worunter sich zwei in Deutschland befinden. Die Steuerung und Verwaltung des virtuellen Rechenzentrums erfolgt über eine grafische Oberfläche, dem sogenannten „Data Center Designer" (DCD), der die Konfiguration von Komponenten (Server, Storage) mit dem Browser ermöglicht. Neben einer grafischen Verwaltung ist auch die Nutzung von Programmierschnittstellen (APIs) möglich, um Dienste in eigene Anwendungen zu integrieren oder zu automatisieren. Abgerechnet werden nur die in Anspruch genommenen Leistungen („Pay-per-use"), z. B. die verwendete CPU-Leistung über einen bestimmten Zeitraum. Durch die Möglichkeit, IT-Ressourcen flexibel zu beziehen, entfallen auf Nutzerseite hohe Investitionen in IT-Infrastruktur. Dies macht es vor allem für Unternehmen interessant, die noch über kein eigenes Rechenzentrum verfügen oder bedarfsweise hohe Lastspitzen abdecken müssen. Das Produktportfolio von Profitbricks kommt zwar vom Umfang noch nicht an das Angebot vom Branchenriesen Amazon AWS heran, die Einhaltung deutscher Datenschutzstandards nach dem Bundesdatenschutzgesetzt mit hiesigen Rechenzentren macht Profitbricks jedoch durchaus zu einem alternativen Kandidaten im Bereich IaaS.

1.2.3.2 Fallbeispiel PaaS: Jelastic[8]

Neben Google mit seiner Google App Engine bietet der Anbieter Jelastic eine PaaS-Plattform, auf der Entwickler hochverfügbare Webanwendungen entwickeln und betreiben können. Das zunächst nur für Java-Anwendungen entwickelte Angebot deckt inzwischen zahlreiche Entwicklungsumgebungen ab. Dazu zählen Python-, Ruby- oder PHP-Umgebungen. Das Deployment und die anschließende Verwaltung der Anwendungen erfolgt über eine Weboberfläche oder alternativ über Programmschnittstellen (APIs). Skaliert werden die Anwendungen entweder durch den Nutzer selbst oder durch eine von Jelastic Cloud zur Verfügung gestellte Option, die mit „Auto-Scaling" bezeichnet wird. Hierbei sorgt Jelastic Cloud im Hintergrund dafür, dass die benötigten Hardware-Ressourcen zur Verfügung stehen. In diesem Zusammenhang ist auch von einer vertikalen Skalierung die Rede, da keine Anpassung im Programmcode der Anwendung notwendig ist.

Die Abrechnung der Cloud-Plattform erfolgt nach dem „Pay-per-use" Prinzip. Hierbei kann der Anwender zwischen zwei Abrechnungsvarianten wählen. Zur Auswahl stehen mehrere Ressourcen-Pakete, sogenannte Cloudlets, die in festen Einheiten gebucht werden können. Alternativ kann die Allokation der Ressourcen dynamisch erfolgen. Hierbei entscheidet dann das Jelastic-System automatisch, welche Ressourcen für den optimalen Betrieb der Anwendung notwendig sind. Jelastic stellt seine Entwicklungsplattform nicht zentral, sondern über externe Hosting-Dienstleister zur Verfügung. Dadurch haben Anwenderunternehmen Einfluss auf den Standort und können Service-Levels individuell mit dem Dienstleister vereinbaren.

---

[8] https://jelastic.com/.

1.2.3.3 Fallbeispiel SaaS: SAP S/4HANA[9]

Anhand der ERP-Lösung „S/4HANA" von SAP, das als Nachfolger der verbreiteten SAP Business Suite gilt, lässt sich das Konzept von Software-as-a-Service erläutern. SAP bietet mit S/4HANA eine integrierte Unternehmens-Software, die alle relevanten betriebswirtschaftlichen Funktionen eines Unternehmens abdeckt, wahlweise als On-Premise-Modell, in der Cloud oder als Hybridlösung an. Die cloudbasierte Lösung, die als „SAP S/4HANA Cloud Edition" bezeichnet wird und als Technologie, die In-Memory-Plattform SAP HANA[10] nutzt, wird vollständig über einen Webbrowser bedient und bedarf keiner lokalen Installation. Die Bereitstellung und das Hosting des Systems erfolgen direkt durch SAP in eigenen Rechenzentren. Support- und Wartung der Software erfolgt – wie bei SaaS üblich – durch den Hersteller selbst. Ebenso gehört die Bereitstellung von Updates, das Ausführen von Backups oder die Archivierung zu den Aufgaben des Dienstanbieters. Weiterführende Veränderungen am System, wie beispielsweise kundenspezifische Anpassungen (Customizing oder darüber hinausgehende Anpassungen) werden vom SAP-Consulting oder von speziellen SAP-Partnern bereitgestellt und umgesetzt. Darüber hinaus kann die HANA Cloud-Plattform durch eigene Zusatzfunktionen oder Erweiterungen von Drittanbietern ergänzt werden (IsReport 2015). Aktuell besteht die Cloud-Edition von SAP S/4HANA aus drei Produkten, die sich in Funktionsumfang und Integrationstiefe unterscheiden. Die „Cloud Enterprise Edition" zielt auf Unternehmen ab, die ein gesamtes ERP-System in der Cloud nutzen möchten. Es deckt die wesentlichen Geschäftsbereiche eines Unternehmens wie Finanzwesen, Personalwesen, Beschaffung und Produktion ab. Die beiden anderen Editionen „Cloud Marketing" und „Cloud Projekt Services" bieten Spezial-Funktionalitäten, die sich für spezielle Einsatzszenarien eignen und Funktionalitäten über die üblichen Geschäftsbereiche hinaus bereitstellen. So richtet sich die „Cloud Project Services" Edition vorrangig an Serviceunternehmen wie Beratungsunternehmen, die ihr Projektgeschäft in der Cloud verwalten möchten. Mit der Edition „Cloud Marketing" ist hingegen die Steuerung von Marketingmaßnahmen möglich, beispielsweise um Kampagnen zur Verkaufsförderung zu verwalten. Abgerechnet wird die Nutzung der Cloud-Edition des ERP-Systems über ein Subskriptionsmodell, bei dem statt anfänglichen Hardwareinvestitionen nur ein monatlicher Mietpreis anfällt (Hufgard et al. 2015).

1.3   Chancen und Herausforderung des Cloud Computing

1.3.1   Chancen der Cloud-Nutzung

Die Einsatzszenarien für Cloud Services im Unternehmen sind, unabhängig von Größe und Branche, vielfältig (BITKOM 2013), sodass sich eine Betrachtung der Vorteile aus finanzieller, operativer und strategischer Perspektive anbietet.

---

[9] http://go.sap.com/germany/product/enterprise-management/s4hana-erp.editions.html.
[10] https://hana.sap.com/.

Die Vorteile des Cloud Computing aus **finanzieller Sicht** liegen dabei scheinbar auf der Hand: Durch den Einsatz von Cloud Services entfällt für Anwender(unternehmen) eine kapitalintensiven Beschaffung von Hard- und Software, da auf Basis eines variablen Kostenmodells nur für verbrauchsabhängige Leistungen bezahlt wird, weshalb insbesondere die Investitionskosten sinken (Repschläger et al. 2010; Sirtl 2010). Kleinere Unternehmen – allen voran Start-ups – die noch über keine eigene IT-Infrastruktur verfügen, profitieren von den Vorteilen ganz besonders, da ihnen Zugang zu Technologien verschaffen wird, die früher nur großen Unternehmen zur Verfügung standen. Die vielfältigen Möglichkeiten, die Cloud Services bieten, versprechen jungen Unternehmen einen kostengünstigen Start und bieten Optionen, im Erfolgsfall schnell wachsen zu können.

Darüber hinaus führt auf Anbieterseite eine zunehmende Bündelung und Bereitstellung von Ressourcen für eine große Nutzeranzahl zu einer besseren Gesamtauslastung der Infrastruktur und somit zu sinkenden Durchschnittskosten je Leistungseinheit, indem beispielweise Betriebs- und Wartungskosten auf viele Nutzer verteilt werden (Vossen et al. 2012). Durch die Nutzung dieser Skaleneffekte verfügen Cloud-Anbieter über eine vorteilhafte Verhandlungsmacht gegenüber Zulieferern (Hardwarehersteller, Energieversorger, Netzbetreiber etc.), sodass Cloud-Anwender in Form von günstigeren Angeboten davon profitieren können.

Wesentliche **operative Vorteile**, die von vielen Unternehmen als wichtig erachtet werden, äußern sich in der Elastizität und Skalierbarkeit von Cloud Diensten (Vehlow und Thier 2015). IT-Ressourcen, wie zum Beispiel Rechen- oder Speicherkapazitäten, lassen sich flexibel skalieren und nach Bedarf erhöhen oder reduzieren. Unternehmen, die auf eine eigene IT-Infrastruktur zurückgreifen können, bieten diese Möglichkeiten eine Ergänzung zu bestehenden Kapazitäten. Temporäre Rechen- und Speicherkapazitäten (z. B. saisonbedingte Lastspitzen) können über einen begrenzten Zeitraum von einem Dienstleister in Anspruch genommen werden, ohne langfristige Verträge abschließen zu müssen.

Gleichzeitig wird die Komplexität von IT-Landschaften innerhalb der Unternehmen selbst durch die Einführung von Abstraktionsebenen reduziert, sodass der Administrations- und Wartungsaufwand durchaus drastisch sinkt.

Strategische Vorteile ergeben sich durch Cloud Services, indem sich Unternehmen verstärkt Kernaufgaben wie der Optimierung von Geschäftsprozessen, Stärkung der Wettbewerbsvorteile sowie der Entwicklung neuer Geschäftsbereiche widmen können. Weiterhin erhalten insbesondere Fachabteilungen mehr Verantwortung in Bezug auf die Auswahl der eingesetzten IT-Services, da sie oftmals Nutzer der Services sind und damit auch über fachliche Kompetenzen verfügen, um die Prozessunterstützung der IT mit zu gestalten (Münzl et al. 2015).

Ein wesentlicher positiver Aspekt des Cloud Computing ergibt sich auch durch die gesteigerte Datensicherheit resultierend aus verteilten Speichersystemen sowie der Sicherstellung der Verfügbarkeit und Performance durch redundante Systeme. Die einfache Inanspruchnahme von Ressourcen führt außerdem dazu, dass Anwenderunternehmen unabhängiger von Anbieterunternehmen sind und kurzfristige Partnerschaften eingehen können (Labes et al. 2017).

Diese und andere Vorteile der Cloud haben Unternehmen jeder Größe inzwischen erkannt. Dies zeigt auch die in den letzten Jahren stark gewachsene Verbreitung von Cloud. Laut Gartner nutzen 33 Prozent der deutschen Unternehmen bereits PaaS-Dienste, 47 Prozent verwenden IaaS Angebote und gar 73 Prozent beziehen standardisierte Software von Anbietern in Form von SaaS-Diensten (Münzl et al. 2015). Gemäß einer Studie der Wirtschaftsprüfungsgesellschaft KPMG in Zusammenarbeit mit dem Branchenverband BITKOM setzte im Jahr 2016 sogar bereits knapp zwei Drittel (65 %) der befragten Unternehmen Cloud Computing ein und weitere 18 % haben die Einführung von Cloud Services geplant (Heidkamp und Pols 2017).

Cloud Computing als IT-Outsourcing Ansatz erhöht die Flexibilität der Unternehmen und reduziert in vielen Fällen die Kosten. Die Technologie kann dazu beitragen, dass Unternehmen in Zukunft besser auf Marktveränderungen und geschäftliche Anforderungen reagieren können. Zusammenfassend werden die Chancen und Vorteile des Cloud Computing im Wesentlichen durch folgende Merkmale charakterisiert:

	Potenziale der Nutzung von Cloud Services
Finanziell	• Geringere Investitionskosten in eigene IT-Infrastruktur • Verringerung der Kapitalbindung • Niedrigere Betriebs- und Wartungskosten
Operativ	• Flexiblere, agilere und bedarfsorientiertere Skalierung der IT-Infrastruktur • Schnellere Realisierung von IT-Projekten, auch bei fehlendem Know-how • Reduzierter Administrations- und Wartungsaufwand • Ortsunabhängiger Zugriff
Strategisch	• Stärkung der Wettbewerbsvorteile sowie der Entwicklung neuer Geschäftsbereiche • Geringere Markteintrittsbarrieren (schnellere „Time-To-Market") • Zugang zu Technologien, die bisher nur Großunternehmen zur Verfügung standen • Stärkung der Fachabteilungen durch höhere Verantwortung • Gesteigerte Datensicherheit und bessere Verfügbarkeit von IT-Systemen

1.3.2 Risiken der Cloud Nutzung

Dennoch birgt der cloudbasierte IT-Ansatz auch Risiken. Zum einen entfällt bei der Migration von Anwendungen in die Cloud der direkte Einflussbereich von Unternehmen, zum anderen bietet die zentralisierte Speicherung von großen Datenmengen eine breitere Angriffsfläche. Die mangelnde Existenz von Standards erhöht den Integrations- und Migrationsaufwand und kann viele Vorteile des Cloud Computing zunichtemachen. Fehlendes Vertrauen in Datenschutz- und Datensicherheitskonzepte, unzureichende Interoperabilität zwischen Cloud-Diensten oder fehlende Transparenz sind hierbei weitere wesentliche Hemmnisse (Gonzalez et al. 2012; Tang und Liu 2015; Martens und Teuteberg 2012)

Unternehmen sehen sich daher auf dem Weg in die Cloud mit technischen, rechtlichen und nicht zuletzt organisatorischen Risiken konfrontiert, die es zu bewältigen bzw. abzuwägen gilt. Das Thema Cloud-Compliance spielt hierbei eine zentrale Rolle. Denn mit der Verlagerung des Verantwortungsbereichs an Dritte müssen Regeln zur Nutzung oder Bereitstellung von Cloud Services umso mehr eingehalten werden (Walther et al. 2012). Doch diese müssen zuvor festgelegt und in der Unternehmensstrategie verankert werden. Ansonsten droht ein unkontrollierter Einsatz von Cloud Services und begünstigt die Entstehung einer Schatten-IT im Unternehmen (Münzl et al. 2015). Neben der Einhaltung der Compliance stehen Unternehmen vor der Herausforderung, Cloud Services zu kategorisieren und zu bewerten, um Dienstangebote besser voneinander abgrenzen zu können. Die Bewertung kann das Unternehmen je nach Anwendungsbereich nach unterschiedlichen Faktoren vornehmen (z. B. Ort der Datenspeicherung, Service-Level), um eine kontextabhängige Risikobetrachtung zu erreichen. Das Ergebnis dieser Auswertung dient als Entscheidungshilfe, um sich für oder gegen einen bestimmten Cloud Service zu entscheiden. So hat beispielsweise eine Befragung des Branchenverbandes Bitkom gezeigt, dass einer der wichtigsten Entscheidungsfaktoren für Cloud Computing das Thema Informationssicherheit ist (BITKOM 2010). Andere vermeintliche Vorteile der Cloud, wie z. B. die zentralisierte Datenspeicherung, bergen gleichzeitig auch Angriffsfläche vor unberechtigtem Zugriff (Sirtl 2010). Um einen Großteil der Risiken zu minimieren, müssen Anwenderunternehmen daher besonders hohe Anforderungen an die Sicherheitsfunktionen von Cloud Services stellen und Maßnahmen zum Erhalt dieser Funktionen eng mit dem Cloud-Dienstleister abstimmen. Zusammengefasst lassen sich vor allem folgende Risiken von Cloud Computing identifizieren:

- Unzureichende Auswahlkriterien von Cloud Services können zum Verlust von Unternehmensgeheimnissen oder zum Missbrauch von Daten führen.
- Compliance-Verstöße und unkontrollierter Einsatz von Cloud Services können die Bildung einer Schatten-IT im Unternehmen begünstigen (Kopper et al. 2017; Walterbusch et al. 2014).
- Fehlende Standards erhöhen den Integrationsaufwand und erschweren die Interoperabilität.
- Die Abhängigkeit von Cloud-Dienstleiter erhöht die Gefahr eines Anbieter Lock-Ins.

Um diese Risiken zu minimieren, sollten Unternehmensführung, Fachbereiche und die IT eine gemeinsame Cloud-Strategie entwickeln. Mit der Festlegung und Einhaltung dieser organisatorischen Maßnahmen können darauf aufbauend passende Cloud-Dienstleister evaluiert werden, die nach den Anforderungen entsprechende Zertifizierungen und Service-Levels nachweisen können.

1.4   Perspektiven und zukünftige Entwicklungen

Cloud Computing verändert in Unternehmen nicht nur die IT-Abteilungen im Speziellen, vielmehr verändert die Verbreitung und Durchdringung von Cloud Services
die Art und Weise im Allgemeinen, wie Unternehmen auf aktuelle Entwicklungen
reagieren können. Lange betrafen derartig starke Veränderungen vornehmlich Großunternehmen, vor allem da die Implementierung von „Trendthemen" wie Industrie
4.0, Big Data oder Cloud Computing von kleinen und mittleren Unternehmen oft als
zu komplex und teuer angesehen und teilweise auch als nicht relevant eingestuft
wurde. Allerdings ist dies mittlerweile nicht mehr nur auf Großunternehmen
beschränkt und betrifft auch nicht nur einzelne Funktionsbereiche wie die IT innerhalb der Unternehmen, sondern zieht sich vielmehr durch die gesamte Wertschöpfungskette der Unternehmen. Die Vorteile liegen auch für KMU in einem profitablen
Wachstum durch neue Produkte, Dienstleistungen und Geschäftsmodelle. Dies rea-
lisierend, öffnen sich auch vermehrt KMU dem Cloud Computing und auch den
damit verbundenen Digitalisierungsfeldern.

Zu nennen wäre beispielsweise die zunehmende **Konsumerisierung im IT-
Bereich**, was auch die BYOD-Thematik („Bring Your Own Device") mit ein-
schließt. Die IT-Konsumerisierung führt dazu, dass Mitarbeiter immer häufiger den
Wunsch äußern, dieselben (mobilen) Endgeräte sowohl für den privaten als auch für
den beruflichen Zweck nutzen zu können. Ähnliches gilt für Software, Dienste und
Anwendungen: Mitarbeiter kommen zunächst im privaten Umfeld mit innovativen
Anwendungen (z. B. Dropbox) in Kontakt, die in der Regel durch hohe Bedien-
freundlichkeit und neue Anwendungsmöglichkeiten hervorstechen. Entsprechend
hoch wird die Erwartungshaltung der Mitarbeiter an die vom Unternehmen zur Verfügung gestellte IT- und Softwareinfrastruktur (von Entreß-Fürsteneck et al. 2016).

Auch bei der **Digitalisierungs- und IT-Strategie** von Unternehmen scheint kein
Weg an Cloud Services vorbeizuführen. Längst ist die fortschreitende Digitalisierung der Gesellschaft auch im Alltag der Unternehmen angekommen. Dabei erfordert die Digitalisierung, dass Daten, Prozesse und auch die Kommunikation ohne
örtliche und zeitliche Begrenzung verfügbar sind. Kunden erwarten von Unternehmen zusätzliche Funktionalitäten (z. B. Echtzeit-Sendungsverfolgung), die ohne
digitale Prozessunterstützung unmöglich sind. Hier zeigt sich (auch durch den
Trend der letzten Jahre zu mehr architektonischer Flexibilität) eine gewisse Abkehr
von ganzheitlichen Ansätzen (Abdeckung aller Funktionen mit einem Anwendungs-
system). Anwenderunternehmen unterstützen jetzt wieder vermehrt einzelne Bereiche durch separate, stark bereichs- oder aufgabenspezifische Systeme. Daraus
resultieren heute wieder, trotz vieler Konsolidierungsanstrengungen in der Vergangenheit, recht heterogene und komplexe Softwarelandschaften bestehend aus verschiedenen Unternehmenssoftwarearten und -bausteinen (CRM, SRM, SCM,
funktionsorientierte Komponenten) mit hohen Integrationsanforderungen untereinander und in technologisch sowie benutzerseitig anders ausgerichtete Softwarewel-
ten hinein (Groupware, Social Media). Und gerade diesbezüglich bieten die
Entwicklungen und Fortschritte in der Cloud und auch die damit einhergehenden
Möglichkeiten alternative Betriebsmodelle („on demand", „as a service") wiederum
ein enorm hohes Flexibilisierungspotenzial (Bley et al. 2016; Leyh und Bley 2016).

Nicht zuletzt spielt Cloud Computing bei **Cyber-physischen Systemen** – auch als „**Internet der Dinge**" **(IoT)** bezeichnet – eine zentrale Rolle, bei dem über Sensoren und Schnittstellen alles mit allem vernetzt wird (Boberach und Neuburger 2014). Dies wiederum dient als Basis für die Ausrichtung der Unternehmen im Themenkomplex **Industrie 4.0**. Weltweite digitale Vernetzung, Automatisierung einzelner oder gar aller Geschäftsprozesse und die Umstrukturierung bestehender Geschäftsmodelle sind nur einige wenige Auswirkungen, die dabei in diesem Zusammenhang zu nennen sind. E-Mail und das Internet als Hauptkommunikationsmittel nehmen stetig an Bedeutung zu, computergestützte Programme präzisieren die Fertigung und Managementsysteme unterstützen das operative Tagesgeschäft. Insgesamt verschwimmt im Zuge der Industrie 4.0 die Abgrenzung wertschöpfender und unterstützender Prozesse immer weiter (Roland Berger Strategy Consultants GmbH und BDI 2015). Auch hier bietet die Cloud wieder einen effektiven und effizienten Ansatzpunkt, diese Herausforderungen in der Industrie 4.0 vor allem durch hohe Flexibilität zu bewältigen oder hier die Ausrichtung der Unternehmen hin zu Industrie 4.0 gar erst zu ermöglichen.

Literatur

Armbrust M, Fox A, Griffith R et al (2009) Above the clouds: a Berkeley view of cloud computing. Technical report no. UCB/EECS-2009-28. Electrical Engineering and Computer Sciences University of California at Berkeley, Berkeley

Baun C, Kunze M, Ludwig T (2009) Servervirtualisierung. Informatik-Spektrum 32:197–205. https://doi.org/10.1007/s00287-008-0321-6

Baun C, Kunze M, Nimis J, Tai S (2011) Cloud Computing Web-basierte dynmaische IT-Services. Springer, Berlin/Heidelberg

BITKOM (2010) Cloud Computing – Was Entscheider wissen müssen. Bundesverband Informationswirtschaft, Telekommunikation und neue Medien e.V. (BITKOM), Berlin

BITKOM (2013) Wie Cloud Computing neue Geschäftsmodelle ermöglicht. Bundesverband Informationswirtschaft, Telekommunikation und neue Medien e.V (BITKOM), Berlin

Bley K, Leyh C, Thomas S (2016) Digitization of German enterprises in the production sector – do they know how „digitized" they are? In: Proceedings of twenty-second Americas Conference on Information Systems (AMCIS 2016)

Boberach M, Neuburger R (2014) Zukunftspfade Digitales Deutschland 2020. HMD Prax Wirtschaftsinformatik 51:762–772. https://doi.org/10.1365/s40702-014-0087-z

Buxmann P, Hess T, Lehmann S (2008) Software as a service. Wirtschaftsinformatik 50:500–503. https://doi.org/10.1007/s11576-008-0095-0

Chellappa RK (1997) Intermediaries in cloud-computing: a new computing paradigm. In: Proceedings of INFORMS annual meeting 1997, Dallas

Cohen AM (2009) Types of clouds. Futurist 43:18

von Entreß-Fürsteneck M, Urbach N, Buck C, Eymann T (2016) IT-Konsumerisierung: Strategien und Maßnahmen in mittelständischen Unternehmen. HMD Prax Wirtschaftsinformatik 53:254–264. https://doi.org/10.1365/s40702-016-0211-3

Experton Group (2010) Cloud Vendor Benchmark 2010. Experton Group AG, Ismaning

Foster I, Kesselman C (Hrsg) (1999) The grid: blueprint for a new computing Infrastructure. Morgan Kaufmann Publishers Inc., San Francisco

Gonzalez N, Miers C, Redígolo F et al (2012) A quantitative analysis of current security concerns and solutions for cloud computing. J Cloud Comput Adv Syst Appl 1:11. https://doi.org/10.1186/2192-113X-1-11

Härdter G (2010) Steuerung der IT im Klinikmanagement: Methoden und Verfahren. Vieweg+Teubner, Wiesbaden

Heidkamp P, Pols A (2017) Cloud Monitor 2017: Cyber Security im Fokus. KPMG, Köln

Höllwarth T (2011) Cloud migration, 1. Aufl. mitp, Heidelberg/München/Landsberg/Frechen/Hamburg

Hufgard A, Rauff S, Zinow R (2015) SAP Cloud – Szenarien, Lösungen, Technologie. SAP Press, Bonn

IsReport (2015) SAP und HP treiben Cloud-ERP gemeinsam voran. is Rep – Zeitschrift für betriebswirtschaftliche Informationssysteme 19:7

Kopper A, Westner M, Strahringer S (2017) Kontrollierte Nutzung von Schatten-IT. HMD Prax Wirtschaftsinformatik 54:97–110. https://doi.org/10.1365/s40702-016-0286-x

Labes S, Hanner N, Zarnekow R (2017) Successful business model types of cloud providers. Bus Inf Syst Eng 59:223–233. https://doi.org/10.1007/s12599-016-0455-z

Lampe F (2010) Green-IT, Virtualisierung und Thin ClientsMit neuen IT-Technologien Energieeffizienz erreichen, die Umwelt schonen und Kosten sparen. Vieweg+Teubner, Wiesbaden

Lenk A, Klems M, Nimis J et al (2009) What's inside the cloud? An architectural map of the cloud landscape. In: Proceedings of the 2009 ICSE workshop on software engineering challenges of cloud computing. IEEE Computer Society, Washington, DC, S 23–31

Leyh C, Bley K (2016) Digitalisierung: Chance oder Risiko für den deutschen Mittelstand? – Eine Studie ausgewählter Unternehmen. HMD Prax Wirtschaftsinform 53:29–41. https://doi.org/10.1365/s40702-015-0197-2

Lissen N, Brünger C, Damhorst S (2014) IT-Services in der Cloud und ISAE 3402 Ein praxisorientierter Leitfaden für eine erfolgreiche Auditierung. Springer Gabler, Berlin/Heidelberg

Martens B, Teuteberg F (2012) Decision-making in cloud computing environments: a cost and risk based approach. Inf Syst Front 14:871–893. https://doi.org/10.1007/s10796-011-9317-x

Mell P, Grance T (2011) The NIST definition of cloud computing recommendations of the National Institute of Standards and Technology. NIST Spec Publ 145:7. https://doi.org/10.1136/emj.2010.096966

Münzl G, Pauly M, Reti M (2015) Cloud Computing als neue Herausforderung für Management und IT. Springer Vieweg, Berlin/Heidelberg

Pelzl N, Helferich A, Herzwurm G (2013) Wertschöpfungsnetzwerke deutscher Cloud-Anbieter. HMD Prax Wirtschaftsinformatik 292:42–52

Repschläger J, Pannicke D, Zarnekow R (2010) Cloud Computing: Definitionen, Geschäftsmodelle und Entwicklungspotenziale. HMD Prax Wirtschaftsinform 47:6–15. https://doi.org/10.1007/BF03340507

Rittinghouse JW, Ransome JF (2010) Cloud computing: implementation, management, and security. CRC Press, Boca Raton

Roland Berger Strategy Consultants GmbH, BDI (2015) Die Digitale Transformation der Industrie. Roland Berger Strategy Consultants GmbH, Bundesverband der deutschen Industrie e.V. (BDI), Berlin/München

Schneider S, Sunyaev A (2015) Gestaltungsempfehlungen für Cloud-Service-Zertifizierungen. In: Cloud-Service-Zertifizierung. Springer, Berlin, S 63–68

Sirtl H (2010) Cloud Computing – stabiles Fundament für IT as a Service. Z Serv Manag 13:3–7

Tang C, Liu J (2015) Selecting a trusted cloud service provider for your SaaS program. Comput Secur 50:60–73. https://doi.org/10.1016/j.cose.2015.02.001

Vaquero LM, Rodero-Merino L, Caceres J, Lindner M (2008) A break in the clouds. ACM SIGCOMM Comput Commun Rev 39:50. https://doi.org/10.1145/1496091.1496100

Vehlow M, Thier K-F (2015) ISACA-Fachgruppe Cloud Computing. Cloud Governance in deutschen Unternehmen – eine Standortbestimmung. IT Gov 9(21):8–13. https://link.springer.com/article/10.1365/s40702-016-0246-5

Vossen G, Haselmann T, Hoeren T (2012) Cloud-Computing für Unternehmen: Technische, wirtschaftliche, rechtliche und organisatorische Aspekte, 1. Aufl. dpunkt, Heidelberg

Walterbusch M, Fietz A, Teuteberg F (2014) Schatten-IT: Implikationen und Handlungsempfehlungen für Mobile Security. HMD Prax Wirtschaftsinformatik 51:24–33. https://doi.org/10.1365/s40702-014-0006-3

Walther S, Plank A, Eymann T et al (2012) Success factors and value propositions of software as a service providers – a literature review and classification. In: Proceedings of 18th Americas Conference on Information Systems (AMCIS 2012)

Weinhardt C, Anandasivam A, Blau B et al (2009) Cloud computing – a classification, business models, and research directions. Bus Inf Syst Eng 1:391–399. https://doi.org/10.1007/s12599-009-0071-2

Softwarenutzung im Umbruch: Von der Software-Lizenz zum Cloudbasierten Business Process Outsourcing

2

Stefan Brassel und Andreas Gadatsch

Zusammenfassung

Bislang war die Rollenverteilung eindeutig geregelt: Die Beschaffung von „Standardsoftware" war eine Aufgabe für die IT-Leitung. Im Kern war es ein Bestellprozess für Softwarelizenzen. Die Unternehmensführung (CEO) konnte sich darauf konzentrieren, die Unternehmensstrategie zu entwickeln und in diesem Zusammenhang das Budget für die IT bereitzustellen. Strategisch in der Unternehmensführung diskutiert, wurden lediglich Softwarebeschaffungsprojekte mit Einfluss auf sämtliche Unternehmensabläufe – wie z. B. die Einführung eines ERP-Systems. Die rasch zunehmende Digitalisierung verändert aber nicht nur die Arbeitsweise in den Unternehmen, sondern auch das IT-Management selbst. Aufgrund der veränderten Produktpolitik großer Softwareanbieter wie z. B. Microsoft sind zukünftige Investitionsentscheidungen über den Einsatz von Standardsoftware keine reinen Beschaffungsvorgänge mehr, sondern strategische Entscheidungen über die Auslagerungen von Prozessen (Business Process Outsourcing) und damit verbunden auch mit den zusammenhängenden Daten. Der Softwareanbieter von morgen ist ein Prozessdienstleister, der neben der Hard- und Software auch noch Teilprozesse (z. B. Kommunikation, Dokumentenmanagement) für die Unternehmen bereitstellt.

Unveränderter Original-Beitrag Brassel & Gadatsch (2017) Softwarenutzung im Umbruch: Von der Software-Lizenz zum Cloudbasierten Business Process Outsourcing, HMD – Praxis der Wirtschaftsinformatik Heft 313, 54(1):156–164.

S. Brassel (✉)
Bechtle GmbH, Würselen, Deutschland
E-Mail: Stefan.Brassel@bechtle.com

A. Gadatsch
Hochschule Bonn-Rhein-Sieg, Bonn, Deutschland
E-Mail: Andreas.Gadatsch@h-brs.de

© Springer Fachmedien Wiesbaden GmbH, ein Teil von Springer Nature 2018   21
S. Reinheimer (Hrsg.), *Cloud Computing*, Edition HMD,
https://doi.org/10.1007/978-3-658-20967-4_2

Schlüsselwörter
Software Lizenzen · Geschäftprozessauslagerung · Lizenzmanagement · Cloud ·
Outsourcing

2.1 Wandel durch Digitalisierung

Die zunehmende Digitalisierung der Unternehmensprozesse führt in vielen Branchen zu neuen Geschäftsmodellen und verändert zugleich die Anforderungen an das Management (Gadatsch 2016). In diesem Kontext unterliegt die Nutzung branchenneutraler Standardsoftware (z. B. Betriebssysteme, Office-Pakete) einem drastischen Wandel, dem das Management eine angemessene Aufmerksamkeit schenken sollte, da neben IT-Aspekten zunehmend geschäftskritische Fragen zu klären sind.

War bislang die „Lizenzierung" von Software und der eigenverantwortliche Betrieb und die Nutzung der Software die Standardvorgehensweise in vielen Unternehmen, sehen die Verfasser aktuell deutliche Veränderungen der Geschäftsmodelle. Softwareanbieter wie z. B. Microsoft verändern kaum sichtbar aber dennoch wirksam ihr Portfolio. Sie bieten nicht nur den externen Betrieb der Software an (klassisches Outsourcing), sondern auch weitere Services und Prozessbestandteile. Beispielhaft sei hier das Management des Office Paketes angeführt. Klassisch oft nicht in der aktuell verfügbaren Version im Einsatz und aus Kompatibilitätsgründen zu Drittapplikationen oftmals nur manuell aktualisiert, erfordern Dienste wie Office 365 auf Basis der zugrunde liegenden Nutzungsbedingen, konsequent den Einsatz aktueller Versionen und Releasestände. Ein Umstand der weitreichende Auswirkungen auf die Nutzung von Applikationen anderer Softwarehersteller als Microsoft haben kann. Damit bewegt sich der Standardsoftwaremarkt sehr deutlich in Richtung Business Process Outsourcing. Gut zu sehen ist dies am ‚Active Directory' (AD). In vielen Unternehmen besitzt es eine ‚gewachsene' Struktur und wurde bedarfsgerecht erweitert. Die Nutzung von Diensten wie Office 365 hingegen stellt besondere Anforderungen an den Aufbau des AD, was im Zweifelsfall eine vollständige Überarbeitung und/oder einen Neuaufbau erfordern kann. Dies jedoch spiegelt im Einzelfall wider auf Unternehmensprozesse zurück, da Sammelkonten wie z. B. ‚Lager' in diesem Zusammenhang nicht funktional sind. Der Kunde bezieht Services, welche die Nutzung von Hardware, Software und Dienstleistungen umfassen. Die klassische „Lizenzierung" spielt kaum noch eine Rolle im Gesamtpaket.

2.2 Softwarelizenzen als immaterielles Wirtschaftsgut

Software kann auf unterschiedliche Arten erworben werden. Zu Grunde liegt in der Regel ein Kauf (dauerhafter Erwerb) oder eine Miete (zeitlich befristeter Erwerb). Der Erwerbsvorgang wird durch die Lizenzierung überlagert. Die Lizenzierung verschafft dem Erwerber die für die Nutzung der Software erforderlichen Rechte oder konkretisiert bzw. beschränkt die kraft Gesetzes die dem Erwerber zustehenden Rechte. In der Praxis haben sich hieraus eine Vielzahl von Vertrags- und Lizenzmodellen entwickelt, die abhängig vom Niederlassungsort des Softwareherstellers oder -verkäufers unterschiedliche Schwerpunkte haben und sich in ihrer Wirksamkeit am anwendbaren Recht messen lassen müssen. Unterscheiden lassen sich die verschiedenen Modelle nach den Beschaffungswegen, der Art der zulässigen Einsatzzwecke und der Art der Vergütung.

Nutzungen, die über das gesetzliche Mindestmaß hinausgehen, kann der Softwarehersteller in Lizenzbedingungen oder Lizenzverträgen (End User License Agreement = EULA) reglementieren, ebenso den vom Gesetz vorausgesetzten bestimmungsgemäßen Gebrauch der Software konkretisieren. Entscheidend ist jeweils, dass die Lizenzbedingungen wirksam mit dem Erwerber der Software vereinbart werden. Das bedingt nach dem deutschen Recht deren Einbeziehung in den Erwerbsvertrag, gleich ob dieser klassisch als Softwarekaufvertrag auf Papier oder im Internet bei der Bestellung einer Cloud-Anwendung abgeschlossen wird. Typische Ausgestaltungen sind etwa die Festlegung der Anzahl zulässiger Installationen oder der Ausschluss von Terminal-Server-, ASP oder SaaS-Modellen bei Endkundenversionen.

Ein zunehmend bei Softwareherstellern favorisiertes Lizenzmodell stellen Cloud Services wie beispielsweise die ‚creative cloud' (Adobe 2016) von Adobe oder ‚Office 365' von Microsoft dar (Microsoft 2016). Im Kern handelt es sich hierbei um Mietmodelle, bei denen dem Kunden kein dauerhaftes Nutzungsrecht an der erworbenen Software zur Verfügung steht. Der Kunde ist nur solange zum Einsatz im Rahmen der geltenden Nutzungsbedingungen berechtigt, wie er die entsprechenden Abonnementgebühren entrichtet, vergleichbar der Nutzung von kostenpflichtigen TV-Programmen.

Bei diesen Angeboten wird die Software auch oft lokal auf den Geräten des Benutzers installiert, erfordert jedoch eine regelmäßige oder gar dauerhafte Verbindung zu den Servern des Lizenzgebers, um einen uneingeschränkten Dienst sicherzustellen (Internetverbindung). Wird die Software ausschließlich als SaaS/ASP-Lösung bereitgestellt, ohne dass es einer Installation beim Anwender bedarf, ist der Hersteller/Anbieter in der Gestaltung der Nutzungsrechte nahezu frei, solange hierdurch die Pflicht zur Bereitstellung der Anwendung im Rahmen der mit der Leistungsbeschreibung versprochenen Funktionalitäten nicht ausgehöhlt wird (Brassel et al. 2015). Der Markt für diese Dienste ist enorm hoch. So hat die Firma Microsoft im Jahr 2013 weltweit alleine mit Software 65,56 Mrd. US $ Umsatz erzielt (Statista 2016). Da durch zusätzliche Services noch deutlich mehr Umsatz generierbar ist, kann alleine für dieses Unternehmen ein enorm hohes Wachstumspotenzial durch Business Process Outsourcing prognostiziert werden.

2.3   Aktuelle Entwicklungen in der Lizenzpraxis

Eine besondere Bedeutung kommt der Problematik zu, dass potenzielle IT-Sourcing-Entscheidungen zunächst keine Einsparungen bringen, sondern erst einmal Kosten verursachen. Neben dem Aufwand der Auswahl des entsprechenden Anbieters, sind die zugrunde liegenden Verträge oftmals durch einen hohen Komplexitätsgrad gekennzeichnet, was zu entsprechend aufwändigen Verhandlungen führt (Zarnekow et al. 2004).

Eine besondere Bedeutung kommt dabei dem Begriff der so genannten Transaktionskosten zu, welcher neben der ‚Theorie der Verfügungsrechte' und der ‚ökonomischen Vertragstheorie' der neuen Institutionsökonomik zugerechnet wird (Chaudhuri 2009). Der Begriff der Transaktionskosten wurde von Ronald H. Coase in seinem Werk: ‚The nature of the firm' im Jahr 1937 (Coase et al. 1993) geprägt. Im Jahr 1991 erhielt Ronald H. Coase den Nobelpreis für seine Entdeckung der Transaktionskosten und die damit verbundenen Ausführungen (Wikipedia 2016).

Als Transaktion bezeichnet man dabei die Übertragung von Verfügungsrechten für materielle bzw. immaterielle Güter, d. h. institutionell legitimierte Handlungsrechte zwischen mindestens zwei Wirtschaftssubjekten (Schwartzer 2006). Als eine der Hauptursachen für das Auftreten von Transaktionskosten kann die Informationsasymmetrie zwischen den Transaktionspartnern gesehen werden (hier: Outsourcing-Kunde und Outsourcing-Anbieter), da der Transaktionskostenansatz auf der Annahme der individuellen Nutzenmaximierung basiert. Dabei verhält sich jeder Transaktionspartner im Rahmen seiner gegebenen Handlungsmöglichkeiten so, dass er seine individuellen Ziele am besten erfüllen kann. Hinzu kommt, dass ein Akteur das Verhalten des anderen Transaktionspartners dabei nicht als feste Größe ansehen kann, sondern auch dieser nach seiner persönlichen Nutzenmaximierung strebt. Diese Unsicherheit in Bezug auf die Motive des Transaktionspartners führt zu einer strategischen Unsicherheit für das eigene Handeln (Jost 2001).

Oliver Eaton Williamson, der neben Ronald H. Coase einer der zentralen Vertreter der Transaktionskostentheorie ist, unterscheidet zudem den Zeitpunkt, zu dem Transaktionskosten anfallen. Jene Kosten, welche im Zusammenhang mit dem Entwurf, Verhandlungen und der Absicherung einer Verhandlung stehen, bezeichnet er als ‚ex ante' Transaktionskosten. Nach der Vereinbarung im weiteren Verlauf entstehende Kosten bezeichnet er als ‚ex post' Transaktionskosten (z. B. zur Schließung von Lücken in der originären Vereinbarung bzw. zur Absicherung und Durchsetzung ebendieser) (Hemsch 2002, S. 15–16)

Im Falle von Outsourcing-Verträgen fallen hierunter jene Kosten, welche für die Planung und Informationsbeschaffung, die Überwachung sowie notwendige Modifizierungen des Outsourcing Projektes anfallen. Fallen die internen Produktions- und Transaktionskosten höher aus als die relativ transaktionskostenintensive Beschaffung über den Markt, existiert die Grundlage für ein Outsourcing von Leistungen, also dem Fremdbezug (Clement 2010). Für eine detaillierte Entscheidungsunterstützung von Online-Entscheidungen bietet sich die Salience-Worth-Matrix an (Keen 1997).

Aufgrund des Zusammenhangs von hoher Komplexität und stark ausgeprägter Individualität von Outsourcingprojekten und der Steigerung von Transaktionskosten verliert das Kostensenkungsargument in diesem Zusammenhang zunehmend an Bedeutung. Die höchsten Einsparpotenziale liegen beim partiellen Outsourcing (Outtasking) unspezifischer und wenig komplexer Funktionen (Schott 2006). In der Vergangenheit handelte es sich bei IT-Outsourcing Projekten meist um komplexe und langwierige Prozesse. Grundlage war oft die Überlegung, dass Unternehmen ihre eigene IT Abteilung in erster Linie als Kostenfaktor und weniger als zentralen Geschäftsbestandteil wahrnehmen, welcher sogar ernsthafte Wettbewerbsvorteile mit sich bringen kann. Einer der prominentesten Vertreter dieser Überlegung dürfte Nicholas G. Carr sein, welcher die These ‚IT Doesn't Matter' erfolgreich in der Zeitschrift Harvard Business Review propagierte (Carr 2003). Diese Sichtweise führte neben Ausgründungen von IT-Abteilungen in eigenständige Unternehmen zu großen IT-Outsourcing-Projekten mit zum Teil großen Personalübergängen. Die Unternehmen folgten damit der Logik sich auf Ihr Kerngeschäft zu konzentrieren und identifizieren IT somit folgerichtig als etwas das man zukaufen konnte.

Ein Merkmal dieser Outsourcing-Ansätze waren langwierige Verhandlungen mit den Outsourcing Partnern, welche von den Kunden individuell entwickelte IT standardisieren mussten, um kostengünstigere Services anzubieten. Dort wo die Bedeutung der eigenen und damit ‚individuellen' IT unterschätzt wurde, führte dies zu ‚Backsourcing' Bewegungen, d. h. die Unternehmen mussten mühsam eine Rückintegration der IT-Unterstützung durchführen. Dies war in der Regel sehr riskant, da Fachkenntnisse verloren gegangen waren und eine Abhängigkeit von den Outsourcing Partnern die Folge war. Der Wechsel vom Anbieter zurück war teurer, als der dauerhafte Nutzen einer selbst betriebenen IT-Lösung (bekannt als „lock-in-Effekt" (Deutsche Bank 2016)).

Die Transformation klassischer Lizenzgeber, wie z. B. das Unternehmen Microsoft, nach wie vor der größte Standardsoftwareanbieter der Welt, hin zu Enterprise Service Anbietern, fügt dieser Betrachtung nun einen vollkommen neuen Aspekt hinzu. Am Beispiel Microsoft ist der Wandel gut erkennbar, bereits seit 2013 reorganisiert das Unternehmen sein Kerngeschäft drastisch in Richtung cloudbasierter Geschäftsmodelle (Clinard 2016).

2.4 Von der Software-Lizenz zur Cloud

Bis in die jüngste Zeit brachten Unternehmen Lizenzverträge kaum mit dem Betriff „Outsourcing" in Verbindung. Software und Business wurden als getrennte Bereiche eingestuft und von verschiedenen Personen verantwortet. In der Regel erstellte die IT einen Anforderungskatalog, auf dessen Basis Lizenzverträge mit den Herstellern verhandelt wurden, ggf. unter Einbeziehung von Partnern. Die Entscheider im Unternehmen hatten lediglich einen Fokus auf den finanziellen Aspekt. Aus technologischer Sicht spiegelten die Lizenzverträge zudem oftmals jene Anforderungen wider, welche die IT als Wertbeitrag bzw. Servicedienstleistung anzubieten hatte.

Die Kundenkontakte der Unternehmen wie z. B. Microsoft fokussierten sich bislang darauf, Themen wie Compliance zu adressieren (Brassel et al. 2015). Die Beratung im Hinblick auf technische und inhaltliche Neuerungen war weniger stark präsent. Erfahrungen der Verfasser zeigten, dass dieser Sachverhalt es den Softwareunternehmen zunehmend erschwerte, potenzielle Kunden zum Wechsel zu bewegen oder auf neue Softwareversionen zu migrieren. Dies hatte für die Hersteller einen nicht unerheblichen finanziellen Aufwand mit der Pflege alter Softwareversionen zur Folge.

Bislang lag der Schwerpunkt der Hersteller-Kunde-Kommunikation mehr auf
der Implementierung und Anwendung komplexer Lizenzierungsmodelle als auf
technischen oder geschäftlichen Innovationen.

Die Diskussion erhält nun eine neue Qualität, denn Softwarehersteller verbinden
zunehmend das Thema Lizenzierung mit Bereitstellung von IT-Services als hybride
Leistungsbündel (Clement und Schreiber 2016). Nun konkurrieren plötzlich
Angebote für den Betrieb der Software durch externe Anbieter (z. B. für Quer-
schnittsaufgaben wie Emailservices mit Microsoft Exchange Online oder Kollabo-
rationsanwendungen wie Microsoft SharePoint Online) mit hausintern betriebenen
Services durch die unternehmenseigene IT.

Die Diskussion verlagert sich weg von Themen wie Software-Lizenzierung, hin
zu einer Konsumierung von Leistung, d. h. dem IT-Betrieb und der Nutzung von
Anwendungen. Deren mögliche Auswirkungen im Unternehmen wie Personalabbau
nicht mehr benötigter IT-Spezialisten, haftungs- und datenschutzrechtliche Fragen
erfordern eine viel frühere und intensivere Einbindung der Unternehmensleitungen,
als bei der reinen Preisverhandlung von Lizenzverträgen durch die IT bzw. den
IT-Einkauf. Es ist das nachvollziehbare Bestreben der Softwarehersteller, die Komplexität der Fragestellung einer ‚Make or Buy‘ Entscheidung eher in den Hintergrund zu verlagern und technische Features zu fokussieren. Hierdurch werden
Entscheidungsträger oftmals erst viel zu spät in den Prozess mit eingebunden. Denn
im Gegensatz zum klassischen Outsourcing, welchem i. d. R. auf Basis strategischer
Entscheidungen durch die Unternehmensführung langwierige Evaluierungs- und
Anbietervergleiche vorausgehen, denen dann oftmals komplexe Vereinbarungen und
Service Level Agreements zu Grunde liegen, verlagert sich dies bei Angeboten wie
beispielsweise ‚Office 365‘ von Microsoft zur Unterschrift unter einem Lizenzver-
trag obwohl hier ein klassisches Outsourcing-Geschäft vorliegt. Zudem taucht bei
diesen ‚partiellen‘ Outsourcing-Überlegungen die Fragestellung nach der Klassifizierung von internen IT-Services auf. So sind jene Services welche als Kommodität
identifiziert werden können und sich damit tatsächlich standardisiert in die unternehmerischen Prozesse integrieren lassen, von jenen zu trennen, welche entweder zu
individualisiert sind, oder einen tatsächlichen Wettbewerbsvorteil generieren.

Axel Feldhoff, Vorstand der Bechtle AG, weist in diesem Zusammenhang darauf
hin, dass bei individuellen IT-Services zwischen jenen Strukturen zu unterscheiden
ist, welche einfach aufgrund des organischen Wachstums individuell und dadurch
möglicherweise komplex, fehleranfällig und kostenintensiv sind, und jenen, welche
tatsächlich aus technologischen Gründen ein hohes Maß an Komplexität aufweisen
(Feldhoff 2016). Oftmals fehlt bei Erstgenannten getrieben durch starkes Wachstum, Umstrukturierungen wie Firmenaufkäufen oder finanzielle Schwierigkeiten,
ein Informationstechnologisches Gesamtkonzept. Die Infrastruktur hat sich hier
stets, hinter dem Unternehmen ‚her entwickelt‘, was im Laufe der Zeit zu Fehleran-
fälligkeit und Komplexität führt.

Nicht zu verwechseln ist dies mit Infrastrukturen welche Anforderungsbezogen
ein komplexer Aufbau zu Grunde liegt z. B. durch rechtliche Rahmenbedingungen-
oder häufig in der Praxis anzutreffen, aufgrund sensibler Produktionsinfrastrukturen
in Verbindung mit vertraglichen Verpflichtungsnetzwerken zwischen Unternehmen,
Zulieferern und den eigenen Kunden.

2.5 Herausforderungen für Lizenznehmer

Der Chief Information Officer (CIO) verkörperte in der Vergangenheit den internen Beschaffer von Informationstechnik mit einem mehr oder weniger großen Verständnis für die geschäftlichen Belange der Fachabteilungen. Die thematisierten Veränderungen des Softwaremarktes wirken sich nicht nur auf die (IT-) Strategie der Unternehmen aus, sondern auch auf das Rollenverständnis des IT-Managements.

Nach erfolgter Standardisierung von Services und deren Auslagerung stellt sich die Frage der Notwendigkeit der Bereitstellung von anfallenden administrativen Tätigkeiten durch eigenes Personal oder durch deren Auslagerung. Damit wird der CIO zu einem Manager interner ‚Change Requests‘ in Bezug auf IT-Services und zu einem Sparringspartner der Fachabteilungen, um IT gestützte Lösungen zu implementieren, wobei jeweils aufs Neue kritisch die Frage nach Eigen- oder Fremdbezug gestellt werden muss. Um einen Eindruck der möglichen Anbieter zu gewinnen, ist es zunächst einmal notwendig, die möglicherweise auszulagernden Dienste und Applikationen zu identifizieren und in ein strategisches „Sourcing-Cluster" (vgl. Abb. 2.1) einzuordnen. Hierbei stellt sich die Frage nach den Anforderungen an die interne IT. Welche der erbrachten Leistungen sind eher ‚Commodity‘ ohne strategische Relevanz und welche können als erfolgskritisch für die Unternehmensstrategie angesehen werden.

An diese Überlegung schließt sich auch eine Analyse und Clusterung der Unternehmensdaten an. Welche Daten sind für den Unternehmenserfolg so entscheidend, dass sie nicht herausgegeben werden können, selbst wenn sie verschlüsselt wurden, und welche Daten könnte man auslagern? Im Allgemeinen bietet es sich an, über die Auslagerung von Basis-IT-Services wie Mail, Collaboration, Communication und DataShare nachzudenken. Denn hier lassen sich neben Standardisierungsüberlegungen

Abb. 2.1 Strategisches Sourcing-Cluster (Gadatsch und Mayer 2013)

und Einsparpotenzialen im IT Betrieb insb. auch Optimierungen im Bereich der Administration realisieren (vgl. die obigen Ausführungen zur Transaktionskostentheorie). Dies erfordert jedoch im Vorfeld neben einer ausführlichen technischen Evaluation, auch eine Analyse der zur Diskussion stehenden Vertragswerke in Bezug auf Service Level Agreements (SLA), Pönalen (Strafen für SLA-Verletzungen), Datenschutz, Laufzeiten und Kündigungsfristen. Darüber hinaus kann es durchaus möglich sein, dass auch über Standardsoftwareapplikationen wie Office, sensible Daten genutzt werden. Hier gilt es Richtlinien zur Dokumenten/ Emailverschlüsselung festzulegen, über den Speicherort dieser Daten nachzudenken (lokal oder bei externen Anbietern) bis hin zu der Überlegung, ob man den mit Office Produkten arbeitenden Teil der Belegschaft ggf. in verschiedenen ‚Sicherheitsgruppen' einteilen muss, von denen Einzelpersonen möglicherweise keine Onlinedienste nutzen dürfen.

2.6   Implikationen für die Praxis

Die Digitalisierung fordert das Unternehmensmanagement deutlich stärker heraus, als erwartet, d. h. es muss mehr Zeit für IT-Themen investieren. Business- und IT-Entscheidungen können nicht mehr sequenziell sondern nur noch integrativ getroffen werden. Anstehende IT-Verträge gehören daher auf die CEO-Agenda. In Zukunft sind IT-Entscheidungen Entscheidungen über die Ausgestaltung und Auslagerung von Prozessen. Das Management benötigt zur Untermauerung der Entscheidungen ein strategisches Portfolio, welches die strategische Bedeutung von IT-Lösungen einerseits und die Individualität der Aufgabenstellung andererseits berücksichtigt.

Cloudbasierte Services verändern zukünftig in radikaler Form die IT-Nutzung in vielen Unternehmen. Die Bedeutung der IT nimmt nicht ab, sondern zu, da sie eine Plattform für die Auslagerung von Prozessen (Business Process Outsourcing) darstellt. Allerdings wird dies vom Top-Management noch nicht deutlich genug wahrgenommen. Insbesondere müssen Priorisierungshinweise für das IT-Management gegeben werden. Hierzu muss überprüft werden, welche IT-gestützten Geschäftsprozesse so geschäftskritisch sind, dass die hierfür notwendigen Informationssysteme selbst entwickelt oder im Fall von Standardsoftware im eigenen Rechenzentrum betrieben werden müssen. Um dieses Ziel zu erreichen muss der Entscheidungsraum (Ist-Situation, Handlungsalternativen, Kosten und Nutzen, Chancen und Risiken) für das Top-Management transparent aufbereitet werden. Die Nutzung cloudbasierter Produkte (z. B. Office 365) ist daher in Zukunft kein reines „IT-Thema" mehr, sondern eine strategische Entscheidung im Hinblick auf eine „Make or Buy-Entscheidung" von Geschäftsprozessen.

Literatur

Adobe (Hrsg) (2016) Creative cloud. http://www.adobe.com/de/creativecloud.html?sdid=JRSIX&sk-wcid=AL!3085!3!49263541877!e!!g!!adobe%20creative%20cloud&ef_id=CRFN-5jSsHYAAI-v3:20141101135719:s. Zugegriffen am 26.06.2016
Brassel S, Gadatsch A, Kremer S (2015) Lizenzcontrolling für Software. Controller Magazin Ausgabe 4, S 68–72

Carr NG (2003) IT doesn't matter. Harv Bus Rev 81:5–12

Chaudhuri A (2009) Die Outcoursing/Offshoring Option aus der Perspektive der neuen Institutionsökonomik – Arbeitspapiere der FOM Nr. 13, S 1–2

Clement R (2010) IT-Dienstleistungsinnovationen. Skriptum, Sankt Augustin

Clement R, Schreiber D (2016) Internet-Ökonomie: Grundlagen und Fallbeispiele der vernetzten Wirtschaft Taschenbuch, 2. Aufl. Wiesbaden

Clinard M (2016) Microsoft will serve you, Fortune 500, 2016-06-15, S 58–65

Coase RH, Williamson O, Winter S (1993) The nature of the firm – origins, evolution and development. S 18–33

Deutsche Bank (Hrsg) (2016) Big Data, die ungezähmte Macht. Frankfurt am Main. http://www.it-for-work.de/blob/da_itforwork/Downloads/3252238/a2b56548778f4caf7ffd5ed76d049369/Big_Data_Die_ungezaehmte_Macht-data.pdf. Zugegriffen am 26.06.2016

Feldhoff A (2016) Gespräch des Autors Brassel, S. mit dem Vorstand der Bechtle AG, Neckarsulm

Gadatsch A (2016) Die Möglichkeiten von Big Data voll ausschöpfen. Control Manag Rev 60(Sonderheft 1):62–66

Gadatsch A, Mayer E (2013) Masterkurs IT-Controlling, 5. Aufl. Wiesbaden

Hemsch M (2002) Die Gestaltung von Interorganisationsbeziehungen, 1. Aufl. Köln, S 15–16

Jost P (Hrsg) (2001) Der Transaktions-Kostensatz in der Betriebswirtschaftslehre. Stuttgart

Keen PGW (1997) The process edge – creating value where it counts. Havard Business

Microsoft (Hrsg) (2016) Office 365. http://office.microsoft.com/de-de/business/. Zugegriffen am 26.06.2016

Schott E (2006) Die Kosten des Outsourcings. www.computerwoche.de. Zugegriffen am 17.05.2012

Schwartzer I (2006) Die Transaktionskostentheorie im Überblick. München

Statista (Hrsg) (2016) Umsatz mit Software weltweit in den Jahren 2011 bis 2013 nach Hersteller (in Milliarden US-Dollar). http://de.statista.com/statistik/daten/studie/180877/umfrage/weltweiter-umsatz-mit-software-der-fuehrenden-hersteller/. Zugegriffen am 03.06.2016

Wikipedia (Hrsg) (2016) List of Nobel laureates. https://en.wikipedia.org/wiki/List_of_Nobel_laureates. Zugegriffen am 21.09.2016

Zarnekow R, Brenner W, Grohmann H (2004) Informationsmanagement. Heidelberg

Key Performance Indicators für Software as a Service

3

Raoul Könsgen und Mario Schaarschmidt

Zusammenfassung

In einer dynamischen Umwelt und bei stetig steigendem Konkurrenzdruck stehen Unternehmen vor der Herausforderung, die Total Cost of Ownership ihrer eingesetzten Software signifikant zu senken und gleichzeitig die Einsatzfähigkeit ihrer IT-Lösungen zu flexibilisieren. Das Geschäftsmodell Software as a Service bietet hier eine Alternative zu traditionell als Produkt vertriebener Software und gilt als wichtiger IT-Trend. Verschärfte Rahmenbedingungen im IT-Umfeld und weiter steigender Kostendruck gehören zu den Treibern von SaaS-Lösungen. Der Umsatz von SaaS-Lösungen wird daher bis 2025 weiter steigen. Vor dem Hintergrund der zunehmenden Ablösung traditioneller Softwaremodelle durch SaaS-Modelle, sind insbesondere betriebswirtschaftliche Kennzahlen für beide Modelle differenziert voneinander zu betrachten. Die vorliegende Arbeit liefert daher einen Erkenntnisbeitrag zu finanziellen Key Performance Indicators von SaaS aus der Sicht eines Software-Anbieters. Zu Beginn der Arbeit werden die Unterschiede beider Softwarevertriebsmodelle aufgezeigt. Anschließend werden die wichtigsten finanziellen Erfolgsfaktoren von SaaS herausgearbeitet und potenzielle Key Performance Indicators abgeleitet. Die Ergebnisse können in der betrieblichen Praxis als Handlungsempfehlung für Softwareanbieter dienen.

Schlüsselwörter

SaaS · KPI · Metriken · Erfolgsfaktoren · Finanziell

Überarbeiteter Beitrag basierend auf Könsgen & Schaarschmidt (2016) Key Performance Indicators für Software as a Service, HMD – Praxis der Wirtschaftsinformatik Heft 311, 53(5):662–673.

R. Könsgen (✉) · M. Schaarschmidt
Universität Koblenz-Landau, Koblenz, Deutschland
E-Mail: rkoensgen@uni-koblenz.de; mario.schaarschmidt@uni-koblenz.de

© Springer Fachmedien Wiesbaden GmbH, ein Teil von Springer Nature 2018
S. Reinheimer (Hrsg.), *Cloud Computing*, Edition HMD,
https://doi.org/10.1007/978-3-658-20967-4_3

3.1   Key Performance Indicators

Im Gegensatz zu traditioneller Software erstrecken sich bei Software as a Service (SaaS) die Einnahmen eines Kunden über einen bestimmten Zeitraum, während bei traditionell vertriebener Software – Wartungskosten außer Acht gelassen – der Löwenanteil zu Beginn der Nutzung anfällt. Der Kunde bestimmt bei SaaS die Dauer der Nutzung und den damit verbundenen Zahlungsfluss. Dieses Dienstmodell unterscheidet sich somit fundamental von dem traditionellen, auf Lizenzvertrieb basierenden Softwaregeschäft und führt zu einer höheren Dynamik. Damit einhergehen unterschiedliche betriebswirtschaftliche Kennzahlen, anhand derer der Erfüllungsgrad hinsichtlich des Unternehmensziels der SaaS-Anbieter gemessen werden kann. Insbesondere für SaaS-Anbieter stellen solche Kennzahlen eine wichtige Entscheidungsgrundlage für das Management des Produktportfolios dar, jedoch sind gerade hier die vorhandenen Kennzahlen weniger stark als Best Practices bekannt als für traditionelle Softwarevertriebsmodelle. Bestehende Literatur hat im Rahmen von IT-Outsourcing aus Kundensicht eine Key Performance Indicators (KPI) basierte Messung der Strategieumsetzung aufgezeigt (Diefenbach et al. 2013). Des Weiteren wurden SaaS KPIs zur Beurteilung des Quality of Experience von Al-Shammari und Al-Yasiri (2014) untersucht. Bezogen auf die KPIs im traditionellen Softwarevertrieb geben Fotrousi et al. (2014) eine Übersicht zu den häufig genutzten KPIs im klassischen Softwaremanagement und klassifizieren diese in sieben verschiedene Dimensionen. Die Autoren Bonakdar et al. (2013) zeigen am Beispiel der Softwareindustrie, wie sich ändernde Geschäftsprozesse auf das KPI-System auswirken.

Ein Mangel an nützlichen KPIs, welche den Erfolg von SaaS messen und in die Erlösmodelle einfließen können, stellt gerade junge Softwareunternehmen vor eine große Herausforderung, da ihnen Kapazitäten für den Aufbau von Kennzahlensystemen fehlen.[1] Vor diesem Hintergrund liefert der vorliegende Artikel einen Verständnisbeitrag über die wichtigsten finanziellen KPIs für SaaS-Lösungen, welche als Handlungsempfehlung für SaaS-Anbieter betrachtet werden können.

3.2   Software as a Service versus traditioneller Softwarevertrieb

In der Literatur gibt es verschiedene Definitionen für SaaS. Gemeinsam haben alle Definitionen, dass es sich um ein Outsourcing-Modell handelt. Hierbei werden vollständige IT-Lösungen mit niedrigen Investitionskosten ortsunabhängig über den Webbrowser angeboten (Brand und Buxmann 2008; Wortmann und Kriens 2009). SaaS wird insbesondere von kleinen bis mittelständigen Unternehmen eingesetzt, da diese Unternehmen sich stark auf ihre Kernkompetenz konzentrieren (Xin und Levina 2008). Randaktivitäten, wie beispielsweise das Pflegen eines Anwendungssystems, erfordern einen erheblichen Ressourcen- und Verwaltungsaufwand, ohne,

---

[1] Der Begriff Key Performance Indicator ist in dieser Arbeit synonym zu Metriken zu betrachten. Die Unterscheidung zwischen den Begriffen Metrik und Key Performance Indicator ist abhängig vom Unternehmen.

dass ein nachhaltiger Wettbewerbsvorteil für das Unternehmen entsteht. Ebenso steht SaaS für Flexibilität, da Anwendungen bedarfsgerecht skaliert werden können. Auf diese Weise können die SaaS-Kunden die freigesetzten Ressourcen in ihre eigene Kernkompetenz investieren (Gull 2010). Die Sicherheit ist ein häufig aufgeführter Vorteil von SaaS-Lösungen, da die meistens SaaS-Anbieter umfassende Sicherheitskonzepte mit sich bringen. Das Outsourcen von Sicherheit ist jedoch mit einem eigenen Kontrollverlust verbunden, welches das Vertrauen der Endkunden verringern kann.

Beim betrieblichen Einsatz von SaaS übergibt der SaaS-Kunde dem SaaS-Anbieter typischerweise die Verantwortlichkeit für die Wartung des entsprechenden Systems. Zur Nutzung dieses Services stellt der SaaS-Anbieter die gesamte IT-Infrastruktur und Software bereit. Dieser Ansatz stammt aus dem Jahr 1990 und wird Application Service Providing (ASP) genannt (Xin und Levina 2008). SaaS ist eine Weiterentwicklung von ASP, insbesondere innovative Internettechnologien wie beispielsweise Asynchrous Javascript and Extensible Markup Language (AJAX) sowie offene Standards, wie zum Beispiel das Simple Object Access Protocol (SOAP), waren Treiber dieses Fortschritts (Repschläger et al. 2010).

Prozesse mit einem hohen Grad an Standardisierung werden von SaaS-Lösungen übernommen, da diese meistens nicht unternehmensindividuell angepasst werden müssen. Insbesondere ERP- und CRM-Software bieten sich aufgrund der hohen Standardisierung als SaaS-Lösung an. Demnach entsprechen aus Kundensicht alle Vorteile von SaaS auch den potentiellen Vorteilen von Standardsoftware gegenüber Individualsoftware. Hierzu zählen geringere Kosten, höhere Verfügbarkeit und höherer Reifegrad (Brandt 2009; Buxmann et al. 2015). Die Betriebssystem- und Plattformunabhängigkeit gängiger SaaS-Lösungen führen zu niedrigen Implementierungskosten, da die SaaS-Lösung typischerweise auf jedem gängigen Webbrowser funktioniert. Auf der anderen Seite sind mit der Nutzung von SaaS ebenfalls die Nachteile von Standardsoftware gegenüber Individualsoftware verbunden. Hierzu gehört insbesondere eine höhere Diskrepanz zwischen den unternehmensspezifischen Anforderungen und den standardisierten Prozessen von SaaS-Lösungen. Im Gegensatz zu traditioneller Software erzielt der SaaS-Anbieter keine Lizenzeinnahmen. Es fallen Nutzungsgebühren für die gemieteten Softwarekomponenten und Serviceleistungen an (Altmann et al. 2007).

Softwareupdates werden für SaaS-Lösungen kostenlos zur Verfügung gestellt. In beiden Softwarevertriebsmodellen kann davon ausgegangen werden, dass weitere Implementierungskosten vom Kunden getragen werden müssen (Brandt 2009). Eine hohe Standardisierung führt auf Seite des SaaS-Anbieters zu Skaleneffekten. In diesem Zusammenhang müssen SaaS-Lösungen standardisierte Programmierschnittstellen für eine einfache Integration in das bestehende Informationssystem anbieten. Die Kosten für das Bereitstellen der IT-Infrastruktur und deren Rechenkapazität werden vom SaaS-Anbieter getragen und sind in dem Nutzungsentgelt enthalten. Bei der traditionellen Software fallen jährlich Support- und Wartungskosten an, die etwa 15–20 % der einmaligen Lizenzkosten betragen. Weiterentwicklungskosten der Software werden meistens unabhängig vom Softwarevertriebsmodell vom Anbieter getragen. Kosten für Schulung fallen in beiden Modellen an und werden vom Kunden übernommen (Hess und Wolf 2008).

Die potenziellen Vorteile von SaaS sind ebenfalls mit Nachteilen verbunden. Dem Kunden wird immer die aktuellste Softwareversion zur Verfügung gestellt. Dies könnte dazu führen, dass der Zeitpunkt von Programmaktualisierungen nicht mehr vom SaaS-Kunden gesteuert werden kann und es zu Verzögerungen im Betriebsauflauf kommt (Buxmann et al. 2015). Die Sicherheit ist ein weiterer häufig aufgeführter Nachteil von SaaS-Lösungen. Insbesondere das Auslagern von sensiblen Daten an externe Dienstleister ist kritisch zu betrachten (Brandt und Buxmann 2008). Eine detaillierte Argumentationsbilanz zu dem ähnlichen Softwaremodell ASP ist bei Knolmayer (2000) zu finden.

3.3 Key Performance Indicators

Skok (2010) identifiziert die Erfolgsfaktoren Profitabilität, Wachstum und Liquidität für SaaS als wichtig (Abb. 3.1). Profitabilität ist ein Ausdruck dafür, dass Handlungen dem ökonomischen Prinzip entsprechen und somit alle Akteure zweckrational handeln, indem sie die eingesetzten Mittel und Erträge in ein Verhältnis setzen und dabei ihren Gewinn maximieren. Liquidität beschreibt die Verfügbarkeit von Zahlungsmitteln zur Befriedigung von Zahlungsverpflichtungen. Wachstum beschreibt das zeitliche Verhalten einer Messgröße und kann anhand der Anzahl der Kunden oder dem Umsatz gemessen werden.

Ein KPI ist im Allgemeinen eine Kennzahl, die den Erfolg oder Leistung eines Betriebs, einer organisatorischen Einheit oder Maschine bewertet. Auf Basis dieser Bewertung kann das Management die Unternehmensprozesse steuern.

3.3.1 Profitabilität

Im Folgenden werden die wichtigsten KPIs beschrieben, welche im Zusammenhang mit der Profitabilität eines SaaS-Anbieters stehen. Die monatlich wiederkehrenden Einnahmen sind ein KPI und werden auch als Monthly Recurring Revenue (MRR) bezeichnet. Zahlende Kunden beeinflussen den KPI positiv. Die MRR wird aus den drei KPIs New MRR, Expansion MRR und Churnes MRR gebildet. Neukunden tragen zur Erhöhung des MRRs bei. Bestandskunden können durch den

Abb. 3.1 Finanzbezogene SaaS-Erfolgsfaktoren (In Anlehnung an Skok 2010)

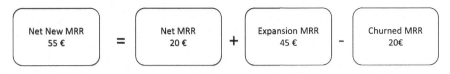

Abb. 3.2 Zusammensetzung des Net New MRRs

Zukauf von Modulerweiterungen den MRR ebenfalls weiter steigern. Kunden, die ihren Vertrag nicht verlängern oder weniger Leistung in Anspruch nehmen verringern den MRR. Der KPI Net New MRR kann genutzt werden, um die monatlichen Einnahmen zu vergleichen und wird berechnet aus:

$$Net\ New\ MRR = New\ MRR + Expansion\ MRR - Churned\ MRR$$

Abb. 3.2 zeigt die beispielhafte Zusammensetzung des Net New MRRs bei dem 45 € durch wiederkehrende Einnahmen erwirtschaftet werden. Zudem werden 20 € mehr durch Neukunden eingenommen und es entsteht ein Zahlungs-rückgang i. H. v. 10 EUR. Es ist sinnvoll, diese KPIs getrennt voneinander zu betrachten, um gezielt Maßnahmen einleiten zu können. Bei einer erhöhten Churn MRR kann beispielsweise ein stärkerer Fokus auf die Kundenrückgewinnung gelegt werden.

Die Akquirierungskosten haben gleichsam Einfluss auf die Profitabilität. Der KPI Cost to Acquire a Customer (CAC) wird am Ende einer festgelegten Zeitspanne berechnet und beschreibt die Effizienz von Verkaufs- und Marketingaufwendungen und wird gemäß der folgenden Formel berechnet. Es ist zu erwarten, dass aufgrund von Skaleneffekten die CAC mit zunehmender Zeit sinken.

$$CAC = \frac{\text{Kosten für Umsatz und Marketing}}{\text{Anzahl der Neukunden}}$$

Der KPI Life Time Value of Customer (LTV) beschreibt den Kundenertragswert und kann sowohl auf Kunden- aus auch auf Firmenebene berechnet werden. In der Praxis wird der LTV häufiger auf Firmenebene berechnet, um einen Überblick zu erhalten. Auf Firmenebene spiegelt der LTV den durchschnittlichen Kundenwert aller Kunden am Ende eines definierten Zeitraumes wieder. In der Praxis wird für den genannten Zeitraum die Zeiteinheit „Monat" m verwendet. Dabei werden die durchschnittlich generierten Umsätze je Kunde mit dem Customer Lifetime multipliziert. Dem KPI wird eine hohe Bedeutung bei der Ermittlung des Unternehmenswertes beigemessen. Im Dienstleistungsmodell SaaS ist es allerdings schwierig den Ertrag je Kunden zu ermitteln, da eine eindeutige Zuordnung von Aufwendungen oftmals unmöglich ist und dies nur mithilfe von Schlüsselungen vorgenommen werden kann. Zur Berechnung des LTVs ist es notwendig zunächst die Customer Lifetime zu bestimmen. Die Einheit des Customer Lifetime wird in Monaten angegeben und bezieht sich auf eine betrachtete Kundenabwanderungsquote im Monat m.

$$Customer\ Lifetime\ in\ Monaten = \frac{1}{\text{monatliche Kundenabwanderungsquote}}$$

Wenn beispielsweise die monatliche Abwanderungsquote drei Prozent beträgt, würde dies einer Customer Lifetime von 33 Monaten entsprechen. Der LTV wird wie folgt berechnet:

$$LTV = durchschnittliche\ MRR * Customer\ Lifetime$$

Die Kundenprofitabilität beschreibt den durchschnittlichen Kundengewinn, nachdem alle Akquirierungskosten von dem Kundenertragswert des Kunden abgezogen wurden. Die Berechnung der Kundenprofitabilität ist in der folgenden Formel dargestellt. Damit ein Unternehmen langfristig erfolgreich ist, sollte das Verhältnis von LTV zu CAC größer/gleich drei sein (Skok 2013).

$$Kundenprofitabilität = LTV - CAC$$

3.3.2 Liquidität

SaaS-Anbieter haben zu Beginn hohe Einführungskosten. Neben der eigentlichen Produktentwicklung entstehen Kosten für Schulungen von Mitarbeitern und Marketing. Liquidität gehört in den ersten drei Jahren zu den wichtigsten Zielen für SaaS-Anbieter. Im Gegensatz zur traditionellen Software müssen SaaS-Anbieter über eine längere Zeit ihre Investitionen vorfinanzieren, da die Einnahmen zu Beginn geringer sind als beim traditionellen Softwaregeschäft (Anding 2010). Insbesondere bei StartUp-Unternehmen ist das Eigenkapital gering und kann bei periodischen Einnahmen zu Liquiditätsproblemen führen. Die Einnahmen durch einen einzelnen Kunden erstrecken sich über einen längeren Zeitraum. Dies führt dazu, dass sich der Cash-Flow bei traditionellen Softwarevertriebsmodellen anders verhält als bei SaaS. Zur Messung der Liquidität kann der KPI Months to Recover CAC herangezogen werden. Dieser wird am Ende eines festgelegten Zeitraumes berechnet und gibt an, wie lange es dauert, bis sich die Akquirierungskosten amortisiert haben und wird wie in der folgenden Formel dargestellt berechnet:

$$Months\ to\ Recover\ CAC = \frac{Akquirierungskosten\ im\ betrachteten\ Teitraum}{monatliche\ Einnahmen\ der\ Neukunden\ im\ betrachteten\ Zeitraum}$$

Hierbei werden die Kosten zur Kundenakquirierung in t durch die durchschnittlich wiederkehrenden Einnahmen der Neukunden innerhalb des festgelegten Zeitraumes geteilt. Experten empfehlen, dass die Gesamteinnahmen der Neukunden nach zwölf Monaten höher sind als ihre Akquirierungskosten (Skok 2013). Eine Möglichkeit die Liquidität eines Unternehmens positiv zu beeinflussen ist, dass Verträge geschlossen werden, die eine Vorauszahlung festlegen. Diese Variante würde dazu führen, dass der SaaS-Anbieter früher Einnahmen erzielt und auf weniger Fremdkapital zurückgreifen muss. Zusätzlich hat eine Vorauszahlung positiven Einfluss auf die Kündigungsrate, da der Kunde sich mit seiner Vorauszahlung zur Nutzung der Dienstleitung über einen bestimmten Zeitraum verpflichtet. Die Profitabilität wird von einer Vorauszahlung negativ beeinflusst, da eine Vorauszahlung meistens mit

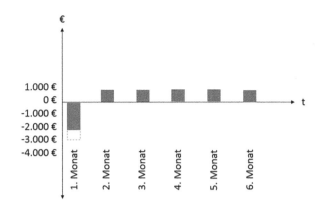

Abb. 3.3 Cash-Flow eines einzelnen SaaS-Kunden (in Anlehnung an Skok 2013; New Ecology o. J.; Colao 2012)

einer geringeren Gesamtzahlung verbunden ist (Skok 2010). Der KPI Months Up Front gibt die durchschnittliche Anzahl an Monate an, die von den Kunden vorausgezahlt werden.

Abb. 3.3 zeigt ein Beispiel eines Cash-Flows. Hierbei ist zu erkennen, dass der Cash-Flow im ersten Monat aufgrund der hohen Investitionskosten in Höhe von 3000 € deutlich im negativen Bereich ist. Wenn die Investitionskosten und die Einnahme im selben Betrachtungszeitraum liegen, erhöht sich der Cash-Flow bereits zu Beginn. Dies ist durch die gestrichelten Linien dargestellt. Die verhältnismäßig geringen periodischen Zahlungen in Höhe von 700 € sind in den folgenden Monaten dargestellt.

Abb. 3.4 zeigt die Entwicklung des kumulierten Cash-Flows eines einzelnen Kunden bei dem der KPI Months to Recover CAC = 11 sind. Dies bedeutet, dass erst ab dem zwölften Monat der Kunde sich im positiven Cash-Flow-Bereich befindet. In diesem Fall würde sich aus Anbietersicht eine Mindestvertragslaufzeit von mindestens einem Jahr anbieten.

3.3.3 Wachstum

Eine Trennung der Bereiche Kunden und Umsätze ist erforderlich, da ein Wachstum von 50 % mehr Kunden nicht bedeutet, dass die Einnahmen ebenfalls um 50 % steigen müssen, da einzelne Kunden unterschiedlich hohe Umsätze generieren. Es ist möglich, dass eine Wachstumsrate negativ wird, wenn die Messgröße zum Zeitpunkt t1 größer ist als bei t2. Die im Folgenden aufgeführten Raten können mit 100 multipliziert werden, um prozentuale Raten zu erhalten. Die Kundenwachstumsrate wird von der Customer Churn Rate verringert und von der Neukundenrate erhöht. Die Neukundenrate bezieht sich immer auf einen Zeitraum und wird wie folgt berechnet:

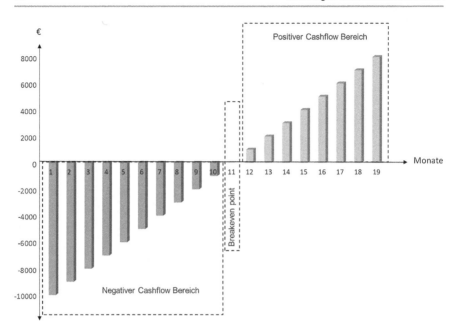

Abb. 3.4 Entwicklung des kumulierten Cash-Flows bei einem einzelnen SaaS-Kunden (in Anlehnung an Skok 2013; Colao 2012)

$$\text{Neukundenrate} = \frac{\text{Anzahl der Neukunden im betrachteten Zeitraum}}{\text{Anzahl der Kunden zu Beginn des betrachteten Zeitraums}}$$

Zur Berechnung der Kundenwachstumsrate sei j das Geschäftsjahr, bk ein Bestandskunde, nk ein Neukunde und ek ein ehemaliger Kunde. Die Kundenwachstumsrate wird bei einem Kundenrückgang negativ. Eine negative Kundenwachstumsrate tritt dann ein, wenn der Zähler größer als der Nenner gemäß der folgenden Formel ist. Die Subtraktion von eins ist notwendig, um ein negatives Ergebnis zu erzielen.

$$\text{Kundenwachstumsrate}(j) = \frac{\sum_{j-1} bk + \sum_j nk - \sum_j ek}{\sum_{j-1} bk} - 1$$

Für den Investor ist der Zeitpunkt des Geldflusses für die Weiterentwicklung des Produktes von hoher Bedeutung. Die Kundenwachstumsrate hat zu Beginn einen negativen Einfluss auf die Liquidität eines Unternehmens. Dies ist darin begründet, dass neben den monatlichen Einnahmen, auch die Investitionskosten pro Neukunde anfallen. In Abb. 3.5 ist zu erkennen, dass die Steigung der Einnahmen sich nach der Kundenwachstumsrate richtet. Eine steigende Anzahl an Kundenrückfragen im Kundensupport oder gestiegene Hardwareanforderungen führen zu höheren Investitionskosten, allerdings kann davon ausgegangen werden, dass die Grenzkosten mit steigender Kundenzahl sinken und daher der negative Einfluss von der Kundenwachstumsrate auf den Cash-Flow sinken wird.

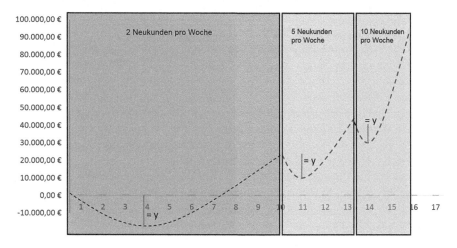

Abb. 3.5 Auswirkung einer positiven Kundenwachstumsrate auf den Cash-Flow (in Anlehnung an Skok 2013)

Tab. 3.1 Kohortenanalyse – Entwicklung der Customer Churn Rate je Monat nach Vertragsabschluss

	0	1	2	3	4	5	6
Januar	100 %	84 %	74 %	65 %	62 %	59 %	58 %
Februar	100 %	86 %	79 %	70 %	97 %	63 %	59 %
März	100 %	89 %	93 %	79 %	75 %	71 %	
April	100 %	93 %	89 %	86 %	71 %		
Mai	100 %	94 %	89 %	85 %			
Juni	100 %	90 %	91 %				
Juli	100 %	99 %					
	0	1	2	3	4	5	6

Der KPI Wachstumsrate hat einen Einfluss auf den Umsatz des Unternehmens, dessen Bedeutung mit der Kundenzahl positiv korreliert. Diese Aussage soll anhand des folgenden Beispiels verdeutlicht werden: In den ersten Monaten eines Unternehmens ist die Anzahl der Kunden gering, und eine Kundenwachstumsrate von –3 % pro Monat würde bei einem Kundenstamm von 100 Kunden nur 3 Kunden betreffen.

Die *Kohorten Analyse* ist ein Verfahren, das ursprünglich aus der Bevölkerungswissenschaft stammt und zur Untersuchung von Periodeneffekten genutzt werden kann (Glen 2005). Im Zusammenhang mit der Customer Churn Rate kann die Kohorten Analyse verwendet werden, um einen besseren Einblick in das Kündigungsverhalten der Kunden zu erhalten. Eine Kohorte ist definiert als Gruppe, die über ein gemeinsames Merkmal verfügt. Tab. 3.1 zeigt ein Beispiel einer Kohorten Analyse, das den prozentualen Anteil an verbliebenen Kunden seit Vertragsabschlusszeitpunkt anzeigt. Die X-Achse zeigt die Anzahl der Monate und die Y-Achse zeigt den Monat des Vertragsabschlusses. Beispielsweise sind nur noch 75 % der Kunden, welche im

Januar den Vertrag unterschrieben haben, am Ende des Monats Februar noch Kunden. Des Weiteren ist für die Neukunden im Januar zu erkennen, dass die Customer Churn Rate sich ab dem dritten Monat stabilisiert. Auffällig in diesem Beispiel ist die hohe Kündigungsrate in den ersten zwei Vertragsmonaten. Eine Verbesserungsmaßnahme könnte sein, dass die Benutzerfreundlichkeit erhöht und den Neukunden ein einfacher Einstieg ermöglicht wird. Zudem ist es möglich, dass für Neukunden die Nutzungsgebühr in den ersten drei Monaten reduziert angeboten wird, um die Motivation zu steigern, das Produkt länger zu nutzen. Des Weiteren ist in der Spalte „1" zu erkennen, dass die Kündigungsrate der ersten Nutzungsmonate zurückgegangen ist und sich dies positiv auf das Wachstum auswirkt.

Der Customer Engagement Score ist ein KPI, der dazu verwendet werden kann, die Customer Churn Rate positiv zu beeinflussen (Skok 2013). Hierzu wird jedem Kunden eine Zahl zugeordnet, auf Basis derer eine Aussage über die Wahrscheinlichkeit einer Kündigung getroffen werden kann. Der KPI kann aus verschiedenen Variablen gebildet werden. Für den SaaS-Anbieter ergibt sich die Möglichkeit, genau zu wissen, wann welcher Kunde in welchem Umfang die Software verwendet. Softwarefunktionen analysieren das Nutzungsverhalten und weisen den Benutzern unterschiedliche Punktzahlen zu. Als Beispiel erhält ein Benutzer, welcher regelmäßig Bilder in Facebook veröffentlicht, mehr Punkte als nur ein lesender Benutzer. Die Gewichtung der einzelnen Punktzahlen ist abhängig vom Dienstleistungsmodell und wird mit zunehmender Erfahrung besser. Die Software Analytics der Firma Hubspot kann hierfür als Beispiel aufgeführt werden, mit der es möglich ist, den Customer Engagement Score zu messen.

Die Verträge zwischen SaaS-Anbieter und -Kunde können über einen festgelegten Zeitraum geschlossen werden. Dies führt dazu, dass im betrachteten Zeitraum nur eine Teilmenge der SaaS-Kunden berechtigt ist, den Vertag zu kündigen. Die Customer Churn Rate ist bei längerfristigen Verträgen nur für die Kundengruppe interessant, welche berechtigt ist zu kündigen. Die Kundenzufriedenheit hat in diesem Kontext direkte Auswirkung auf das Wachstum. Ein weiterer KPI zur Messung der Kundenzufriedenheit ist der *Net Promoter Score* (NPS). Der Vorteil des KPIs ist, dass dieser standardisiert ist und mit anderen Unternehmen verglichen werden kann. Die Berechnung des NPS erfolgt auf Basis einer Umfrage, bei der die Kunden eingeteilt werden in Promotoren, Detraktoren und Passive.

Die Gruppeneinteilung ist abhängig von der jeweiligen Kundenantwort bezogen auf die Frage: „Wie wahrscheinlich ist es, dass Sie den SaaS-Anbieter einem Freund oder Kollegen weiterempfehlen werden?" In einer Skala von null (gering) bis zehn (hoch) können die Kunden die Wahrscheinlichkeit angeben. Kunden, die eine neun oder zehn auswählen, sind loyale Kunden und fördern das Wachstum. Aus diesem Grund werden diese Kunden auch Promotoren genannt. Passive Kunden lassen sich einfach durch die Mitbewerber abwerben und haben eine sieben oder acht gewählt. Detraktoren schädigen den Ruf des Unternehmens beispielsweise durch negative Mundpropaganda und geben typischerweise eine Antwort zwischen null und sechs. Der Wertebereich des NPS liegt zwischen -100 und 100 und wird wie folgt berechnet:

NPS = Prozentualer Anteil Promotoren – prozentualer Anteil Detraktoren

3.4 Handlungsempfehlungen

Im Rahmen der Arbeit wurde deutlich, dass SaaS-Anbieter ein anderes Software-vertriebsmodell verfolgen und daher andere KPIs für sie von Bedeutung sind. Insbesondere die regelmäßige Abrechnung gegenüber den Kunden führt dazu, dass eine periodengerechte Betrachtung der Umsätze erforderlich ist. Für ein Start-Up-Unternehmen wird der KPI Months to Recover CAC als besonders wichtig empfunden, da dieser darauf schließen lässt, ob die Liquidität des SaaS-Anbieters ausreichend hoch ist. Des Weiteren ist es von besonderer Bedeutung zu verstehen, dass Kundenwachstum von der Neukundenrate und der Churn Rate bestimmt wird und diese getrennt voneinander zu betrachten sind, da sich die Maßnahmen unterscheiden. Die Neukunden-Akquise ist eine Marketingaktivität, welche sich positiv auf die Neukundenrate auswirkt. Beispielsweise erhalten Bestandskunden einen Preisnachlass, wenn diese Neukunden werben. Zudem ist es wichtig, dass mit Bestandskunden regelmäßig in Kontakt getreten wird, um neue Anforderungen aufzunehmen oder über eine veränderte Vertragsgestaltung zu sprechen. Dies hat positiven Einfluss auf die Churn Rate. Als kritischer Erfolgsfaktor ist es für Unternehmen unerlässlich, zusätzliche Analysesysteme wie beispielsweise Business Intelligence Systeme zu verwenden. Die Märkte und Geschäftsmodelle von SaaS-Anbietern sind jedoch zu unterschiedlich, um allgemein gültige Zielvorgaben auszusprechen. Eine bestimmte Zielvorgabe für KPIs kann sich für das ein Unternehmen als unerreichbar und für ein anderes Unternehmen als zu niedrig erweisen. Nach der Entwicklung finanzieller KPIs ist es erforderlich, dass qualitätsbezogene KPIs ermittelt werden und diese anschließend in einen Zusammenhang gebracht werden.

Literatur

Al-Shammari S, Al-Yasiri A (2014) Defining a metric for measuring QoE of SaaS cloud computing. Proceedings of the 15th Annual Post Graduate Symposium on the Convergence of Telecommunications, Networking Broadcasting (PGNET '14). Liverpool, UK, June 2014

Altmann J, Ion M, Bany AA (2007) Taxonomy of grid business models. In: Veit DJ, Altmann J (Hrsg) Grid economics and business models, 4th international workshop, Rennes, S 29–43

Anding M (2010) SaaS a love-hate relationship for enterprise software vendors. In: Benlian A, Hess T, Buxmann P (Hrsg) Software-as-a-Service: Anbieterstrategien, Kundenbedürfnisse und Wertschöpfungsstrukturen. Gabler, Wiesbaden, S 43–56

Bonakdar A, Weiblen T, Valentin CD, Zeißner T, Pussep A, Schief M (2013) Transformative influence of business processes on the business model: classifying the state of the practice in the software industry. In: 46th Hawaii international conference on system sciences, Hawaii, S 3920–3929

Brandt B, Buxmann P (2008) Chancen und Risiken des Einsatzes von Software as a Service in mittelständischen Unternehmen – Ergebnisse einer leitfadengestützten Expertenbefragung. In: Oecking C, Jahnke R, Weber M (Hrsg) Innovationen im Outsourcing – Wie Unternehmen von Innovationspartnerschaften mit Service-Anbietern profitieren können. Laub GmbH und Co. KG, Elztal, S 71–83

Brandt B (2009) Make-or-Buy bei Anwendungssystemen. Dissertation, Universität Darmstadt

Buxmann P, Diefenbach H, Hess T (2015) Die Softwareindustrie: Ökonomische Prinzipien, Strategien, Perspektiven, 3. Aufl. Springer-Gabler, Wiesbaden

Colao J (2012) Running a SaaS business? Answer these four questions. https://www.for-bes.com/sites/jjcolao/2012/10/02/running-a-saas-business-answer-these-four-questions/#2622c6b14b40. Zugegriffen am 07.12.2017

Diefenbach S, Bruening KT, Rickmann H (2013) Effizienz und Effektivität im IT-Outsourcing: KPI-basierte Messung der Strategieumsetzung. In: Rickmann H, Diefenbach S, Bruening KT (Hrsg) IT-Outsourcing: Neue Herausforderungen im Zeitalter von Cloud Computing. Springer, Berlin/Heidelberg, S 1–25

Fotrousi F, Fricker S, Fiedler M, Le-Gall F (2014) KPIs for software ecosystems: a systematic mapping study. In: 7th International conference on software business, Ljubljana, S 194–211

Glen ND (2005) Cohort analysis (quantitative applications in the social sciences), 2. Aufl. Sage, Los Angeles et al

Gull D (2010) Cloud Computing: Definitionen, Geschäftsmodelle und Entwicklungspotentiale. HMD Prax Wirtschaftsinformatik 275:16–23. Cloud Computing und SaaS

Hess T, Wolf C (2008) Software as a Service 1.0 and beyond. In: Hess T (Hrsg) Software as a Service: Strategische Perspektiven und praktische Bedeutung. Münchner Kreis, München, S 8–14

Knolmayer G (2000) Application service providing (ASP). Wirtschaftsinformatik 42:443–446

Newecology (o. J.) Renewable energy. https://www.newecology.org/what-we-do/renewable-energy/. Zugegriffen am 07.12.2017

Repschläger R, Pannike D, Zarnekow R (2010) Cloud Computing: Definitionen, Geschäftsmodelle und Entwicklungspotentiale. HMD Prax Wirtschaftsinformatik 275:6–14. Cloud Computing und SaaS

Skok D (2010) SaaS metrics – a guide to measuring and improving what matters. http://www.forentrepreneurs.com/saas-metrics/. Zugegriffen am 05.03.2016

Skok D (2013) SaaS metrics 2.0 – a guide to measuring and improving what matters. http://www.forentrepreneurs.com/saas-metrics-2/. Zugegriffen am 01.03.2016

Wortmann H, Kriens M (2009) Strategic Research Agenda. The Strategic Research Agenda of IIP-SaaS IIP-SaaS

Xin M, Levina N (2008) Software-as-a-service model. In: Boland R, Limayem M, Pentland B (Hrsg) Elaborating client-side adoption factors. In: Proceedings of the 29th international conference on information systems. Paris, France, December 14–17, SSRN. https://ssrn.com/abstract=1319488

Strategische Ausrichtung und Ziele der DATEV eG zur Forcierung von Cloud Computing

4

Christian Bär und Peter Krug

Zusammenfassung

Neue technologische Möglichkeiten und die damit einhergehende Digitalisierung haben Auswirkungen auf sämtliche Wirtschaftszweige. Vormals unter dem Schlagwort Industrie 4.0, mit Fokus auf die Produktion, ist die Digitalisierung mittlerweile auch im Dienstleistungssektor unumkehrbar. Auch der steuerberatende Berufsstand befindet sich in einem tief greifenden Wandel und muss sich auf die zukünftigen Herausforderungen im Markt einstellen. Gerade bei der Interaktion zwischen Kanzlei, Mandant und Institutionen/Behörden bietet Cloud-Computing weitreichende Unterstützungsmöglichkeiten. Damit gehen Chancen einher, die für alle Beteiligten zu Effizienzgewinnen oder Qualitätssteigerungen führen können. Am Beispiel der DATEV eG soll aufgezeigt werden, wie eine Cloud-Lösung ausgestaltet sein kann und mit welchen strategischen Fragestellungen sich die Genossenschaft, als IT-Dienstleister, auseinandersetzen muss. Die dazu vorgestellten strategischen Überlegungen können auch auf andere Cloud-Anbieter übertragen werden und dienen als Diskussionsgrundlage aus der Praxis für die Praxis.

Schlüsselwörter

Cloud Computing · Steuerberatung · Kollaboration · DATEV · Produktstrategie · IT-Sicherheit

Unveränderter Original-Beitrag Bär & Krug (2016) Strategische Ausrichtung und Ziele der DATEV eG zur Forcierung von Cloud Computing, HMD – Praxis der Wirtschaftsinformatik Heft 311, 53(5): 635–645.

C. Bär (✉) · P. Krug
DATEV eG, Nürnberg, Deutschland
E-Mail: christian.baer@datev.de; peter.krug@datev.de

4.1   Digitale Transformation in der Steuerberatung

Der klassische Steuerberatungsmarkt befindet sich im Wandel. Der Berufsstand hat zunehmend mit neuer Konkurrenz zu kämpfen, und zwar nicht nur innerhalb der vereinbaren Tätigkeiten. Er muss den demografischen Wandel und damit verbunden die schwieriger werdende Suche nach qualifizierten Mitarbeitern meistern, den vielfältigen Bedürfnissen seiner Mandanten gerecht werden, dabei gleichzeitig die laufenden und zunehmenden Gesetzesänderungen im Blick haben und schließlich auch die Prozesse innerhalb seiner Kanzlei sowie in der Zusammenarbeit mit Mandanten und Institutionen, durch Digitalisierung und Automatisierung, effizienter gestalten, um auch künftig im Wettbewerb bestehen zu können (Bundessteuerberaterkammer 2014).

Einer der Digitalisierungstreiber ist die Bundesregierung, die mit dem Inkrafttreten des E-Government-Gesetzes (EGovG) eine Grundlage für die Umsetzung des Regierungsprogramms „Digitale Verwaltung 2020" geschaffen hat. Nicht nur daraus ergeben sich wesentliche Auswirkungen auf den steuerberatenden Berufsstand und dessen Zusammenarbeit mit der öffentlichen Verwaltung und seinen Mandanten. Beispielsweise seien die Einführung der E-Bilanz, das Gesetz über elektronische Handelsregister und Genossenschaftsregister sowie das Unternehmensregister (EHUG) und der elektronischen Lohnsteuerabzugsmerkmale (ELStAM), die Vollmachtsdatenbank (VDB), die vorausgefüllte Steuererklärung (VaSt), aber auch die tiefergreifende Kollaboration über digitale Prozesse genannt (Bär 2015).

Aus der Digitalisierung der Geschäftsprozesse ergeben sich neue Anforderungen und Tätigkeitsfelder an die Mitarbeiter. Investitionen in Informationstechnologien (IT) werden für effiziente Kanzleistrukturen immer wichtiger, um die zunehmende Konkurrenz auf Abstand zu halten (Bundessteuerberaterkammer 2014). Vor allem aufgrund immer kürzer werdender IT-Lebenszyklen sowie neuer gesetzlicher Anforderungen, muss die Reaktionsfähigkeit der Steuerkanzlei aber auch die der Mandanten erhöht werden. Dabei bietet gerade der Einsatz von Cloud-Lösungen eine hohe IT-Agilität[1] und wird immer mehr zu einem wesentlichen Erfolgsfaktor in der Zusammenarbeit von Steuerkanzlei, Mandant und Dritten (Schulz und Bär 2015).

Laut BITKOM (2009, S. 9) versteht man unter Cloud Computing „[...] eine Form der bedarfsgerechten und flexiblen Nutzung von IT-Leistungen. Diese werden in Echtzeit als Service über das Internet bereitgestellt und nach Nutzung abgerechnet. Damit ermöglicht Cloud Computing den Nutzern eine Umverteilung von Investitions- zu Betriebsaufwand." Vorteile ergeben sich z. B. durch einen einheitlichen, zentralen Datenbestand, einer laufenden Sicherung, der orts- und zeitunabhängigen Verfügbarkeit und der hervorragenden Kollaborationsmöglichkeiten.

44 % der Unternehmen in Deutschland setzen bereits Cloud-Computing ein und über 42 % der Nichtnutzer planen einen Einsatz bzw. machen sich hierzu Gedanken, wobei die kleinen und mittleren Unternehmen in den letzten Jahren kontinuierlich zu den Großunternehmen aufgeholt haben. Trotz der am Markt in Teilen noch bestehenden Unsicherheiten wird die Cloud auch in Deutschland zukünftig an

---

[1] Darunter ist eine bedarfsgerechte und flexible Nutzung zu verstehen.

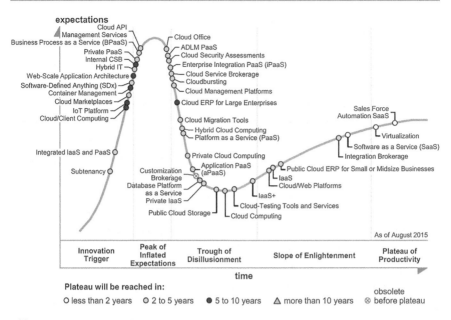

Abb. 4.1 Hype Cycle for Cloud Computing (Gartner 2015b)

Bedeutung gewinnen (KPMG 2015; PWC 2011). Die Nutzung von Cloud-Computing mit ihrer Vielzahl an möglichen Einsatzszenarien wächst dabei nicht nur in Deutschland, sondern weltweit und in nahezu jeglichen Sektoren der Wirtschaft. Abb. 4.1 zeigt einen Überblick über die verschiedenen Cloud-Modelle sowie deren Entwicklungs- und Nutzungsmöglichkeiten (zur Methodik des Hype Cycle siehe Gartner 2015a, S. 7).

Vor diesem Hintergrund lässt sich folgende Frage für den steuerberatenden Berufsstand ableiten:

> Wie kann eine Cloud-Lösung gestaltet sein, die dem Steuerberater und seinen Mandanten die aus der Digitalisierung und Automatisierung ihrer Geschäftsprozesse entstehenden Wettbewerbschancen erschließt bei gleichzeitiger Minimierung bestehender Risiken und Vorbehalte?

Um diese Frage beantworten zu können, wird in diesem Beitrag die DATEV-Cloud dargestellt und auf die dahinter liegende strategische Ausrichtung und die Ziele der DATEV eG eingegangen.

4.2 DATEV-Cloud

Obwohl sich die DATEV eG, als Genossenschaft des steuerberatenden Berufsstands und somit als Erfüllungsgehilfe ihrer Mitglieder, stark von anderen Softwareanbietern unterscheidet, lassen sich wesentliche Überlegungen auch auf diese übertragen.

Bereits seit der Gründung vor 50 Jahren haben Steuerberater ihre Kundendaten zur Weiterverarbeitung an die Zentralrechner der DATEV geschickt – damals trug dieses Angebot allerdings noch nicht den Namen „Cloud".

Aktuell nutzen rund 60.000 Unternehmen die Cloud-Anwendung DATEV Unternehmen online für die Zusammenarbeit mit dem steuerlichen Berater. Monatlich wächst diese Zahl derzeit um ca. 1500 Unternehmen. In der DATEV-Cloud sind über 400 Millionen Belege sicher gespeichert und monatlich kommen ca. 9 Millionen hinzu. Dreh- und Angelpunkt dieser DATEV-Cloud ist das DATEV-Rechenzentrum in Nürnberg. Es ist somit das Herzstück der sicheren Datenhaltung und Zusammenarbeit mit den Mandanten sowie zunehmend der leistungserstellenden Software.

Die DATEV-Cloud lässt sich in die Themengebiete „DATEV-Cloud-Sourcing", „DATEV-Cloud-Dienste" und „DATEV-Cloud-Anwendungen" aufteilen (siehe Abb. 4.2). Um die höchsten Sicherheitsstandards zu garantieren, wird dieses Angebot durch die „DATEV-Cloud-Sicherheit" abgerundet (Wagner 2016).

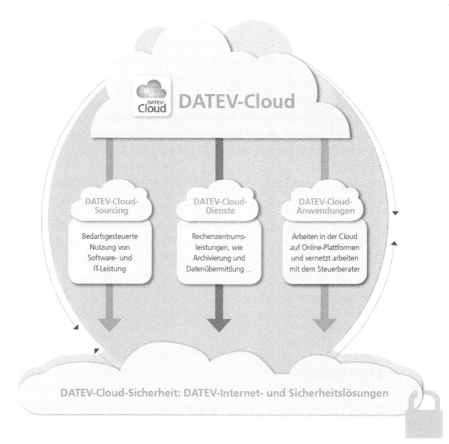

Abb. 4.2 DATEV-Cloud (Wagner 2016)

4.2.1 DATEV-Cloud-Sourcing

Das „DATEV-Cloud-Sourcing" umfasst die Produkte und Dienstleistungen zur Auslage-
rung von Software und IT sowie die damit verbundenen administrativen Tätigkeiten in die
DATEV-Cloud. Es enthält die drei Hosting-Lösungen DATEV-SmartIT (bislang DATE-
Vcloud Software) sowie die Application Service Providing-Leistungen DATEVasp und
PARTNERasp (Wagner 2016). Mit SmartIT – umgangssprachlich „Software aus der
Steckdose" – besteht die Möglichkeit, für kleinere Kanzleien hochstandardisiert die stets
aktuellste Programmversion der DATEV-Anwendungen – orts-, zeit- und endgerätunab-
hängig – direkt aus der DATEV-Cloud zu nutzen. Bei den asp-Angeboten der DATEV eG
werden auf die Gegebenheiten des Kunden konfigurierte und mit den benötigten Pro-
grammen und Daten bestückte Server-Systeme bereitgestellt. Die DATEV oder zertifi-
zierten Partner übernehmen den Support und somit die Verantwortung für den Betrieb, die
Absicherung und die Aktualisierung des zentralen Systems im Rechenzentrum.

4.2.2 DATEV-Cloud-Dienste

Zu den DATEV-Cloud-Diensten zählen Rechenzentrums-Leistungen rund um die Datenarchivierung und alles, was unter dem Stichwort Datendrehscheibe läuft. Durch die automatische Datensicherung, die revisionssichere Archivierung und den geschützten sowie
authentifizierten Datenaustausch mit Institutionen, wie Finanzbehörden oder Krankenkas-
sen, wird den Kanzleien bei unterschiedlichsten Aufgaben die Arbeit erheblich erleichtert.
So muss beispielsweise die Übermittlung der Daten bei diesem Angebot nicht mehr einzeln angestoßen werden. Da die Kanzleien im Regelfall viele Transaktionen je Mandant
(bspw. bei Lohnabrechnungen oder dem automatisierten Abruf von Banktransaktionen
mit automatisierter Buchungssatzerstellung) und das bei sehr vielen Mandanten monatlich
wiederkehrend durchführen müssen, ergeben sich hier interessante Synergieeffekte.

Die DATEV IT-Service- und Sicherheitspauschale bündelt viele Leistungen des
Rechnungswesens. Bei der Übermittlung sowie der Sicherung und Archivierung
schützen die hohen Sicherheitsstandards des ISO-27001-zertifizierten Rechenzentrums beispielsweise die Unternehmen bei der Datenübermittlung der UStVA
(Umsatzsteuervoranmeldung) und der SEPA-Lastschrift. Die Berater werden zusätzlich auch bei der Übermittlung von E-Bilanz und EHUG geschützt. Gerade bei
zunehmender Digitalisierung wird auch das Thema Sicherheit einen immer höheren
Stellenwert erhalten (siehe auch Abschn. 4.3.6).

4.2.3 DATEV-Cloud-Anwendungen

Der Bereich DATEV-Cloud-Anwendungen umfasst die Online-Lösungen für Unternehmen, die das Arbeiten in der Cloud und vernetztes Arbeiten zwischen Mandant
und Steuerberater ermöglichen (Wagner 2016). Zu den Anwendungen zählen Angebote wie DATEV Arbeitnehmer online oder DATEV Unternehmen online. Letzteres
bietet eine sichere Plattform für den Beleg-, Daten- und Dokumentenaustausch zwischen Unternehmen und steuerlichem Berater (siehe Abb. 4.3).

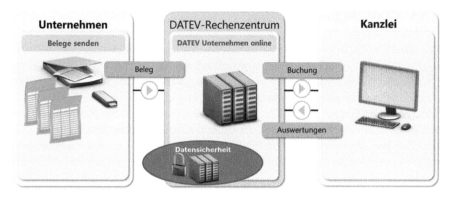

Abb. 4.3 DATEV Unternehmen online

Im Unternehmen werden in diesem Beispiel die Belege gescannt und an das DATEV-Rechenzentrum übertragen. Dort stehen die digitalisierten Dokumente und Belege des Mandanten sowohl für das Unternehmen, als auch für die Kanzlei zentral zur Verfügung. In der Kanzlei hat nun der Steuerberater die Möglichkeit die relevanten Buchungsinformationen durch eine automatische Belegerkennung direkt in den Buchungssatz zu übernehmen. Der steuerliche Berater kann wiederum anschließend Auswertungen für die Bereiche OPOS, FIBU, Kostenrechnung und Lohn über Unternehmen online zur Verfügung stellen. Auch die Datenarchivierung mit den entsprechenden gesetzlichen Aufbewahrungsfristen ist in diesem Szenario anwenderfreundlich und zukunftsgerichtet organisierbar, so dass bei Einhaltung entsprechender Regelungen bei dieser revisionssicheren Archivierung sogar die Originalbelege vernichtet werden dürfen.

4.3   Strategische Ausrichtung und Ziele

Technologisch als auch legislativ induzierte Veränderungen ermöglichen bzw. erfordern eine verstärkte Digitalisierung der Geschäftsprozesse. Dies gilt auch für den Steuerberater und dessen Mandanten (Bär 2015). Die unterschiedlichen, zentralen strategischen Überlegungen und Ziele der DATEV eG dienen als Ausgangspunkt für die laufende Weiterentwicklung der heutigen DATEV-Cloud.

4.3.1   Zukunftstreiber – Digitale Transformation

In einer vom Bundesverband der Deutschen Industrie e.V. in Auftrag gegebenen Studie wird Digitale Transformation wie folgt definiert:

> „Digitale Transformation verstehen wir als durchgängige Vernetzung aller Wirtschaftsbereiche und als Anpassung der Akteure an die neuen Gegebenheiten der digitalen Ökonomie. Entscheidungen in vernetzten Systemen umfassen Datenaustausch und -analyse, Berechnung und Bewertung von Optionen sowie Initiierung von Handlungen und Einleitung von Konsequenzen." (Roland Berger, Bundesverband der Deutschen Industrie (2015), S. 6)

Als genossenschaftlicher IT-Dienstleister des steuerberatenden Berufsstands ist die DATEV eG auf die dauerhafte Förderung des Berufsstands ausgerichtet und denkt als Wegbereiter die digitale Transformation für ihre Mitglieder und deren Mandanten vor, gestaltet und betreibt diese aktiv.

Der Berufsstand der Steuerberater wird in den nächsten zehn Jahren einen Wandel weg von der Deklaration hin zur Beratung, laufenden Business-Betreuung und dem Angebot neuer Dienstleistungen vollziehen (Bundessteuerberaterkammer 2014). Ziel der DATEV eG ist es, seine Mitglieder bei der Bewältigung dieses Berufsbildwandels durch die gezielte Erweiterung des Dienstleistungsangebotes umfassend zu unterstützen.

4.3.2 Cloud first – not only

Eine wesentliche Aussage bei der strategischen Ausrichtung des IT-Dienstleisters und seiner Softwarelösungen lautet „Cloud first – not only". Konkreter ausgedrückt steht die Entwicklung von Onlineanwendungen im Fokus, die derzeitigen on-premise-Lösungen werden aber noch längere Zeit Bestand haben. Eine Weiterentwicklung hin zu cloudbasierten Produkten muss immer einen klaren Mehrwert für den Kunden beinhalten. Nur dann können Vorbehalte gegen Cloud-Lösungen abgebaut werden. Dies ist eine wesentliche Voraussetzung für den bevorstehenden Wandel im Berufsstand.

Eine der entscheidenden Fragen lautet: Wo entsteht durch eine zentrale Datenhaltung ein Mehrwert gegenüber lokaler Datenhaltung?

Die Cloud-Akzeptanz nimmt zwar bei Kanzleien und vor allem bei deren Mandanten weiter zu, jedoch ist die momentane Nutzungsmöglichkeit an einigen Standorten nur eingeschränkt möglich, da noch keine flächendeckende bzw. eine zu geringe Breitbandversorgung existiert. Im Rahmen der digitalen Agenda ist frühestens ab 2018 mit einem flächendeckenden Breitbandausbau zu rechnen, der dann allerdings auch nur bei einer Mindestübertragungsrate von 50 Mbit/s liegt (Obermann und Weiß 2016). Dies trägt dazu bei, dass auch on-premise-Lösungen, die sinnvollerweise als Cloud-Anwendung genutzt werden sollten, weiterhin ihre parallele Berechtigung haben und auch aktualisiert werden müssen.

4.3.3 Kundenmehrwert durch Kollaboration

Die kollaborative Fallbearbeitung in ihren unterschiedlichsten Formen wird in den nächsten Jahren deutlich zunehmen. Kollaboration macht nur dort Sinn, wo ein erlebbarer Nutzen für den Anwender entsteht. Aus Sicht der DATEV wird das Handeln zukünftig nicht mehr durch Arbeitsteilung, sondern durch Arbeitsintegration, sprich die Aufteilung und Bearbeitung verschiedener Arbeitsschritte durch die Beteiligten in der Prozesskette, bestimmt werden. Ein Mehrwert für den Kunden entsteht überall dort, wo durch Kollaborationen die Zusammenarbeit oder auch der Datenaustausch mit Mandanten und Institutionen erleichtert werden kann. Eine solche kollaborative Arbeit ist dabei auf online Plattformen (Stichwort: Cloud) am effizientesten möglich.

Bisher waren vorhandene Schnittstellen eine Voraussetzung für eine reibungslose kollaborative Zusammenarbeit. Mit Cloud-Ansätzen wird die Möglichkeit geschaffen möglichst auf der gleichen Datenbasis zu arbeiten. Damit werden zukünftig ganz andere Szenarien der Kollaboration möglich. Diese bilden die Grundlage für die Automatisierung von Prozessen in der gemeinsamen Fallbearbeitung. Hierdurch können unter anderem Medienbrüche und unnötige Doppelerfassungen vermieden werden. Während bei der Automatisierung noch insbesondere Entscheidungen, welche bekannten Mustern folgen, voll automatisiert oder zumindest durch das Informationssystem auf Basis aller relevanten Daten vorgeschlagen werden, übernimmt in Zukunft diese Steuerung das Informationssystem selbst. Werden beispielsweise von einem Mandanten Unterlagen eingereicht, werden diese automatisch auf Vollständigkeit geprüft. Sobald dies der Fall ist, wird ein standardisierter Prozess angestoßen, der alle Berechnungen durchführt und vom Benutzer aktiv Eingaben einfordert (Bär und Kircher 2016).

4.3.4 Integrationsfähigkeit

War früher „Alles aus einer Hand" oft Ziel vieler Unternehmen, so kann in Zeiten einer „Cloud-Welt" der Anspruch eines Vollsortimenters vielfach nur noch bedingt gehalten werden. Insbesondere wenn es um branchenspezifische Lösungen geht. Dieses Bestreben ist besonders in der IT-Branche kritisch zu betrachten, da die interne Entwicklung von Softwarelösungen sehr zeit- und ressourcenintensiv ist. Dies betrifft gleichermaßen die Neuentwicklung, sowie auch die Wartung bestehender Produkte. Hierdurch besteht auch die Gefahr den Anschluss an den Wettbewerb zu verlieren, sollte sich dieser auf einzelne Lösungen bzw. Nischen spezialisieren. Um für den Kunden dennoch den größtmöglichen Mehrwert zu generieren, ist die Integrationsfähigkeit bei Softwareprodukten überaus wichtig und in einer digitalisierten Zukunft nicht mehr wegzudenken (Repschläger et al. 2010). So ist es auch eines der Ziele der DATEV eG ihre Kernkompetenzen als integrierbare Cloud Dienste anzubieten, sodass sich andere Lösungen in das DATEV-Ökosystem integrieren bzw. die Lösungen der DATEV eG bei Bedarf auch in andere Lösungen integriert werden können.

Durch ein solches Ökosystem könnte auch in Zukunft implizit der Anspruch eines Vollsortimenters erfüllt werden, da durch die eben beschriebene Integrationsfähigkeit alle benötigten Lösungen – ob es sich hierbei nun um Eigen- oder Fremdsoftware handelt – innerhalb eines Systems und ohne Medienbrüche genutzt werden können.

4.3.5 Preismodell

Das derzeitige Preis- und Lizenzmodell der DATEV eG beruht, bei einer monatlichen Überlassungsvergütung, auf der Betriebsstätte des Genossenschaftsmitglieds und der Anzahl der PCs. Die Betriebsstätte, als Abrechnungsbasis, ergibt sich aus dem Kanzleisitz sowie weiteren Niederlassungen und Beratungsstellen, an denen die Software genutzt wird. Die Berechnungsgrundlage „Anzahl der PCs" beinhaltet alle mit DATEV-Software ausgestatteten oder auch potenziell ausstattbaren PCs in den Betriebsstätten; bei einer degressiven Preisstaffel.

Im Zuge von Cloud-Computing und Software-as-a-Service ist es für den Anwender jedoch nicht mehr von Bedeutung, wo die genutzten Anwendungen laufen und wo die Daten liegen, soweit die Verfügbarkeit und Sicherheit des Rechenzentrums bzw. der Cloud gewährleistet sind. Bei einer orts-, zeit- und geräteunabhängigen Nutzung durch den Anwender verlieren die Betriebsstätten, als Abrechnungsbasis eines Preis- und Lizenzmodells, ebenso wie die Preisstaffel anhand der Anzahl der PCs bzw. Endgeräte zukünftig massiv an Bedeutung. Deshalb erfolgt bei der DATEV eG die Konzeption eines neuen Preis- und Lizenzmodells für Cloud-Computing, mit dem die externen Entwicklungen und Trends im Markt und in der Branche, im Einklang mit den Unternehmenszielen und der -strategie, abgebildet werden können (Schwarzer 2016).

4.3.6 Sicherheit und Vertrauen

Eine Studie von KPMG (2015) zeigt, dass Sicherheitsbedenken noch immer das größte Hindernis bei der Nutzung der Cloud darstellen. Angst vor unberechtigtem Zugriff oder Datenverlust werden hierbei am häufigsten genannt. Ersteres bezieht sich auf den Datenschutz, letzteres auf die Datensicherheit.

Zudem befinden sich steuerliche Berater in einer besonderen rechtlichen Situation: Da sie im Auftrag die Daten ihrer Mandanten verarbeiten, greift § 203 StGB. Dieser Paragraf zum Thema „Verletzung von Privatgeheimnissen" besagt, dass die Offenbarung eines dem Steuerberater anvertrauten Betriebs- oder Geschäftsgeheimnisses mit einer Freiheitsstrafe bis zu einem Jahr oder mit einer Geldstrafe geahndet werden kann. Hierzu zählt beispielsweise schon die Offenlegung von Mandatsbeziehungen. Aus diesem Grund spielt das Thema Sicherheit und Vertrauen für die Mitglieder der DATEV eine ganz besondere Rolle.

Als genossenschaftlicher Cloud-Anbieter sind daher die Themen Datenschutz, Datensicherheit, damit verbunden Compliance sowie Vertrauen (siehe hierzu auch Lissen et al. 2014) von zentraler Bedeutung für DATEV. Um dies bei der Speicherung und Verarbeitung hoch sensibler Daten der Mitglieder und ihrer Mandanten (Auftragsdatenverarbeitung) sicherzustellen (Christmann et al. 2010) und die gesetzlichen Anforderungen zu erfüllen, erfolgen bei DATEV eine Vielzahl technischer und organisatorischer Maßnahmen sowie deren Dokumentation. Als deutscher Cloud-Anbieter, mit Rechenzentren in Nürnberg, befinden sich die Daten als auch deren Datensicherungen in Deutschland und unterliegen dem Bundesdatenschutzgesetz. Dass sich DATEV selbst um die Programmierung der Software, die Datenübertragung aus dem Rechenzentrum oder auch das Hosting kümmert, trägt zum hohen Vertrauen der Cloud-Nutzer bei. Das eingesetzte Zugriffsverfahren auf Anwendungen und Daten besteht aus einer Kombination aus Wissen und Besitz, einer Mehrfaktor-Authentisierung. Neben der User-ID und Passwort (Wissenskomponente) muss sich der Nutzer z. B. über die DATEV-Smart-Card (Besitzkomponente) identifizieren (Klostermeier 2011). Auch zukünftig haben Vertraulichkeit,

Verfügbarkeit, Reliabilität und Integrität, auch als strategische Komponente, höchste Priorität, um das Vertrauen der Nutzer zu rechtfertigen.

4.4 Ausblick

Im Zuge der fortschreitenden Digitalisierung moderner Arbeitswelten wird Cloud-Computing zukünftig weiter an Bedeutung gewinnen (KPMG 2015). Auch im steuerberatenden Berufsstand, wo vernetztes Arbeiten und Kollaboration zwischen Kanzlei, Mandanten und dritten Institutionen eine hohe Ausprägung haben und in der Interaktion vielfältiges Automatisierungspotenzial durch den Einsatz von Cloud-Lösungen liegt.

Dennoch wird es auch weiterhin on-premise Lösungen geben. Der Mehrwert des Cloud-Computing im Vergleich zur vor Ort-Lösung muss für den Kunden erkennbar sein, was vor allem bei kollaborativen Prozessen und Arbeitsabläufen der Fall sein wird. Betrachtet man aktuelle Studien (Gartner 2015b; PWC 2011; KPMG 2015; BITKOM 2009), so ist der Entwicklungszyklus der Cloud noch lange nicht am Ende angekommen. Auch DATEV entwickelt ihr Angebot kontinuierlich weiter.

Eine Cloud-Lösung, die dem Steuerberater und seinen Mandanten die aus der Digitalisierung und Automatisierung ihrer Geschäftsprozesse entstehenden Wettbewerbschancen erschließt und gleichzeitig bestehende Risiken und Vorbehalte minimiert, muss folgende Kriterien beachten:

- Für den Kunden muss der Nutzen der Cloud-Lösung klar erkennbar sein. In diesem Erkennungsprozess kann dies durch gezielte Informationen unterstützt werden.
- Die Integrationsfähigkeit über Schnittstellen, zu vor- und nachgelagerten Anwendungen und Systemen gewinnt zunehmend an Bedeutung und ist auszubauen.
- Das Preismodell muss die Markt- und Branchenentwicklungen in Einklang mit dem veränderten Nutzungsverhalten einer digitalen Gesellschaft bringen und gleichzeitig zu Akzeptanz beim Kunden führen.
- Gewährleistung von Sicherheit und Aufbau von Vertrauen bei den Anwendern sind eine zwingende Voraussetzung für jeden Cloud-Anbieter. Anbieter in Deutschland, ohne Datenhaltung und -transfer im Ausland, haben einen klaren Standortvorteil beim Umgang mit höchst sensiblen Daten.

Cloud-Lösungen, die durch Automatisierung und Digitalisierung Prozesse innerhalb einzelner aber auch zwischen den Akteuren am Markt effizienter gestalten, haben enormen Einfluss auf das Geschäfts- als auch das Privatleben der Anwender:

- Arbeitsweisen ändern sich,
- es ergeben sich Auswirkungen auf die Organisation,
- Tätigkeiten von Mitarbeitern verlagern sich,
- Anforderungen an Ausbildung und Know-how der Mitarbeiter ändern sich,
- ein orts- und zeitunabhängiges, kollaboratives Arbeiten wird ermöglicht, was zu Vorteilen für die Vereinbarkeit von Familie und Beruf führen kann.

Auch diese Auswirkungen und Wechselwirkungen muss jeder Cloud-Anbieter bei seiner strategischen Ausrichtung und seinen verfolgten Zielen im Blick haben, um den Anwender ganzheitlich bei der digitalen Transformation begleiten zu können.

Literatur

Bär C (2015) Chancen und Risiken der Digitalisierung im Zusammenspiel Steuerberater und Mandanten. Wirtschaftsinformatik Manage 7(1):46–53

Bär C, Kircher M (2016) Auf diese technologischen Herausforderungen sollten Sie sich einstellen. Steuerberat Intern 3:1–2

BITKOM Bundesverband Informationswirtschaft, Telekommunikation und neue Medien e.V. (2009) Cloud Computing – Evolution in der Technik, Revolution im Business. BITKOM-Leitfaden, Berlin

Bundessteuerberaterkammer (2014) Steuerberatung 2020: Veränderungsnotwendigkeit, Veränderungsmöglichkeiten und Handlungsfelder. Berlin

Christmann S, Hilpert H, Thöne M, Hagenhoff S (2010) Datensicherheit und Datenschutz im Cloud Computing – Risiken und Kriterien zur Anbieterauswahl. HMD 275:62–70

Gartner (2015a) Gartner research methodologies. http://www.gartner.com/imagesrv/research/methodologies/methodologies_brochure_14.pdf. Zugegriffen am 14.07.2016

Gartner (2015b) Hype Cycle for Cloud computing. 5 Aug 2015. https://www.gartner.com/doc/3106717/hype-cycle-cloud-computing. Zugegriffen am 14.07.2016

Klostermeier J (2011) Die Risiken und Chancen von Cloud-Technologien. CIO Magazin. http://www.cio.de/a/die-risiken-und-chancen-von-cloud-technologien,2268931. Zugegriffen am 18.05.2016

KPMG (2015) Cloud-Monitor 2015: Cloud-Computing in Deutschland – Status quo und Perspektiven. Köln

Lissen N, Brünger C, Damhorst S (2014) IT-Services in der Cloud und ISAE 3402. Springer, Berlin/Heidelberg

Obermann R, Weiß M (2016) Digitale Infrastruktur als Basis für einen optimalen Informationsfluss. In: Bär C et al (Hrsg) Informationstechnologien als Wegbereiter für den steuerberatenden Berufsstand. Springer Gabler Verlag, Berlin/Heidelberg, S 163–177

PWC (2011) Cloud Computing: Navigation in der Wolke. Frankfurt am Main

Repschläger J, Pannicke D, Zarnekow R (2010) Cloud Computing: Definitionen, Geschäftsmodelle und Entwicklungspotenziale. HMD 275:6–15

Roland Berger, Bundesverband der Deutschen Industrie (2015) Die digitale Transformation der Industrie. München/Berlin

Schulz M, Bär C (2015) IT-Agilität in Steuerkanzleien als strategischer Wettbewerbsvorteil. DStR 32:1828–1831

Schwarzer E (2016) Die strategische Betrachtung eines neuen Preis- und Lizenzmodells in der Softwarebranche. In: Bär C et al (Hrsg) Informationstechnologien als Wegbereiter für den steuerberatenden Berufsstand. Springer Gabler Verlag, Berlin/Heidelberg, S 187–205

Wagner A (2016) Konsequent ausbauen. Interview mit Dr. Robert Mayr und Eckhard Schwarzer. DATEV Mag 3:6–7

Die Cloud in der digitalen Revolution und ihre Bedeutung für das SAP-Angebot

5

Frank Klees und Thore Moehlmann

Zusammenfassung

Die zunehmende Digitalisierung und deren Beschleunigung bieten für Unternehmen neben offensichtlichen Herausforderungen auch außerordentliche Chancen zur Expansion. Die schnelle Verbreitung einiger Megatrends wie ‚Social Media‘, ‚Mobile‘, ‚Internet of Things‘, oder ‚Big Data‘ haben dabei einen wesentlichen Einfluss auf die gesamte Marktwirtschaft. Insbesondere das Mündigwerden der Kunden und die damit einhergehende Veränderung des Kaufverhaltens zwingt Unternehmen zu drastischen Veränderungen.

Die technologischen Trends, insbesondere die Möglichkeiten von Big Data und Cloud eröffnen dabei unbegrenzte Möglichkeiten. Viele Unternehmen sehen einen direkten Zusammenhang zwischen Digitalisierung und Cloud. Obwohl der Einsatz von Cloud Software nicht generell mit einer Digitalisierungsstrategie gleichzusetzen ist, glauben viele Unternehmen damit den geeigneten Start in das Digitalisierungszeitalter gefunden zu haben.

Der Beitrag beschäftigt sich mit den wesentlichen Technologietrends und den Zusammenhängen zwischen Technologie, Digitalisierung und der Cloud. An Beispielen wird dargestellt, welche wesentlichen Veränderungen Unternehmen bereits vorgenommen haben, und wie sie den Einstieg in die Digitalisierung erfolgreich gemeistert haben. Zusätzlich – exemplarisch für einen der führenden Cloud Lösungsanbieter – wird die Cloud Strategie der SAP beschrieben, mit deren Hilfe Firmenkunden die Flexibilität erreichen sollen, die ihnen das Überleben in der digitalen Revolution sichert.

Unveränderter Original-Beitrag Klees & Moehlmann (2016) Die Cloud in der digitalen Revolution und ihre Bedeutung für das SAP-Angebot, HMD – Praxis der Wirtschaftsinformatik Heft 311, 53(5): 619–634.

F. Klees (✉) · T. Moehlmann
SAP SE, Walldorf, Deutschland
E-Mail: frank.klees@sap.com; thore.moehlmann@sap.com

© Springer Fachmedien Wiesbaden GmbH, ein Teil von Springer Nature 2018
S. Reinheimer (Hrsg.), *Cloud Computing*, Edition HMD,
https://doi.org/10.1007/978-3-658-20967-4_5

Schlüsselwörter
Cloud · SAP · Digitalisierung · Megatrends · Cloud Transformation · Digitale
Revolution · Cloud Strategie

5.1   Was der digitale Wandel bedeutet

Der digitale Wandel hat direkten Einfluss auf viele Lebensbereiche und die gesamte
Marktwirtschaft; er bringt Veränderungen für eine immer größer werdende Anzahl
von Geschäftsmodellen. Marktführer, die keine Innovationen betreiben, verlieren in
kurzer Zeit sehr schnell an Marktwert, der sich mühsam über Jahrzehnte hin entwickelt hatte. Laut Forbes hielten sich Unternehmen vor ca. 50 Jahren noch durchschnittlich 75 Jahre in den Fortune 500, während ein Unternehmen heute im Schnitt
weniger als 15 Jahre Teil dieser elitären Gruppe ist (Denning 2011). Doch wie
kommt es, dass manche Unternehmen den digitalen Wandel in ihrem Interesse nutzen können, während andere um das Überleben kämpfen? Was können Unternehmen tun, um die Digitalisierung zu meistern?

Während viele Unternehmen sehr zögerlich auf digitale und soziale Veränderungen reagieren, da sie den Einfluss nicht einschätzen können, gibt es andere, die
komplett auf Erneuerung setzen.

Ganz generell betrachtet versteht man unter dem Begriff *Digitalisierung* die
Umwandlung analoger in digitale Daten. Neuerdings kennt man auch eine zweite
Definition, nach der der Begriff die durch das Internet geschaffene Möglichkeit der
Allzeitverfügbarkeit und Zugänglichkeit von Daten (Wegfallen zeitlicher und örtli-
cher Beschränkungen bei Abrufung, Weiterverarbeitung und Speicherung von
Daten) beschreibt (Pannagl 2015).

In den letzten Jahren haben sich Trends entwickelt, deren Einfluss auf die Zivili-
sation als gravierend bezeichnet werden kann. Diese Trends bezeichnet man als
Megatechnologietrends, deren Existenz einige Unternehmen bereits zu neuen
Geschäftsmodellentwicklungen motiviert haben. Viele Unternehmen verändern ihre
Ausrichtung von einem Produktanbieter zu einem Lösungsanbieter, indem sie mehr
Services und Komplettlösungen anbieten.

Andere Unternehmen investieren in neue Geschäftsfelder und ‚wildern' in neuen
Industrien – oft sehr erfolgreich. Das kann man z. B. bei Anbietern wie „Under
Armour" sehen. Um seinen Kunden mehr zu bieten als nur ein Kleidungsstück,
investierte das Unternehmen in den letzten Jahren stark in digitale Gesundheitsplatt-
formen (Apps). ‚Under Armour' verbindet jedes verkaufte Kleidungsstück mit der
Frage, wie dieses Produkt dem Kunden explizit helfen kann. Durch die Verknüpfung
von digitalen Gesundheitsdaten des Käufers mit den entsprechenden Produkten wird
durch den echten Mehrwert nun ein komplett neues Kundenerlebnis geschaffen.
Interessanterweise wird die Nachfrage oft erst mit dem Vorhandensein des neuen
Produktes erzeugt. Der Erfolg der Firma durch seinen Fokus auf die Digitalisierung
des Geschäftsmodells kann als Signal an den gesamten Markt verstanden werden
(Olson 2015).

Viele der Trends der letzten Jahre finden ihre maximale Ausprägung in der Cloud. Durch die Auslagerung des Betriebs zum Lösungsanbieter vereinen diese Lösungen geringere Betriebskosten mit Flexibilität im Wachstum (z. B. durch eine sofortige Anpassung von Speichermedien im Betrieb) und einer hohen Implementierungsgeschwindigkeit. So ist es keine große Überraschung, dass SAP bereits über 95 Millionen Nutzer in der Cloud zählt, mit einer weiterhin stark wachsenden Tendenz.

Digitalisierung und Cloud sind eng miteinander verknüpft. Die Cloud steht für den schnellen Einstieg eines Unternehmens in die digitalisierte Wirtschaft.

5.2 Wie Technologietrends unsere Geschäftsmodelle verändern

Die digitale Revolution umfasst viele technologische Sprünge, die einen direkten Einfluss auf die Marktwirtschaft haben. Welche konkreten Entwicklungen, welche technologischen Fortschritte und Trends sind es derzeit, die ganze Geschäftsfelder, Firmen, und Produkte im Einzelnen verändern? Im Folgenden sind einige wesentliche Fokusthemen angeführt, bei denen die Cloud eine wesentliche Rolle spielt.

5.2.1 Trend 1: Social Media

„Social Media" beschreibt die „Vernetzung von Benutzern und deren Kommunikation und Kooperation über das Internet" (Bendel 2016). Es ist noch nicht lange her, da war die beste Möglichkeit eine Kaufberatung zu bekommen, einen Verkäufer anzusprechen, einen besten Freund zu fragen oder selbst Erfahrungen zu machen. Fachinformationen bezog man aus Zeitschriften oder, falls möglich, auf Messen und Veranstaltungen. Durch das Internet wurde diese Welt radikal verändert. Heute ist es jedem Konsumenten möglich, seine eigenen Erfahrungen und Eindrücke sofort mit der Welt zu teilen, aber im Umkehrschluss auch von Erfahrungen anderer beeinflusst zu werden. Probleme mit Produkten, aber auch positive Erfahrungen werden unmittelbar anderen (potenziellen) Endkunden zur Verfügung gestellt. Ein gutes Beispiel sind die Amazon Bewertungen, die einen starken Einfluss auf das Käuferverhalten haben (Sellin 2014). In einer solchen Zeit ist der direkte Kontakt, die Beziehung zum Endkunden wichtiger denn je, um seine Bewertung gezielt beeinflussen zu können. Aktuelle Schätzungen besagen, dass im Jahre 2030 die arbeitende Mittelklasse weltweit auf 5 Milliarden Menschen mit etwa 56 Billionen Euro an Finanzkraft anwachsen und somit wesentlich den Markt bestimmen wird (Pezzini 2012; Ernst & Young 2011). Es gilt schon heute die Weichen zu stellen, die individuellen Bedürfnisse dieser Zielgruppe zu erfüllen, die immer mehr individualisierte, jedoch preislich erschwingliche Produkte erwartet. Kunden sehen heute immer mehr den tatsächlichen Nutzen eines Produktes, beziehungsweise die Lösung für ein konkretes Problem und nicht länger nur einen Gegenstand (McGovern 2015). Hier gilt es für Unternehmen zu sondieren, inwiefern die eigenen Produkte zum Endkunden vermarktet werden müssen, ob eine digitale Präsenz in den sozialen Medien relevant ist und einen Mehrwert für die eigenen Produkte bieten könnte.

5.2.2   Trend 2: Mobile

Der eingangs beschriebene Trend zu einer immer stärken Vernetzung mit den sozialen Medien wird maßgeblich durch die fast vollständige Vernetzung aller Konsumenten über Mobiltelefone mitbestimmt. Schätzungen gehen hierbei von etwa neun Milliarden mobilen Nutzern im Jahre 2020 aus, was fast der kompletten Menschheit entsprechen wird (Statista 2015). Erst durch die ständige Verfügbarkeit des Kommunikationsmittels ist es möglich geworden, Informationen immer dann zur Verfügung zu haben, wenn sie benötigt werden.

Mobile Anwendungen erfordern eine andere, eine vereinfachte Bedienung verglichen mit „traditionellen" Desktop-Anwendungen. Als prominentes Beispiel kann man hier Apple nennen, das mit der Einführung des iPhones zwar nicht das erste „Smartphone" auf den Markt brachte, es aber als erster Anbieter schaffte, eine einfache Bedienung und ein starkes Ökosystem für angepasste Anwendungen mit anzubieten und somit ihren Kunden einen echten Mehrwert zu bieten (Golson 2014).

Wie bestehende Geschäftsfelder durch mobile Anwendungen radikal verändert werden können, zeigen Musterbeispiele wie zum Beispiel die Firma „Uber", welche vor wenigen Jahren das Taxi-Geschäft weltweit beeinflusste. Die von Uber angebotenen Dienste wurden ausschließlich durch die Verbreitung von Mobiltelefonen möglich (Belarbi 2014).

Für Firmen gilt es zu analysieren, ob zum einen die eigenen Produkte/Lösungen durch die Ergänzung von digitalen Angeboten auf Mobilgeräten erweitert oder optimiert werden können und zum anderen, ob bestehende Prozesse durch die Digitalisierung im Mobilbereich verbessert werden können.

5.2.3   Trend 3: Das Internet der Dinge (Internet of Things – IoT)

Während sich die ersten Trends um vom Nutzer/Verbraucher selbst gesteuerte Aktionen drehten, werden in den nächsten Jahren vor allem gewaltige Mengen an Objekten vernetzt sein: Bis Ende 2020 geht man von etwa 212 Milliarden „vernetzten Dingen" aus (Business Wire 2013). Hierbei stellt die Vernetzung keinen Selbstzweck dar, sondern liefert immer einen konkreten Mehrwert. Die dafür genutzten Informationen sind äußerst divers, reichen von Leistungsdaten über Zustandsinformationen, Objektattributen hin zu Ortsinformationen.

Ideen sind bereits in großer Zahl vorhanden, relevant für alle Lebensbereiche. Die praktischen Anwendungen fangen beim Menschen selbst an, dessen biometrischen Daten kontinuierlich ausgelesen werden könnten, geht über ein intelligentes Zuhause hin zu voll automatisierten Fabriken und Herstellungsprozessen (McKinsey 2016). Auffällig ist, dass in der zitierten MyKinsey-Studie, wie auch in vielen anderen

Analysen, davon ausgegangen wird, dass der größte Teil der IoT Anwendungen und des Mehrwertes von Firmen getrieben sein wird. Während auch Privatpersonen im Internet der Dinge aktiv sein werden, so wird ihr Anteil an der Gesamtmasse vergleichsweise gering sein.

Jede Firma muss in einem solchen Umfeld für sich selbst entscheiden, wie sich bestehende Prozesse durch Echtzeitmessungen verbessern lassen, wie man seinem Kunden einen Mehrwert durch die zusätzlichen Daten bieten kann. Wichtig wird dabei sein, auf bestehende Plattformen zu setzen, die eine Kompatibilität mit anderen Objekten, bzw. den dahinterstehenden Eigentümern gewährleisten und verhindern, dass das eigene Unternehmen nicht in Eigenregie in eine Sackgasse steuert.

5.2.4 Trend 4: Big Data

Hinter allen Trends steht immer die zentrale Frage, wie man einen konkreten Nutzen für das Unternehmen ableiten kann. Das Sammeln von Daten wird durch Trends wie Mobile und IoT nie gesehene Dimensionen annehmen, so wurden im Jahre 2013 bereits 90 % aller Daten weltweit in den zwei Jahren zuvor erzeugt (Science News 2013). Die Auswertung dieser Daten jedoch wird erst durch Big Data und die damit verbundenen Analysen von großen Datenmengen möglich. Erst wenn man die Daten aus allen Fahrzeugen einer Baugruppe auswerten und vergleichen kann, kann man auch die richtigen Schlüsse ziehen.

Ein wichtiger Fortschritt im Bereich Big Data ist die Verfügbarkeit von Informationen in Echtzeit. Analysen oder Anzeige von großen Datenmenge ergeben vor allem dann Sinn, wenn sie in den normalen Geschäftsbetrieb integriert werden können, was erst durch eben diese Verfügbarkeit möglich wird. Eine solche Anforderung konnte früher schlicht nicht erfüllt werden auf Grund technischer Limitierungen. Erst seit wenigen Jahren ist es möglich, mit der vorhandenen Hardware und entsprechender Software solche Funktionalitäten anzubieten. Prominentestes Beispiel hierbei ist sicherlich SAP HANA.

Für jede Firma, die erwägt, in den Big Data Bereich zu investieren, stellt sich die gleiche elementare Frage nach dem Wert von Informationen. Wieviel ist mir ein genaues Bild meiner Kunden wert? Wieviel ist mir eine höhere Planungssicherheit wert? Mit Hinblick auf die derzeit noch hohen Einstiegskosten und auf das mitunter kaum verfügbare Fachpersonal muss die Kosten-/Nutzenrechnung genau aufgestellt werden.

5.3 Die Rolle der Cloud

5.3.1 Motivation – der schnelle Einstieg in das digitale Zeitalter

Wie kommt bei den genannten Trends nun „die Cloud" ins Spiel? Für jede Firma bedeutet die Verfolgung eines neuen Technologietrends ein Investment, meist mit beträchtlichem Ausmaß. Dabei können vor allem große Firmen es sich leisten, komplette Systemlandschaften in Eigenregie aufzubauen und auf ihre eigenen Bedürfnisse abzustimmen. Schnell kommt es dabei allerdings zu „Wildwuchs" in der IT und oft zu Insellösungen, die später teuer wieder in einen Standard zurückgeführt werden müssen. Daher bietet es sich für Firmen jeder Größe an, über die Nutzung bestehender Cloud-Angebote nachzudenken, bei denen die aktuellste Technologie basierend auf den vom Anbieter optimierten Prozessen zur Verfügung gestellt wird.

Die meist modularen Angebote von Cloud-Anbietern ermöglichen es, dass ein Kunde sich seine Systemlandschaft auf seine eigenen Bedürfnisse hin kombiniert zusammenstellen kann. Die Integration der erworbenen Services wird meist von den Herstellern selbst übernommen, bzw. kann über Drittanbieter hinzugebucht werden. Auch für eigene Entwicklungen lohnen sich heute Cloud Angebote, da es eine zunehmende Zahl an etablierten Entwicklungsplattformen gibt, über die sich bestehende Cloud Services erweitern und anpassen lassen.

Nahezu alle technologischen Trends werden unmittelbar über Cloud Services an den Kunden weitergegeben. Durch die regelmäßigen Upgrades bleiben dabei alle Kunden immer auf dem neuesten Stand der Technik und vermeiden die Gefahr, durch ein veraltetes System im Wettbewerb zurückzufallen oder gesetzlichen Anforderungen nicht mehr zu genügen.

Oft werden heutzutage bei Cloud-Lösungen bereits eine Vielzahl an Analysemöglichkeiten zur Verfügung gestellt, mit denen ein Unternehmen auswerten kann, wie der Service genutzt wird, wie Durchlaufzeiten von Prozessen im Unternehmen variieren und wo Optimierungspotenziale bestehen (auch im Vergleich zu anderen Nutzern der gleichen Lösung). Man spricht bei diesem durch Information und Daten gelenkten Ansatz auch von einem ‚Data-driven business', also einem durch Daten gesteuerten Unternehmen.

Auf der anderen Seite werden die Anbieter durch die immer kürzer werdenden Innovationszyklen und die sofort zur Verfügung stehenden Neuerungen dazu gezwungen, in einen noch härteren Konkurrenzkampf zu treten. Dies hat zur Folge, dass alle großen Softwarehersteller ihre Entwicklung prinzipiell verändern mussten, um nicht nur die Software an sich ständig zu verbessern, sondern auch den Betrieb und die Bereitstellung des Services zu optimieren. Ohne die ständige Optimierung wird es kein Anbieter schaffen sowohl preislich wie auch inhaltlich wettbewerbsfähig zu bleiben.

5.3.2   Einfluss der Digitalisierung auf das Cloud Geschäft

Um zu verstehen, wie genau die Digitalisierung das Cloud Geschäft verändert, muss der Begriff „Cloud" klar definiert sein, da Cloud nicht gleich Cloud ist.

Zunächst unterscheidet man zwischen verschiedenen Serviceangeboten, die beschreiben, WAS angeboten wird.

Die meisten Menschen verstehen unter der Cloud sicherlich den Software-as-a-Service (SaaS) Ansatz, bei dem jeder Nutzer mit Internetzugang von überall auf seinen gekauften/gemieteten Service zugreifen kann. Dabei übernimmt der Anbieter in der Regel die komplette Wartung und trägt die alleinige Verantwortung, den Service im Rahmen der Vereinbarung zu liefern. Meist bieten diese Services geringe Flexibilität, basieren dafür aber auf stark optimierten Prozessen und sind relativ preisgünstig zu erwerben.

Sobald es um die Digitalisierung standardisierter Prozesse geht (Personal, Beschaffung), können solche meist stark spezialisierte, auf den Prozess zugeschnittene Software Services ihre Stärke zeigen. Ein Unternehmen kann hier in kürzester Zeit auf erprobte Services setzen, um zum Beispiel seine Kosten zu senken, die durch eine individuelle Lösung entstanden waren. Dabei muss der Standardprozess eingeführt werden, die eigene Entwicklung entfällt hingegen.

Für die Anbieter bedeutet dieser Ansatz, dass eine noch engere Kundenbindung und vor allem Kooperation mit den Kunden nötig ist. Nur wenn ein Anbieter es schafft, die wichtigsten Anforderungen und über alle Kunden hinweg besten Prozesse durch das eigene Softwareangebot zu unterstützen, hat er eine Chance im Markt zu bestehen. Die fehlende Flexibilität bei der Anpassung des Service lässt hier wenig Spielraum. Die Digitalisierung erfordert auch von etablierten Herstellern, die eigenen Produkte und beworbenen Prozesse zu überarbeiten und in einer Cloud-Variante anzubieten. Damit ist der Druck für jeden Teilnehmer im Wettbewerb höher denn je.

Dem SaaS-Ansatz steht das reine Infrastructure-as-a-Service (IaaS) Modell gegenüber. Hierbei stellt der Anbieter lediglich die Infrastruktur zur Verfügung, die Software und den entsprechenden Betrieb inklusive Wartung hat der Kunde selbst zu verantworten. Solange es keinen guten Grund gibt, die Hardware im eigenen Rechenzentrum zu betreiben, bieten solche Modelle dank starken Wettbewerbs und stark angewachsener Kapazitäten eine gute Möglichkeit, die eigenen Kosten zu senken ohne Änderungen im Tagegeschäft zu erfordern.

Im Rahmen der Digitalisierung sollte der IaaS Ansatz zum Thema Flexibilität beitragen. Wann immer eine Firma Innovationen treiben und Ressourcen freisetzen möchte, die sich mit Innovation beschäftigen können, sollte über die Auslagerung wenig wertschöpfender Tätigkeiten wie des Betriebs der Infrastruktur, nachgedacht werden.

Unter den Anbietern findet seit Jahren ein harter Preiskampf mit zahlreichen Konsolidierungen statt. Der Kunde kann somit unter verschiedenen Anbietern preisgünstige und bewährte Angebote auswählen (Seeger 2014).

Als dritte Option sind die zunehmend an Bedeutung gewinnenden Platform-as-a-Service (PaaS) Angebote zu nennen. Hierbei wird in der Regel eine zentrale Plattform zur Verfügung gestellt, die den Kunden eine standardisierte Umgebung für ein Thema bietet. Was genau die Plattform leistet, hängt vom Einsatzgebiet ab. Ein Beispiel ist die Microsoft Azure Plattform, die eine Vielzahl an Betriebssystemen, Programmiersprachen und Frameworks so zur Verfügung stellt, dass ein Entwickler sich nur noch um die Entwicklung selbst Gedanken machen muss, nicht aber um die dafür notwendige Systemumgebung (Microsoft 2016).

Für den Kunden bedeutet eine zentrale Plattform, dass er sich sicher sein kann, seine eigenen Services kompatibel mit seinen Partnern, Konkurrenten und Kunden anbieten zu können. Oft bieten solche Plattformen zahlreiche Komfortfunktionen und beschleunigende Helfer, die die eigenen Entwicklungen schneller an den Markt bringen.

Die Anbieter eben dieser Plattform stehen derzeit vor den Herausforderungen eines Innovationstreibers. Es gilt möglichst schnell sein eigenes Produkt am Markt zu etablieren, da Hersteller wie Apple im Privatkundenbereich gezeigt haben, wie wichtig ein etabliertes Ökosystem im Wettbewerb sein kann (Golson 2014).

Nachdem die verschiedenen Service-Modelle erläutert wurden, stellt sich die Frage des „WIE". Jede der genannten Optionen kann auf verschiedene Weise zur Verfügung gestellt werden.

Die von Anbietern meist präferierte Möglichkeit einen Service anzubieten, ist die Public Cloud. Hierbei teilen sich die Kunden eines Service die zugrunde liegenden Ressourcen. Der Kunde hat sich einem festen Satz von Regeln zu unterwerfen, die vom Anbieter vorgegeben werden. Dies beinhaltet die Frequenz und Zeitpunkte von Updates, Organisation der Kundendaten, Spielraum für Anpassungen, und beliebig viele andere vom Anbieter vorgeschrieben Regeln. Für den Anbieter bietet diese Art der Serviceerbringung die wohl größten Skalierungseffekte, da Ressourcen geteilt werden und kundenindividuelle Besonderheiten auf ein Minimum reduziert werden.

Für viele Public Cloud Services gibt es eine „Private Option", bei der Kunden eigene Mandanten bekommen und somit eine gewisse Flexibilität auch in Public Cloud Services erhalten (z. B. bei der Verschiebung von Patch-Zyklen, Modifikationen, etc.). Gerade große Unternehmen werden mitunter das Geld investieren wollen, um zumindest teilweise ihre eigenen Bedürfnisse stärker einbringen zu können.

Als Gegensatz zu Public Cloud gibt es die Private Cloud, bei der exklusiv für einen Kunden eine eigene Systemlandschaft in einem eigenen Netzwerksegment zur Verfügung gestellt wird. Für den Kunden bedeutet dies natürlich die größte Flexibilität, verbunden auf der anderen Seite mit höheren Kosten. Als Anbieter muss bei solchen Modellen immer darauf geachtet werden, Skalierungseffekte im Auge zu behalten, da die Landschaften schnell divers und komplex werden können.

Dazu gibt es eine beliebig große Zahl von hybriden Angeboten und Lösungen, bei denen die genannten Optionen miteinander vermischt werden, bestimmte Aspekte hervorgehoben werden, oder der Umfang der gebotenen Services variiert wird. Im Falle der SAP wird unter anderem eine „Private Managed Cloud" angeboten, bei der kundenindividuelle Landschaften mindestens bis zur Datenbankebene verwaltet werden, je nach Bedarf aber auch bis hin zu einem SaaS Angebot verwandelt werden können.

Für Kunden sind diese Optionen höchst interessant, wenn es darum geht, die differenzierenden Prozesse im eigenen Unternehmen durch maßgeschneiderte Lösungen digital zu optimieren. So können die neuesten Technologien genutzt werden, für die die eigene IT oft nicht bereit ist, bzw. der Markt die nötigen Fachkräfte noch nicht liefern kann.

Für die Anbieter stellen die stark individualisierten und dennoch mit Cloud-Attributen versehenen Mischformen die höchste Herausforderung dar. Im Vergleich zur Public Cloud Variante fehlen hier die großen Skalierungseffekte, kundenindividuelle Landschaften sind der Standard. Die Digitalisierung hat hierbei zur Folge, das verschiedenste Industrien und Prozesse individuelle Anforderungen an Cloud Anbieter stellen, die individuell erfüllt werden müssen.

Unabhängig davon, welche Option gewählt wird, gibt es eine Reihe von Eigenschaften, die eine Cloud-Lösung attraktiv machen. Bei der SAP hat man unter anderem folgende Kernpunkte identifiziert:

Geschwindigkeit. Von einem Cloud Service wird erwartet, dass er in kürzester Zeit für den Kunden zur Verfügung steht.

Innovation. Ein Cloud Service ist niemals fertig und wird kontinuierlich verbessert, erweitert, vereinfacht.

Agilität. Ein Cloud Service muss überall verfügbar sein, jederzeit abrufbar und sollte einfach zu konfigurieren und adaptieren sein.

Profitabilität. Ein Cloud Service sollte eine klare Kostenstruktur sowie eine kurze Zeitspanne bis zur Rentabilität aufweisen.

5.3.3 Cloud Transformation als Digitalisierungsdroge?

Digitalisierung verbreitet Angst. Obwohl sich eine deutliche Mehrheit von CIOs und CEOs mit dem Thema bereits seit geraumer Zeit auseinandersetzen, sind die Auswirkungen vielen Unternehmen nicht klar. Wie sollte es auch? Die Digitalisierung beschleunigt sich momentan so sehr, dass Unternehmen kaum dazu kommen, die neuen technischen Möglichkeiten mit ihren Geschäftsanforderungen zusammenzubringen und ihre Geschäftsmodelle zu überarbeiten oder gar neu zu überdenken.

Andere Unternehmen leben noch in dem Glauben, dass ihr Geschäftsmodell unabhängig vom digitalen Wandel ist, wobei diese Annahme keine wirkliche Sicherheit bringt.

Letztlich breitet sich in Unternehmen und in deren Führungsriegen eine große Unsicherheit aus. Bringt die Digitalisierung neue Möglichkeiten für Wachstum, oder bringt sie eher Probleme mit sich, die generell das Überleben des Unternehmens in Frage stellen könnte?

Da es vielen Firmen sowohl an der Kapazität als auch an der Kreativität fehlt, um eine gezielte Digitalisierung zu treiben, wenden sich viele Unternehmen einer ‚Cloud First‘ Strategie zu.

Obwohl es für einen Einstieg in eine Transformation kein Geheimrezept gibt, ist der Wandel hin zu einer Standardisierung von Geschäftsprozessen ein erster Schritt. Diese Maßnahme hilft Unternehmen, sich klar auf ihre Geschäftsprozesse zu fokussieren und diese zu optimieren – um letztlich eine größere Flexibilität zu gewährleisten.

Der Einsatz von Cloud Software wird jedoch auch häufig als Allheilmittel für die Digitalisierung gesehen – manchmal sogar mit Digitalisierung gleichgesetzt. Die Nutzung von Cloud bringt zwar Kostenersparnisse durch Standardisierung, Infrastrukturkosten-Reduzierung und Kapitaleinsparungen, aber bedeutet nicht explizit das Überleben in der Digitalisierung.

So findet man heute Unternehmen, die Cloud aufgrund dieser altbekannten Vorteile vorantreiben, und Organisationen, die tatsächlich eine Geschäftsprozessoptimierung anstreben. Nur diese Unternehmen werden in der Lage sein, die Herausforderungen der Digitalisierung entsprechend zu meistern.

Trotz der oft gepriesenen ‚Einfachheit der Cloud' darf man nicht vergessen, dass die Implementierung von Cloud Software oft Jahre dauern kann. Da die meisten Cloud Modelle fast per Definition mit einem Maß an Standardisierung verbunden sind, bringt deren Einführung bereits eine Transformation mit sich, die für die Digitalisierung so notwendig ist.

Da kundenspezifische Cloud Strategien bereits sehr komplex sein können, gibt es häufig bereits langwierige Diskussionen bzgl. des besten Einsatzes (‚How to get started?') der Cloud Software, der häufig mit kleineren ‚Proof of Concepts' beginnt. Allerdings kommt es durch den sukzessiven Einsatz von Cloud Produkten zu einer ‚schleichenden Cloudifizierung' der Unternehmen. So erwartet man nun einen großen Anteil hybrider Szenarien, die erst ‚On Premise'-Systeme mit Systemen in der Cloud verbinden, in einer zweiten Phase dann ‚Cloud zu Cloud'. Die Schnittstellenanforderungen an einen Cloud Anbieter werden dementsprechend anspruchsvoll.

Generell kann man sagen, dass die Digitalisierungsagenda größerer Unternehmen i. d. R. auch eine Cloud-Agenda beinhalten.

5.4 Wie SAPs Cloud-Lösungen die Digitalisierung ihrer Kunden unterstützen

Offensichtlich haben Cloud-Lösungen einen wesentlichen Einfluss auf die Digitalisierungsstrategie vieler Unternehmen. SAP, führender Anbieter von Geschäftssoftware weltweit, hat sich in den letzten Jahren von einem reinen Softwareproduktanbieter zu einem globalen Lösungsanbieter gewandelt. Cloud-Lösungen nehmen bereits heute einen großen Teil des Lösungsangebots ein. Die nachfolgenden Paragrafen geben einen Überblick über die Angebotspalette und deren Einsatzmöglichkeiten.

Die Auswahl und Nutzung der richtigen Lösungen entscheiden über deren Erfolg im Unternehmen. Wenn Geschäftsprozesse, die nicht strategisch für das Unternehmen sind, standardisiert und in der Cloud genutzt werden können, ergeben sich zusätzliche Kapazitäten für Mitarbeiter mit wertvollen Unternehmenskenntnissen.

Der „digitale Rahmen" der SAP SAP nennt sein Angebot zur Digitalisierung einen ‚strukturierten digitalen Rahmen'. Dieser Rahmen, der die gesamte Wertschöpfungskette digitalisiert, besteht aus einem BackOffice (= Kern) zur Bewältigung der wesentlichen Aufgaben des Unternehmens und flexibel einsetzbaren Cloud-Lösungen.

Die stabile Abwicklung der Prozesse im BackOffice – der sogenannte digitale Kern – ist die Grundlage für unternehmerischen Erfolg. Dieser Kern nennt sich bei SAP *S/4 HANA Enterprise Management*. Die Lösung selbst kann sowohl innerhalb des Kundenunternehmens als auch in der Cloud eingesetzt werden. SAP behauptet, seine digitale Kernlösung extra für die Digitalisierung ausgerichtet zu haben. Die Lösung wurde optimiert bzgl. Durchsatz, Skalierbarkeit, Konnektivität zu anderen Cloud-Lösungen, bietet aber auch eine neue, nutzerbasierte Bedienungsoberfläche. Da die Unternehmensdaten im Hauptspeicher gehalten werden, können komplexe Analysen in Echtzeit abgerufen und Trends vorhergesagt werden.

Um den digitalen Kern herum werden weitere Cloud-basierte Lösungen angeboten, die mittels häufiger Updates ständig Innovationen zur Verfügung stellen. Eine Zielsetzung der SAP ist es, alle Cloud Geschäftsprozesse in der Qualität eines Marktführers zu liefern – und dennoch in das Gesamtkonzept zu integrieren. Also warum sollte zum Beispiel ein Unternehmen seine Reisekostenabrechnung nicht genauso abwickeln wie die besten Unternehmen überhaupt?

So bietet SAP neben dem digitalen Kern Lösungen an, die die wesentlichen Aspekte eines erfolgreichen, digitalen Geschäftsmodelles abdecken.

Ein komplexes Angebot an Cloud-Lösungen Funktional basieren diese Lösungen darauf, Mehrwert in den folgenden Bereichen zu schaffen, die wesentliche Auswirkungen auf Kundennähe, optimierten TCO (Total Cost of Ownership), Mitarbeitermotivation und Zukunftsszenarien haben:

- Ein abgestimmtes Kundenerlebnis über alle Vertriebskanäle
- Eine enge, integrierte Kooperation mit Lieferanten
- Eine informierte und engagierte Belegschaft

Generell können SAP-Kunden Anwendungen in unterschiedlichsten Arten nutzen. Neben der ursprünglichen Variante des bisher üblichen ‚On Premise' Modells, bei der Kunden eine Softwarelizenz erwerben und die Software in ihren eigenen Rechenzentren in Betrieb nehmen, gibt es verschiedene Arten, Cloud Software zu konsumieren. Dieser Absatz beschreibt die wesentlichen Unterschiede der SAP Cloud-Lösungen (weitere hybride Angebote sind ebenfalls abrufbar, werden hier aber nicht weiter beschrieben) und wie sie im Rahmen einer Digitalisierungsstrategie eingesetzt werden können (Abb. 5.1).

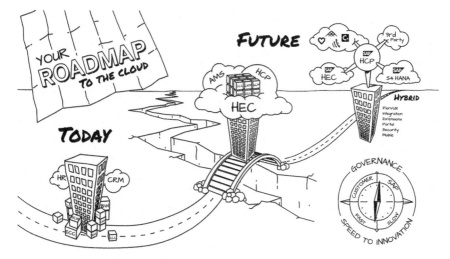

Abb. 5.1 SAP – Roadmap zur Cloud – Copyright SAP SE 2016

Die Kunden der SAP können zwischen wesentlichen Cloud Modellen auswählen:

- Private Managed Cloud
- Platform as a Service (in der Regel als Public Cloud Angebot)
- Software as a Service

5.4.1 ‚HANA Enterprise Cloud (HEC)' – Private Managed Cloud

Die *HANA Enterprise Cloud* ist eine von SAP gemanagte private Cloud, die es ermöglicht, HANA-basierte Anwendungen, die normalerweise in kundeneigenen Rechenzentren laufen, in einem optimierten Umfeld von SAP und ihren Partnern betreiben zu lassen. Kunden können außerdem auf optionale Dienstleistungen für das Anwendungsmanagement zurückgreifen. Diese ‚Application Management Services (AMS)' bieten eine weiterführende Betreuung, wie z. B. Druck- oder Jobmanagement in den einzelnen Applikationen an.

Die unterschiedlichen Lösungen, die in der *HANA Enterprise Cloud* angeboten werden, können sowohl im Rahmen eines Lizenzmodells als auch im Rahmen eines Mietmodells genutzt werden.

Häufig nutzen Kunden die *HANA Enterprise Cloud* als Einstieg für ihre Cloud-Agenda, da sowohl die initialen Vorteile der Cloud genutzt werden können, durch Projekte zur Landschaftskonsolidierung und Stammdatenvereinheitlichung aber auch Vorbereitungen für die nächsten Schritte auf dem Weg zur voll standardisierten Public Cloud getroffen werden können. So wird dieses Angebot häufig genutzt, um die Systeme und Applikationen auf einen späteren Wechsel zu einer *S/4 HANA Cloud* Edition vorzubereiten.

5.4.2 ‚HANA Cloud Platform (HCP)' – Platform-as-a-Service

Die *HANA Cloud Platform (HCP)* ist SAPs strategisches Platform-as-a-Service (PaaS) Angebot, mit dem SAP- Kunden und Entwickler Applikationen bauen, erweitern, aber auch ausführen können. Als Teil des Angebotes bietet SAP diverse Mietmodelle und Services zu Infrastruktur, Datenbanken und Anwendungen an.

Als Entwicklungs- und Laufzeit-Umgebung mit vordefinierten Schnittstellen zu SAP Lösungen ist die HCP eine der bedeutendsten Komponenten in der Digitalisierungsstrategie der SAP. Da eine der Schlüsselkomponenten in der Digitalisierung die flexible Erweiterbarkeit und die Entdeckung neuer Geschäftsprozesse ist, bietet die *HANA Cloud Platform* ein geeignetes Umfeld zur Erreichung dieser Flexibilität.

So hat z. B. die Hamburger Hafenbehörde mittels HCP eine innovative, integrierte Lösung zur Optimierung der Hafenlogistik entwickelt. Die 9 Millionen Container und 10.000 Schiffe pro Jahr können nun in Echtzeit koordiniert werden.

Als weiteres Beispiel kann die National Football League (NFL) genannt werden, die – basierend auf HCP – eine sehr erfolgreiche Lösung zum Fantasie-Football entwickelt hat, mit deren Hilfe sich Fans eigene Teams basierend auf realen Spielerstatistiken bilden können.

5.4.3   SAPs Spektrum an Public Cloud Offerings – Software-as-a-Service

Viele SAP-Kunden, die über SAPs Cloud-Lösungen sprechen, beziehen sich auf Lösungen, die das SAP- Portfolio durch Akquisitionen erweitert haben. Allerdings mag es überraschen, dass SAP bereits über 300 Cloud-Lösungen anbietet, die oft bereits seit Jahren erfolgreich im Markt etabliert sind. Neben einigen industrie-spezifischen Lösungen gibt es auch industrie-unabhängige Lösungen, wie z. B. ein Innovations-Management, mit dessen Hilfe ein betriebliches Vorschlagswesen mit Bewertung, Priorisierung und Umsetzung von Ideen unterstützt werden kann.

Diese Software-as-a-Service (SaaS) Angebote zeichnen sich dadurch aus, dass die komplette Abwicklung, Steuerung und Wartung der Lösung in den Händen der SAP liegt. Diese Lösungen werden alle im Rahmen eines Mietmodells angeboten.

Bezüglich des digitalen Rahmens sprechen wir jedoch über Lösungen, die gemeinsam mit seinem Kern, S/4 HANA, Grundlage für eine Kundendigitalisierungsstrategie der meisten Unternehmen sein können (Abb. 5.2).

Bei den abgebildeten Geschäftsprozessen handelt es sich um Bereiche mit großen Einsparpotenzialen.

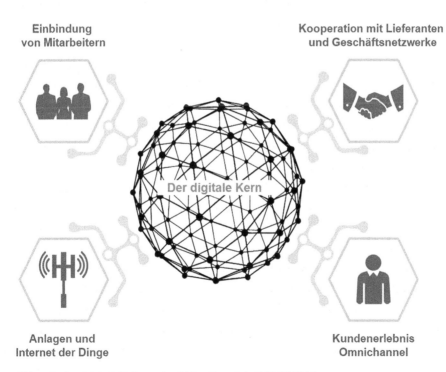

Einbindung
von Mitarbeitern

Kooperation mit Lieferanten
und Geschäftsnetzwerke

Der digitale Kern

Anlagen und
Internet der Dinge

Kundenerlebnis
Omnichannel

Abb. 5.2 Der Digitale Rahmen der SAP – Copyright SAP SE 2016

5.4.4   Die wesentlichen Eckpunkte des digitalen Rahmens der SAP

Kundenerlebnis Omnichannel
Endkunden heute sind mündiger und technisch erfahrener als je zuvor, was auf die Möglichkeiten des World Wide Web und die schnelle Verbreitung mobiler Endgeräte zurückzuführen ist. Die steigende Kaufkraft der Mittelklasse und die technische Versiertheit lassen auch die Erwartungshaltung dieser Endkunden stark ansteigen.

Mit Hilfe von Lösungen wie ‚Cloud for Customer (C4C)' und ‚Hybris' können Unternehmen ihre Kunden über Vertriebskanäle hinweg betreuen und dabei eine optimierte Kundenerfahrung gewährleisten. Diese Lösungen fokussieren sich auf:

- Klar abgestimmte Geschäftsprozesse in Marketing, Handel, Vertrieb und Service
- Eine persönliche Kundenerfahrungen im Kontext jeder Interaktion des Kunden
- Die Erstellung eines deutliches Profils eines „Goldenen" Kunden

Kooperation mit Lieferanten durch Geschäftsnetzwerke
Als Teil der Optimierung der gesamten Wertschöpfungskette wird es immer wichtiger, einen direkten Draht zu Lieferanten zu haben, und diese direkt in den Gesamtprozess mit einzubinden. Durch individuellere und engere Kundenbeziehungen gibt es bereits klare Tendenzen, dass die Anzahl der Kunden steigt, die Größe der Aufträge jedoch zurückgeht. Deshalb kann eine optimierte Lieferantenbeziehung die Effizienz eines Unternehmens deutlich verbessern.

SAPs Lösungen und Lieferantennetzwerke von Ariba, Fieldglass und Concur offerieren integrierte Lösungen zur Optimierung der Wertschöpfungskette, in dem durchgängige Beschaffungsprozesse über Unternehmensgrenzen hinweg geschaffen werden:

- Durch direkten Zugriff zu einem sehr umfangreichen Geschäftsnetzwerk
- Durch Optimierung der Lieferantenbeziehungen über alle Ausgabenkategorien (Material, Services, Personal, Reise und Bewirtung) hinweg
- Durch eine Erweiterung des eigenen Angebotes dank umfangreicher Partnerdienstleistungen

Einbinden von Mitarbeitern
Die demografische Entwicklung intensiviert die Bemühungen der Unternehmen, die besten Talente zu erreichen, Mitarbeiter zu motivieren und zu halten. Aus diesem Grund ist es umso wichtiger, auf eine Lösung zu setzen, die die wesentlichen Funktionen im Lebenszyklus eines Mitarbeiters im Unternehmen abdeckt, und dazu voll in die Geschäftsprozesse des Unternehmens integriert ist.

- Erreichen und Erhalten von Talenten, Rekrutierung und Einstellung der besten Arbeitskräfte
- Management des kompletten Lebenszyklus der Mitarbeiter im Unternehmen
- Zugriff für Mitarbeiter auf die richtigen Informationen ermöglichen – auf jedem Gerät

5.5   An Cloud führt kein Weg vorbei

Die zunehmende Digitalisierung und deren Beschleunigung bieten neben anspruchsvollen Herausforderungen für Unternehmen viele Möglichkeiten zur Expansion
und zur Erweiterung der Geschäftsmodelle. Die beschriebenen Trends haben
wesentlichen Einfluss auf das Einkaufsverhalten von Kunden, die logistischen Prozesse und die Entwicklung der Absatzmärkte. Dabei eröffnen insbesondere die
Möglichkeiten von Big Data und Cloud umfangreiche Möglichkeiten.

Viele Unternehmen sehen einen direkten Zusammenhang zwischen Digitalisierung und Cloud. Obwohl der Einsatz von Cloud Software nicht generell mit einer
Digitalisierungsstrategie gleichzusetzen ist, glauben viele Unternehmen damit den
geeigneten Start in das Digitalisierungszeitalter gefunden zu haben.

In der Tat helfen die bekannten Vorteile der Cloud, gepaart mit der Transformation zu standardisierten Geschäftsprozessen, eine Digitalisierungsmentalität in den
Unternehmen zu verankern. Allerdings beginnen viele Unternehmen ihre Reise in
die Cloud mit einer rein infrastrukturgetriebenen Intention.

Allerdings gibt es auch Unternehmen, die den Einsatz von Cloud Software auf
diejenigen ihrer Geschäftsprozesse fokussieren, die nicht das Kerngeschäft/bzw.
den Unterscheider zum Mitbewerber darstellen. Zwar können die unterscheiden-
den Geschäftsprozesse möglicherweise ebenfalls in der Cloud betrieben werden,
sie werden aber aller Wahrscheinlichkeit eher individuell entwickelt und optimiert sein.

Die Digitalisierung bringt für Unternehmen die Notwendigkeit zum Handeln.
Firmen, die bisher glaubten, die Thematik sei nicht relevant in ihrem Geschäftsmodell, sollten ihre Entscheidung überdenken und aktiv werden.

Und wie startet man diese Reise? Das muss jedes Unternehmen für sich selbst
herausfinden. Aber offensichtlich führt dabei kein Weg an der Cloud vorbei.

Literatur

Belarbi MA (2014) Startup from the bottom: here is how Uber started out. Gulf Elite. http://gulfe-
    litemag.com/startup-bottom-uber-started/. Zugegriffen am 28.07.2016
Bendel O (2016) Stichwort: Soziale Medien. Springer Gabler Verlag (Herausgeber). http://wirt-
    schaftslexikon.gabler.de/Archiv/569839/soziale-medien-v6.html. Zugegriffen am 28.07.2016
Business Wire (2013) The Internet of Things is poised to change everything, says IDC. http://www.
    businesswire.com/news/home/20131003005687/en/Internet-Poised-Change-IDC. Zugegriffen
    am 28.07.2016
Denning S (2011) Peggy Noonan on Steve Jobs and why big companies die. Forbes Leadership.
    http://www.forbes.com/sites/stevedenning/2011/11/19/peggy-noonan-on-steve-jobs-and-why-
    big-companies-die/#6252c8283e57. Zugegriffen am 28.07.2016
Ernst & Young (2011) Middle class to reach 5 billion by 2030 with increase mainly driven by
    Asian and other rapid-growth markets. http://www.ey.com/GL/en/Newsroom/News-releases/
    Middle-class-to-reach-5-billion-by-2030-with-increase-mainly-driven-by-Asian-and-other-ra-
    pid-growth-markets. Zugegriffen am 28.07.2016
Golson J (2014) Apple's hardware might get all the attention, but its ecosystem is the true key to
    iOS success. TechRepublic. http://www.techrepublic.com/article/apple-might-make-bank-off-
    hardware-but-the-ecosystem-is-key-to-ios-success/. Zugegriffen am 28.07.2016

McGovern M (2015) Customers want more: 5 new expectations you must meet now. Customer Experience News & Trends. http://www.customerexperienceinsight.com/customer-expectations-you-must-meet-now/. Zugegriffen am 28.07.2016

McKinsey (2016) http://www.mckinsey.com/business-functions/business-technology/our-insights/the-internet-of-things-the-value-of-digitizing-the-physical-world. Zugegriffen am 28.07.2016

Microsoft (2016) https://azure.microsoft.com/de-de/overview/what-is-azure/. Zugegriffen am 25.08.2016

Olson P (2015) Silicon Valley's latest threat: under Armour. Forbes Tech. http://www.forbes.com/sites/parmyolson/2015/09/30/kevin-plank-under-armour-apps-technology/#5c6a53d44b25. Zugegriffen am 28.07.2016

Pannagl S (2015) Digitalisierung der Wirtschaft, Bedeutung, Chancen und Herausforderungen. Dossier Wirtschaftspolitik. https://www.wko.at/Content.Node/Interessenvertretung/Standort-und-Innovation/2015-05-Dossier-Digitalisierung-der-Wirtschaft.pdf. Zugegriffen am 28.07.2016

Pezzini M (2012) An emerging middle class. OECD Observer. http://www.oecdobserver.org/news/fullstory.php/aid/3681/An_emerging_middle_class.html. Zugegriffen am 28.07.2016

Science News (2013) Big Data, for better or worse: 90 % of world's data generated over last two years. ScienceDaily. https://www.sciencedaily.com/releases/2013/05/130522085217.htm. Zugegriffen am 28.07.2016

Seeger H (2014) IaaS – vergleichen lohnt sich. computerwoche.de. http://www.computerwoche.de/a/iaas-vergleichen-lohnt-sich,3060832,2. Zugegriffen am 28.07.2016

Sellin H (2014) Die Macht der Kundenbewertungen: Produkte mit positivem Rating verkaufen sich um 200 % besser. OnlineMarketing.de. http://onlinemarketing.de/news/kundenbewertungen-produkte-mit-positivem-rating-verkaufen-sich-um-200-prozent-besser. Zugegriffen am 28.07.2016

Statista (2015) Number of mobile users worldwide between 2010 and 2020 (in millions). http://www.statista.com/statistics/218984/number-of-global-mobile-users-since-2010/. Zugegriffen am 28.07.2016

Teil II

Praxisbeispiele

Digitale Cloud-Plattformen als Enabler zur analytischen Nutzung von operativen Produktdaten im Maschinen- und Anlagenbau

6

Christian Dremel und Matthias Herterich

Zusammenfassung

Die digitale Überwachung von Maschinen und Anlagen bietet Maschinenherstellern neue Möglichkeiten Instandhaltungs- und Gewährleistungskosten zu reduzieren und datengetriebene Dienstleistungen anzubieten. Cloud-Technologien können hier als Enabler dienen, um zunächst in einem ‚Single Point of Truth' operative Daten aus Maschinen zu speichern und daraus neue Erkenntnisse zu generieren. Dies ermöglicht den Teilnehmern des Ökosystems dieser Cloud-Plattform analytische Dienstleistungen anzubieten. Hierdurch werden die Steigerung der Effizienz, die Reduzierung von Instandhaltungs- und Gewährleistungskosten sowie die potenzielle Optimierung zukünftiger Produkte möglich. Auf Basis von Interviews mit Managern im Maschinen- und Anlagenbau analysiert dieser Beitrag, inwiefern eine exemplarische Cloud-Plattform die analytische Nutzung von operativen Daten aus Maschinen und Anlagen gewährleisten kann. Insbesondere werden der resultierende analytische Nutzen sowie die sich daraus ergebenden Anforderungen dargestellt. Für Manager bietet dieser Beitrag einen Überblick über analytische Nutzenpotenziale einer industriellen Cloud, und inwiefern eine Teilnahme an einem derartigen Ökosystem sinnvoll ist. Aus theoretischer Perspektive soll ein tieferes Verständnis für ein mögliches Dienstleistungsgeschäft und damit verbundenen Anforderungen neben dem klassischen Maschinen- und Anlagenbau erreicht werden.

Überarbeiteter Beitrag basierend auf Dremel & Herterich (2016) Digitale Cloud-Plattformen als Enabler zur analytischen Nutzung von operative Produktdaten im Maschinen- und Anlagenbau, HMD – Praxis der Wirtschaftsinformatik Heft 311, 53(5): 646–661.

C. Dremel (✉) · M. Herterich
Universität St. Gallen, St. Gallen, Schweiz
E-Mail: christian.dremel@unisg.ch; matthias.herterich@unisg.ch

© Springer Fachmedien Wiesbaden GmbH, ein Teil von Springer Nature 2018
S. Reinheimer (Hrsg.), *Cloud Computing*, Edition HMD,
https://doi.org/10.1007/978-3-658-20967-4_6

Schlüsselwörter
Data Analytics · Digitale Plattformen · Industrial Cloud · Servitization · Fallstudie

6.1 Cloud Plattformen zur Vernetzung von Maschinen- und Anlagendaten

Der Wettlauf um das industrielle Internet und die damit einhergehende Vernetzung von Anlagen und Maschinen hat begonnen. Im Zuge der Digitalisierung und der damit zusammenhängenden Bedeutungssteigerung von Daten ergeben sich neue Möglichkeiten, den Zustand von Maschinen und Anlagen zu überwachen und dadurch Produkte hinsichtlich ihrer Nutzung zu optimieren. Trotz der eher niedrigen digitalen Reife des industriellen Maschinen- und Anlagenbaus bietet digitale Technologie gerade in diesem Kontext ungeahntes Potenzial. Die effektive Nutzung operativer Maschinendaten im Maschinen- und Anlagenbau stellt einen nicht zu unterschätzenden Hebel zur erfolgreichen Meisterung aktueller Herausforderungen in der Produktion und im Betrieb industrieller Maschinen und Anlagen dar. So suchen beispielsweise Betreiber und Hersteller von Maschinen und Anlagen stets nach Möglichkeiten zur Reduzierung teurer Ausfallzeiten industrieller Maschinen (Herterich et al. 2015).

Digitalen Cloud-Plattformen kommt bei der Nutzung der operativen Daten eine Schlüsselrolle zu. Cloud-Technologien können hier als Enabler dienen, um zunächst in einem „Single Point of Truth" operative Daten aus Maschinen zu speichern. Im nächsten Schritt können durch die Nutzung statistischer Modelle und Analysemodule wertvolle Informationen über den Zustand der Maschinen sowie des Kontextes (Produktion, Informationen über Betrieb und Nutzung der Maschinen) generiert werden. Zusätzlich werden durch die Digitalisierung auf Dienstleistungen basierende Geschäftsmodelle für Maschinenbauer möglich, und die Zusammenarbeit in Wertschöpfungsnetzwerken gewinnt an Bedeutung. Um sinnvolle Dienstleistungen entlang der langen Produktlebenszyklen zu ermöglichen, fordern Original Equipment Manufacturers (OEMs) „anytime, anywhere" den Stand der Maschinen sowie deren Nutzung zu kennen. Dies ermöglicht den Teilnehmern eines solchen Ökosystems, dieser Cloud-Plattform analytische Dienstleistungen anzubieten. Hierdurch werden die Steigerung der Effizienz, die Reduzierung von Instandhaltungs- und Gewährleistungskosten und die potenzielle Optimierung zukünftiger Produkte möglich. Im Produktionsumfeld können durch die Analyse historischer Daten Muster und Beziehungen erkannt werden, um so Abläufe zu optimieren, welche sich direkt auf das Betriebsergebnis in erheblichem Maße auswirken können (Auschitzky et al. 2015). OEMs müssen sich daher die Frage stellen, wie sie selbst solche Plattformen aufbauen oder welche bestehenden Plattformen am besten zu den eigenen Anforderungen passen. In diesem Zusammenhang beschäftigt sich der Beitrag mit den Herausforderungen, die es beim Aufbau digitaler Cloud-Plattformen zu meistern gilt.

Auf Basis einer Single Case Study mit einem der größten deutschen Maschinen- und Anlagenbauer analysiert dieser Beitrag, inwiefern eine exemplarische Cloud-Plattform die analytische Nutzung von operativen Daten aus Maschinen und Anlagen gewährleisten kann. Insbesondere werden der resultierende analytische Nutzen sowie die sich daraus ergebenden Anforderungen dargestellt.

Für Manager bietet dieser Beitrag einen Überblick über Anforderungen siehe (Abschn. 6.2.2) und analytische Nutzenpotenziale einer industriellen Cloud. Dadurch wird ein tief gehendes Verständnis ermöglicht, welche speziellen kontextuellen Faktoren für die Bereitstellung sowie Nutzung einer digitalen Plattform zur Nutzung von Maschinendaten relevant sind. Softwareunternehmen erhalten Hinweise auf potenzielle Anforderungen an cloudbasierte, digitale Plattformen für den Maschinen- und Anlagenbau. Der Beitrag identifiziert zentrale Elemente für die erfolgreiche Gestaltung einer industriellen Cloud-Plattform, einer sogenannten Industrial Cloud, und beschreibt, wie die sich ergebenden Daten genutzt werden können, um bestehende und neue Geschäftsmodelle zu realisieren. Die Industrial Cloud wird in diesem Artikel als Integrationsplattform zur Analyse und zum Austausch von Maschinen- und Anlagendaten verstanden (Wlodarczyk et al. 2009). Aus theoretischer Perspektive soll ein tieferes Verständnis für mögliches Dienstleistungsgeschäft und damit verbundenen Anforderungen neben dem klassischen Maschinen- und Anlagenbau erreicht werden.

Die Struktur dieses Beitrags gliedert sich in fünf Abschnitte. Nach der einleitenden Motivation für das Thema wird im zweiten Abschnitt ein grundlegendes Verständnis für zentrale Begriffe und Konzepte geschaffen. Der dritte Abschnitt zeigt die verwendete Methodik auf. Im vierten Abschnitt wird aufgezeigt, in wie weit die zuvor identifizierten Anforderungen durch die illustrierte Industrial Cloud adressiert werden. Anschließend werden Implikationen und konkrete Handlungsempfehlungen für die Unternehmenspraxis aufgezeigt.

6.2   Anforderungen und aktueller Stand der Forschung

Der industrielle Maschinen- und Anlagenbau weist besondere Charakteristika auf, die durch die Digitalisierung der Maschinen und Anlagen sowie den Einsatz einer digitalen Plattform adressiert werden müssen. Im Folgenden wird ein Überblick über diese speziellen Charakteristika für die Nutzung der Industrial Cloud gegeben.

6.2.1   Cloud Computing im Maschinen- und Anlagenbau

Im Zeitalter von Industrie 4.0 wird Cloud Computing eine wesentliche Rolle im Rahmen heutiger Produktionsprozesse einnehmen (Langmann und Stiller 2015). Durch die Kombination aus Cloud-Infrastrukturen, neuen analytischen Methoden und zusätzlichen Datenpunkten können neue Erkenntnisse generiert werden (Dhar et al. 2014). Dies bietet eine neue Grundlage für Wettbewerbsfähigkeit. Cloud Computing als Trend führt zur weiteren Vernetzung industrieller Maschinen und

Anlagen, wodurch der Zugang zu relevanten Daten und ihrer Auswertung möglich wird (Langmann und Stiller 2015). OEMs, Zulieferer und Kunden müssen auf Basis von Daten passende Entscheidungen treffen (Dremel et al. 2017). Um den Entscheidungsprozess kosteneffizient zu gestalten, bedarf es hier einer digitalen Cloud-Plattform, in diesem Zusammenhang auch Industrial Cloud genannt (Rong 2009).

Unter der Industrial Cloud versteht man in diesem Zusammenhang eine Mischform aus Public und Enterprise Cloud (Wlodarczyk et al. 2009). Zudem wird neben der Bereitstellung der Infrastruktur (IaaS – Infrastructure as a Service) meist zusätzlich eine Plattform (PaaS – Platform as a Service) für das sich um die Industrial Cloud spannende Ökosystem bereitgestellt. Die Industrial Cloud stellt eine integrierte industrielle Informationsplattform dar, welche neben dem Austausch von Daten die effiziente, skalierbare und zuverlässige Verarbeitung und Analyse operativer Daten industrieller Maschinen und Anlagen in Echtzeit ermöglicht (Shu et al. 2015). Dies schließt die Konsultation von historischen oder aus anderen angeschlossenen Komponenten und Systemen stammenden Daten ein (Wlodarczyk et al. 2009). Da zudem häufig unternehmensübergreifende Kooperationen bestehen, muss eine Industrial Cloud die zugehörige Zusammenarbeit und den zugehörigen Datenfluss vereinfachen (Wlodarczyk et al. 2009). Sie wird durch einheitliche Datenstandards, einer gemeinsamen Ontologie mit offenen und geteilten Architekturen charakterisiert, um Datenaustauch und die Servicegestaltung zwischen diversen Unternehmen zu erleichtern (Wlodarczyk et al. 2009). Die Industrial Cloud unterstützt industrielle Schlüsseltätigkeiten und Prozesse zur Standardisierung, Datenqualität und Sicherheit (Rong 2009; Wlodarczyk et al. 2009).

6.2.2 Entwicklungen und Charakteristika des Maschinen- und Anlagenbaus

Tab. 6.1 zeigt die Entwicklungen im Maschinen- und Anlagenbau und die daraus resultierenden Anforderungen an eine digitale Plattform.

Tab. 6.1 Anforderungen an Industrial Clouds im Maschinen- und Anlagenbau

Entwicklung im Maschinen- und Anlagenbau	Resultierende Anforderung an eine digitale Plattform
Lange Produktlebenszyklen industrieller Produkte	A1: Anschlussmöglichkeit von heterogenen industriellen Maschinen und Anlagen mittels standardisierter und offener Schnittstellen A2: Analysemöglichkeit operativer Daten
Digitalisierung industrieller Produkte und Anlagen	A3: Kontext-spezifische Digitalisierung industrieller Maschinen und Anlagen A4: Bereitstellung von Kommunikationsprotokollen
Service-orientierte Geschäftsmodelle und Nutzung operativer Daten	A5: Modularisierte Erweiterbarkeit der Plattform A6: Nutzungsbasierte Preisemodelle
Interdisziplinäre Zusammenarbeit in Wertschöpfungsnetzwerken	A7: Datenmanagement inklusive Datensicherheit und Berechtigungsmanagement A8: Mögliche Lastenverteilung durch Multi-Tenancy Architektur

6.2.3 Lange Produktlebenszyklen industrieller Produkte

Industrielle Güter zeichnen sich durch hohe Anschaffungskosten und eine verhältnismäßig lange Lebensdauer aus. Betrachtet man den Überblick über die Lebensphasen industrieller Güter, so wird schnell deutlich, dass die Lebenszyklusphase, in der die Maschinen oder Anlagen genutzt werden, mit Abstand den längsten Zeitraum darstellt (Kiritsis 2011). Im industriellen Kontext ist davon auszugehen, dass der Betrieb der Anlage oder Maschine mehrere Jahrzehnte umfasst. Im Hinblick auf die Digitalisierung stellen diese langen Lebenszyklen der Maschinen und Anlagen die OEMs vor enorme Herausforderungen. Es gilt, schon heute zu definieren, wie eine generative Produkt- und Systemarchitektur aussehen muss, da diese Architektur die Grundlage für zukünftige innovative Szenarien und Geschäftsmodelle darstellt.

Diese langen Produktlebensphasen zwingen Maschinenhersteller und Betreiber von Anlagen und Maschinen, nach Möglichkeiten zu suchen, um die Mitte der Produktlebensphase (Kiritsis 2011) optimal zu nutzen. Dies bedeutet, dass neue Möglichkeiten zur Reduzierung der entlang der langen Nutzungsphase entstehenden Instandhaltungskosten und Möglichkeiten zur Ausschöpfung von Effizienzpotenzialen geschaffen werden müssen (Auschitzky et al. 2015). Eine der noch nicht vollends ausgeschöpften Möglichkeiten ist die Analyse der Nutzungsdaten, um auf Basis des Status der Maschine präventive Wartung zu ermöglichen. Das heißt, eine Industrial Cloud muss eine Anschlussmöglichkeit mittels Schnittstellen für Maschinen der sogenannten ‚installed base‘ als auch für neue Maschinengenerationen bieten. Dies soll die fortlaufende Datenübertragung der operativen Maschinendaten zur Analytics-Komponente der Industrial Cloud ermöglichen und sicherstellen. Daher sind die folgenden Anforderungen durch die Industrial Cloud zu gewährleisten:

- A1: Anschlussmöglichkeit von heterogenen industriellen Maschinen und Anlagen mittels standardisierter und offener Schnittstellen
- A2: Analysemöglichkeit der operativen Daten

6.2.4 Digitalisierung industrieller Produkte und Anlagen

Der Trend der Digitalisierung erreicht die traditionsträchtige Industrie des Maschinen- und Anlagenbaus. Physische Eigenschaften von Maschinen werden verstärkt durch digitale Eigenschaften komplementiert und eröffnen hierdurch unvorhergesehene Nutzenpotenziale (Herterich et al. 2015). Da die Digitalisierung als Treiber Industrieunternehmen auffordert, Schritt zu halten und mehr zu bieten als reine Produkte, sondern auch die Möglichkeit, die digitalen Daten zu nutzen, statten OEMs ihre Industrieprodukte zunehmend mit digitaler Technologie aus. Sensorik, Aktuatorik und Konnektivität ermöglichen die Optimierung bestehender Geschäftsmodelle und die Umsetzung neuer daten-basierender Geschäftsmodelle durch das Angebot innovativer Dienstleistungen (Barrett et al. 2015; Herterich et al. 2016). Um diese Möglichkeit zu bieten, muss eine Industrial Cloud den Prozess von Datensammeln, Übertragung, Datenhalten und Analysieren, sowie der letztendlichen Empfehlung und Bereitstellung von Maßnahmen gewährleisten. In diesem Zusammenhang bieten Sensoren und Aktoren zusätzliche Datenquellen. Daher können der aktuelle Status der Gesamtheit der sich im Feld befindlichen industriellen Maschinen und Anlagen in Echtzeit überwacht sowie bisherige Ereignisse auf Basis historischer Daten analysiert werden. So können bisherige Ereignisse auf Basis historischer Daten analysiert und zukünftige Ereignisse vorausgesagt werden. Hierdurch können ungewollte Ereignisse durch Gegenmaßnahmen verhindert werden. Somit wird die Ausfallsicherheit der Maschinen erhöht. Damit die Industrial Cloud gegenwärtige sowie neue Standards dieser industrielleren Güter unterstützen kann, bedarf die Industrial Cloud einer Modularisierung und damit einhergehend der Erweiterbarkeit (z. B. Updatefähigkeit, Anpassungsfähigkeit). Durch die genannte zunehmende Intelligenz der Maschinen können sie mittels Maschine-zu-Maschine-Kommunikation den Prozess eigenständig vollziehen, wodurch der Mensch nur noch als Dirigent agiert und nur in Ausnahmefällen eingreift (Langmann und Stiller 2015). Diese Kommunikationsform muss neben der reinen Datenübertragung über entsprechende Kommunikationsprotokolle ermöglicht werden. Folglich sind zusammenfassend die folgenden Anforderungen an die Industrial Cloud-Lösung zu stellen:

- A3: Kontext-spezifische Digitalisierung industrieller Maschinen und Anlagen
- A4: Bereitstellung von Kommunikationsprotokollen

6.2.5 Service-orientierte Geschäftsmodelle und Nutzung operativer Daten

Für die traditionell produkt-orientierten Maschinen- und Anlagenbauer gewinnt das Servicegeschäft zunehmend an Bedeutung. Um sich vom Wettbewerb abheben zu können und zusätzlichen Umsatz neben dem klassischen Geschäft zu generieren, werden daher neue, produktbegleitende und innovative Dienstleistungen angeboten (Herterich et al. 2015). Die angedachten Dienstleistungen gehen dabei weit über das klassische Modell des technischen Kundendiensts und die Wartung und Reparatur von industriellen Anlagen hinaus. Die Erbringung von produktnahen Dienstleistungen verspricht im Vergleich zum Produktgeschäft stabilere Umsätze (Gebauer 2008; Ebeling et al. 2014). Darüber hinaus differenziert sich das Dienstleistungsgeschäft gegenüber dem Produktgeschäft durch höhere Margen und einer geringeren Abhängigkeit von Investitionszyklen. Insgesamt ist daher festzustellen, dass sich durch den Trend „Servitization in Manufacturing" (Oliva und Kallenberg 2003; Ulaga und Reinartz 2011; Lightfoot et al. 2013; Ebeling et al. 2014) Unternehmen im Maschinen- und Anlagenbau zusehends vom Hersteller von industriellen Produkten und Anlagen zum Anbieter hybrider Angebote wandeln. Das heißt, es steht nicht mehr primär der Wert des Produktes im Vordergrund, sondern das Angebot aus Produkt und Dienstleistung, welches den Kunden während der Nutzung den Mehrwert bietet (Lusch und Nambisan 2015). In diesem Zusammenhang sind operative Produktdaten als ein zentraler Baustein zur Umsetzung innovativer und datengetriebener Geschäftsmodelle und der Erbringung dieser entsprechenden Dienstleistungen zu sehen. Die Verarbeitung und die mögliche Vermarktung von Daten stellen ein sehr bedeutendes Handlungsfeld dar

(Khan et al. 2015). Die Kommerzialisierung der Daten muss ökonomisch sinnvoll und nachvollziehbar passieren (LaValle et al. 2011). Daher sollte die Nutzung einer Industrial Cloud, welche das industrielle Servicegeschäft unterstützt, eine nutzungsbasierte Verrechnung ermöglichen. Dies wird eine möglichst einfache Weiterverrechnung der bezogenen Leistung an den Endkunden gewährleisten. Um im Sinne des Netzwerkeffekt-Gedankens die Attraktivität der Plattform zu steigern, sollte eine entsprechende Plattform eine Art von Applikationsplattform à la Apple oder Google für industrielle analytische Dienstleistungen beinhalten. Denn nur so können die durch die Plattform möglichen Netzwerkeffekte weiter unterstützt werden (Lusch und Nambisan 2015). Der Hintergrund hierfür ist, dass zum Beispiel Algorithmen, die vielleicht nicht nur für eine Asset-Gruppe relevant sind, auf einen anderen Kontext übertragen werden können. So ist zum Beispiel die Übertragung der Algorithmen des Batteriemanagements von Staplern auf andere batteriebetriebene Transportfahrzeuge denkbar. Zusammenfassend sind daher folgenden Anforderungen zu nennen:

- A4: Modularisierte Erweiterbarkeit der Plattform
- A5: Nutzungsbasierte Preismodelle

6.2.6 Interdisziplinäre Zusammenarbeit in Wertschöpfungsnetzwerken

Zur Erbringung komplexer Dienstleistungen müssen Industrieunternehmen verstärkt interorganisational mit verschiedenen Akteuren in Wertschöpfungsnetzwerken zusammenarbeiten. Diese Zusammenarbeit ermöglicht die für die Servitization charakteristische Value-Co-Creation mit Teilnehmern im Wertschöpfungsnetzwerk (Lusch und Nambisan 2015). Da zur sinnvollen Analyse von Daten eine Vielzahl von Datenquellen konsolidiert analysiert werden muss, um dem ganzen Ökosystem einen Mehrwert bieten zu können (Chatfield et al. 2015), ist eine interdisziplinäre Zusammenarbeit mit Lieferanten, Maschinenbetreibern, aber auch internen Abteilung förderlich (Sodenkamp et al. 2015; van den Broek und van Veenstra 2015). Ein Großteil von Unternehmen arbeitet weitestgehend mit Datensilos verschiedener Geschäftseinheiten. Dies erschwert sowohl die Zusammenarbeit über Geschäftseinheiten hinweg, aber insbesondere auch die Zusammenarbeit mit weiteren Unternehmen (Demirkan und Delen 2013). Durch ein derartiges Handeln müssen Prozesse wie Datensammeln, Datensäuberung und Datenextraktion mehrmals ausgeführt werden. Dies geht mit unnötigen Personalkosten und Belastung von Personalkapazitäten einher. Des Weiteren erschwert eine derartige Form der Datenhaltung ein Einhalten von Datenqualitätsstandards sowie die Vermeidung von Redundanzen und Inkonsistenzen. Eine singuläre Datenhaltung in Form der Industrial Cloud für OEM und Maschinenbetreiber schafft hier Abhilfe. Diese ermöglicht die schnelle Bereitstellung von Daten am richtigen Ort zur richtigen Zeit, die Abbildbarkeit ablaufender Prozesse sowie das Teilen von Daten über Geschäftseinheits- und Unternehmensgrenzen hinweg. Aus diesem Grund muss eine Industrial Cloud als „Single Point of Truth" von industriellen Daten dienen können und muss folgende Anforderungen adressieren:

- A6: Datenmanagement inklusive Datensicherheit und Berechtigungsmanagement
- A7: Mögliche Lastenverteilung durch Multi-Tenancy Architektur

6.3   Methodik

Die Ergebnisse des vorliegenden Beitrags basieren auf einer Fallstudie mit einem deutschen Weltmarktführer im Maschinen- und Anlagenbau, der sich entschlossen hat, in das Geschäft der Industrial Cloud-Lösungen einzusteigen. In semi-strukturierten Interviews mit Managern sowie Produkt- und Serviceverantwortlichen wurden Anforderungen an eine industrielle Cloud-Plattform abgeleitet und deren Umsetzung anhand der bereits zur Verfügung stehenden Plattform analysiert.

Zunächst wurden explorative Fokusgruppen-Workshops durchgeführt. Unter Einbeziehung der technischen und fachlichen Rollen und einer hohen Diversifizierung des Teilnehmerkreises wurde die Berücksichtigung verschiedener Perspektiven auf das Thema sichergestellt. Im zweiten Schritt wurden semi-strukturierte Experteninterviews mit offenem Ende mit einer Dauer zwischen 67 und 131 Minuten durchgeführt. Hierbei waren die Interview-Partner Manager aus einer neu gegründeten Organisationseinheit, die das digitale Plattform-Geschäft des OEMs verantwortet. Darüber hinaus wurden Mitarbeiter aus dem Innovationsbereich des OEMs interviewt. Um die Datenbasis zu verbreitern, wurden die Interviews um interne Dokumente, Präsentationen und Prozessdokumentationen ergänzt. Auf Basis der erhobenen Daten wurde analysiert, wie im konkreten Fall Anforderungen, die an eine solche Plattform gestellt werden, adressiert werden.

6.4   Analytische Nutzung der Industrial Cloud

Im Rahmen dieses Abschnittes wird dargestellt, wie die Fallstudienorganisation die Anforderungen technologisch umsetzt und welche positiven organisationalen Implikationen dies mit sich bringt. Angelehnt an die Arbeiten von Porter und Heppelmann (2014) bietet Abb. 6.1 einen Überblick, wie eine Industrial Cloud einen zentralen Baustein für die analytische Nutzung von operativen Produktdaten darstellt.

Zusätzlich bietet Tab. 6.2. einen zusammenfassenden Überblick über die Adressierung der identifizierten Anforderungen.

6.4.1   Konnektivität zwischen Industrial Cloud und Maschinen/ Anlagen

Die Anbindung industrieller Maschinen und Anlagen ist die erste Herausforderung für die analytische Nutzung operativer Produktdaten. Maschinen und Anlagen unterschiedlicher Hersteller verfügen über verschiedene Protokolle und Möglichkeiten

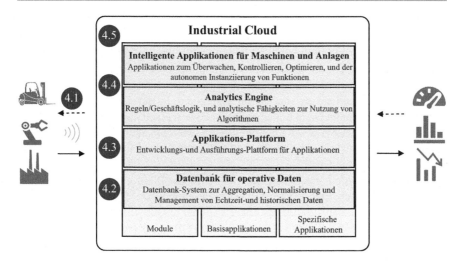

Abb. 6.1 Die Industrial Cloud als zentrales Element zwischen industriellen Produkten und innovativer Möglichkeiten der Nutzung operativer Sensordaten der Fallstudie

Tab. 6.2 Übersicht der Ergebnisse entlang der Abschnitte

Abschnitt	Umsetzung in der Fallstudie betrachteten Plattform	Adressierte Anforderung
4.1 Konnektivität zwischen Industrial Cloud und Maschinen/Anlagen	Bereitstellung standardisierter Schnittstellen • OPC UA • MODBUS Bereitstellung von Schnittstellen für proprietäre Maschinen des Maschinen- und Anlagenbauers Bereitstellung einer Connector-Box zum Anschluss von älteren Maschinen	A1 A3 A4
4.2 Datenmanagement	Unterstützung der gängigen Datenmanagement-Aufgaben (z. B. Qualitätsmanagement, Stammdatenverwaltung)	A7
4.3 Entwicklungs- und Ausführungs-Plattform für Applikationen	Bereitstellung eines Marktplatzes für analytische Applikationen Bereitstellung einer Entwicklungsplattform für Zusatzapplikationen Bereitstellung von Basismodulen zur Weiterentwicklung weiterer Applikationen	A2 A5 A8
4.4 Analysemöglichkeiten	Unterstützung gängiger Analyseumgebungen (z. B. MATLAB, R, Python)	A2
4.5 Nutzungsbasiertes Preismodell	Kostenberechnung auf Basis der Nutzung und Auslastung der Plattform	A6

der Anbindung. Auch wenn sich mit OPC UA bereits erste offene Standards heraus-
kristallisieren (Mahnke et al. 2009), existiert im Feld oft eine Vielzahl unterschiedlicher Anbindungen und Protokolle, die vor allem den langen Produktlebenszyklen im
industriellen Kontext geschuldet sind. Während im Produktionsumfeld die Vielzahl
der Möglichkeiten zur Anbindung von Maschinen und Anlagen weitestgehend standardisiert und dokumentiert sind, ist die Anbindung in Bereichen wie Intralogistik
oder Heavy Equipment kaum dokumentiert und weist einen niedrigen Grad der Standardisierung auf. OEMs sowie die Betreiber von Maschinen und Anlagen sind daher
gezwungen Schnittstellen zu schaffen, die es ermöglichen, industrielle Maschinen
und Anlagen anzubinden.

Aus diesem Grund unterstützt der Hersteller der Plattform eine Auswahl von
Standardprotokollen und Schnittstellen sowie proprietäre Schnittstellen zu den
Maschinen und Anlagen des OEMs selbst. Darüber hinaus wird eine technologische
Anschlussmöglichkeit in Form einer Connectivity-Box bereitgestellt. Diese ermög-
licht es, veraltete Maschinen, welche noch keine geeigneten Schnittstellen besaßen,
einfach mit der Plattform zu verbinden:

> „Es geht im Prinzip im ersten Moment einfach darum, dass ich eine Box nehme. Diese
> schließe ich an meine Maschine an und führe den Konfigurierungsservice innerhalb von
> zwei, drei Stunden durch. So habe ich im Prinzip einen Cloud-Service, den ich verwenden
> kann als Maschinenbauer. Durch den kann ich erst mal meine Maschinendaten auf ganz
> einfache Art und Weise visualisieren." (Head of Standardized Analytical Assets Services)

Zudem wird gewährleistet, dass die Daten nicht nur punktuell und ausschnittsweise
abgegriffen werden:

> „Aus Endusersicht ist es häufig so, dass Daten auch nur dann Sinn machen, wenn ich sie
> sozusagen nicht nur punktuell kriege, sondern zumindest die Schlüsseldaten über den
> Gesamtprozess bekomme." (Industrial Service Line Manager #1)

> „Das heißt, ich habe immer nicht nur Ausschnitte des Problems oder Ausschnitte der
> Daten." (Global Director Platform Services)

Durch diese Schnittstellen und Verbindungsmöglichkeiten wird die Konnektivität
zu den industriellen Gütern gewährleistet:

> „Wir ermöglichen den Anschluss des Gerätes über die ganze Sensorik und Datenakquise, also
> die Hardware und Software, die damit verbunden ist." (Industrial Service Line Manager #1)

Eine weitere technische Herausforderung liegt in der Entscheidung, wie die Daten
technisch und sicher mittels Kommunikationsprotokollen übertragen werden. Während sich in Shop Floor Umgebungen kabelgebundene oder drahtlose Netzwerklö-
sungen anbieten, muss für im Feld verteiltes Equipment oder bewegliche Maschinen
und Anlagen auf mobile Übertragungstechnologien zurückgegriffen werden. Hierbei
steht für die Datenübertragung eine geringere Bandbreite zur Verfügung. Oft sind
mobile Verbindungen nicht verlässlich und geprägt durch Verbindungsabbrüche, die
eine lokale Zwischenspeicherung der operativen Produktdaten notwendig machen.

Zentrale Funktionalität der Industrial Cloud-Lösung sollte es daher sein, ein möglichst hohes Maß an standardisierter Funktionalität zur Konnektivität industrieller Maschinen und Anlagen bereitzustellen. Gleichzeitig sollte durch die Unterstützung von Standardprotokollen und -schnittstellen die Interoperabilität und Flexibilität für die einfache Anbindung von Fremdequipment sichergestellt werden:

> „Wo sind eigentlich meine Daten und wie sicher sind meine Daten?" (Global Director Platform Services)

Das heißt, neben der fehlerfreien Übertragung der Daten ist auch eine sichere Überführung der Daten durch die Funktionalitäten der Industrial Cloud essenziell.

6.4.2 Datenmanagement

Die Maschinendaten, die nun durch die Kommunikationsmöglichkeiten und die Schnittstellen abgegriffen werden können, müssen zudem im Sinne des Datenmanagements behandelt werden. Für Nutzer der Plattform muss der Zugriff auf deren eigene Daten effizient und einfach möglich sein. Die Plattform muss zwingend Qualitätsmanagement-Aufgaben ermöglichen, sodass die Daten beim Zeitpunkt des Zugriffs zweckmäßige Informationen bieten können. Eine Integration der Daten ist vor allem im Umfeld von industriellen Maschinen und Anlagen unabdingbar, da je nach Hersteller der Maschinen Daten mit verschiedenen Datenformaten erzeugt werden, welche schließlich in der Datenhaltung der Plattform in eine einheitliche Form gebracht werden müssen. Nur hierdurch wird es möglich, Daten aus verschiedensten Maschinen und Anlagen in Zusammenhang zu stellen und so neue Erkenntnisse auf Basis von analytischen Methoden bereitstellen zu können. Neben sich veränderten Kennzahlen, ist auch ein Stammdatenmanagement zu gewährleisten. So müssen beispielsweise Daten zur eindeutigen Identifizierung der Maschine vorgehalten und gewartet werden. Daten sind mandantensepariert zu speichern, und der Zugriff ist durch ein rollen-basiertes Berechtigungsmanagement zu regeln:

> „Das Thema Datenmanagement [ist] eigentlich Basisfunktionalität einer jeden Plattform." (Industrial Service Line Manager #2)

> „Also ich sage mal, die ganze, ich nenne es jetzt mal Datenbasisfunktionalität, also sprich: Welche Konnektierungsmöglichkeiten habe ich denn in den Shop Floor rein oder zum Device? Welche Möglichkeit habe ich, in welchem Volumen kann ich Daten übertragen? Sicherlich dann auch mal die Frage, wie teuer ist eigentlich die Datenübertragung? Kann ich Daten problemlos mobil übertragen?" (Industrial Service Line Manager #2)

6.4.3 Entwicklungs- und Ausführungs-Plattform für Applikationen

Zentrale Funktionalitäten werden über den Kern der Plattform bereitgestellt, der über einzelne Module flexibel erweiterbar ist. Dadurch ist gewährleistet, dass Unternehmen auf sich ändernde Anforderungen reagieren können und die Plattform kontextabhängig und skalierbar von verschiedenen Industrien und in verschiedenen Einsatzfällen genutzt werden kann. Beispielsweise ist es denkbar, dass auf einer Plattform Analyse-Algorithmen von unterschiedlichen Anbietern zur Nutzung im Wettbewerb stehen. Die Möglichkeit zur Bereitstellung derartiger Zusatzdienstleistungen soll durch einen Marktplatz gewährleistet werden. So würde der Anbieter *„gerne einen Marktplatz dafür anbieten, auf dem [...] Firmen, die digitale Serviceleistungen anbieten, [Zusatzdienstleistungen] [...] anbieten können"* (Global Director Platform Services). Die Vision für eine zukünftige Weiterentwicklung der Plattform ist hier eine *„Analytics Factory [...] [durch die] im Monatsrhythmus neue Analytics-Module rauskommen".* (Industrial Service Line Manager #3)

Die Plattform-Architektur ist durch drei Schichten gekennzeichnet (siehe Abb. 6.1):

> „Es gibt einen Modul-Layer, einen Basisapplikationslayer und einen spezifischen Applikations- oder Service-Layer." (Global Director Platform Services)

Ein Interviewteilnehmer beschreibt die Layer folgendermaßen:

> „Das sind Module, mit denen du ein Data Cleansing betreiben kannst, Algorithmik-Module, verschiedene Arten der Visualisierung und neuartige Informationen, die generiert werden können [...] Und alles wird miteinander ermöglicht [...] immer in diesem Rahmen from Data to Insight to Action." (Global Director Platform Services)

So wurde beispielsweise in Needfinding-Workshops mit potenziellen internen und externen Kunden das Thema Abrechnung von digitalen Dienstleistungen als eine Kernfunktionalität identifiziert. Neben der Leistungserbringung durch Services auf der Plattform selbst ist die automatisierte Abrechnung der erbrachten Dienstleistungen integrales Modul der Plattform, das den entsprechenden Bedürfnissen der Kunden angepasst werden kann.

Zusätzlich wird im zweiten Layer ein *„Satz von Applikationen"* (Global Director Platform Services), welche standardmäßig für Kunden der Plattform-Dienstleistungen sinnvoll sind, angeboten. Schließlich steht die letzte und dritte Schicht für zusätzliche, meist spezialisierte Applikationen, die den Teilnehmern der Plattform mittels des bereits erwähnten Marktplatzes angeboten werden.

Des Weiteren benötigt die Ausführungsplattform als Basisfunktionalität eine geeignete Lastenverteilung:

> „Bereitstellung von Skalierbarkeit [das heißt das] frühzeitige Erkennen, muss ich irgendwelche Ressourcen hoch- und runterfahren und [...] dieses ganze Thema IT Infrastrukturmanagement, das ist sozusagen das, was [...] eigentlich Basisfunktionalität einer jeden Plattform ist." (Industrial Service Line Manager #2)

Um diese Skalierbarkeit zu ermöglichen, gibt es mittlerweile eine Vielzahl von Lösungen, welche Cloud-Infrastrukturen als Dienstleistung (IaaS) anbieten z. B. Cloud Foundry:

„Und damit sind auch völlig andere Skalierungseffekte machbar. Bisher habe ich in virtuellen Maschinen durchaus eine nennenswerte Anzahl Menschen beschäftigen müssen, die da drauf aufpassten, dass diese virtuelle Maschine am Leben bleibt. Das macht Cloud Foundry von alleine. Also wenn da irgendwas abstirbt, wird das automatisch wieder neugestartet, ohne dass jemand eingreift. Und als Nutzer merken Sie nur einen kleinen Hickup, weil plötzlich die Antwortzeit vielleicht mal einen Augenblick nicht so ist, wie Sie es erwartet haben, aber das war es dann. [...] Allein Cloud Foundry konsumiert 60 Server." (Head of Managed Industrial Services)

Das bedeutet, dass die Auslastung der Plattform gemäß der jeweiligen Kapazitätsansprüche der Teilnehmer mit Hilfe von virtuellen Instanzen verteilt wird. Hierdurch können auch rechenkapazitätsintensive Analysen, welche eher selten durchgeführt werden, kosteneffizient angeboten und genutzt werden.

6.4.4   Analysemöglichkeiten operativer Daten

Im industriellen Kontext muss generell zwischen zwei Szenarien zur Datenanalyse unterschieden werden. Im ersten Fall können Domänenexperten und Data Scientists ad-hoc explorativ neue Zusammenhänge zwischen einzelnen Datenfeldern ableiten. Laufzeit der Algorithmen sowie Bedienbarkeit möglicher Oberflächen spielen hierbei eine eher untergeordnete Rolle, da dieses Szenario vorwiegend Experten adressiert. Im zweiten Fall werden auf sowohl historische als auch unmittelbar auf der Plattform eingehende Daten zuvor definierte Regeln oder Machine Learning Algorithmen angewandt:

„Natürlich gibt es diesen Traum der sich selbstoptimierenden Maschinen [...] Ja, das können wir alles machen [...][und in] Closed Loop zurückschleifen und [so] können [wir] die Anlagen sich selbst überlassen." (Industrial Service Line Manager #4)

Dadurch lassen sich Abweichungen und Trends erkennen und entsprechende Maßnahmen für den operativen Betrieb der Maschinen- und Anlagen ableiten und antriggern. In einzelnen Fällen können die Regeln von den Nutzern oder Kunden selbst definiert oder verändert werden.

Eine weitere Herausforderung ist das große Datenaufkommen beim Anschluss industrieller Maschinen und Anlagen an eine Industrial Cloud. Im Rahmen analytischer Methoden haben sich einige Programmiersprachen wie R, Python und MATLAB als führende Sprachen durchgesetzt. Durch die Unterstützung dieser Sprachen werden zum einen einer Vielzahl von Domänenexperten und Data Scientists die Möglichkeit zur Analyse der Daten gegeben und zum anderen die jeweiligen Vorteile der Sprache oder des Werkzeugs zur Verfügung gestellt. Aus diesem Grund ist es Ziel der Betreiber der Plattform, die wichtigsten Programmiersprachen und Werkzeuge zur Datenanalyse direkt auf der Plattform zu unterstützen. Darüber hinaus wird den Applikationsentwicklern zur Erstellung der zuvor genannten Applikationen, welche über den Marktplatz angeboten werden, eine entsprechende Infrastruktur angeboten:

„Da [muss] eine App-Entwicklungsumgebung, […] eine Testumgebung, [und ein] Deployment-Mechanismus [bereitgestellt werden]." (Head of Standardized Analytical Assets Services)

6.4.5 Nutzungsbasiertes Preismodell

Da neben der technischen Funktionalität einer Plattform das dahinerliegende Geschäftsmodell den wohl wichtigsten Hebel für den Geschäftserfolg darstellt, nimmt das Thema auch in der frühen Konzeptionsphase der Plattform unserer Fallstudie einen hohen Stellenwert ein. So ist ein in der zentralen Innovationsabteilung angesiedeltes Expertenteam in unserem Fallstudienkontext für die methodische und inhaltliche Unterstützung bei der Gestaltung von neuen Geschäftsmodellen tätig. Auf Grundlage des Business Model Patterns Ansatzes (Gassmann et al. 2015) wurden in der frühen Phase der Gestaltung des Plattform-Angebots mögliche Geschäftsmodelle der Industrial Cloud gemeinsam mit Pilotkunden in Business Model Innovation Workshops evaluiert.

Das der Plattform zugrunde liegende Geschäftsmodell greift darüber hinaus den Servitization-Trend im Maschinen- und Anlagenbau auf. Aktuell werden verstärkt ergebnisorientierte Geschäftsmodelle diskutiert, in denen beispielsweise die Nutzung industrieller Güter je nach Nutzungsintensität abgerechnet wird. Vor allem durch Cloud Computing und dessen einfache Skalierbarkeit hat sich hier „pay-per-use" als Preismodell herauskristallisiert. So ist auch im Rahmen der Bereitstellung einer industriellen Cloud-Plattform eine über eine nutzungs- oder ergebnisorientierte Abrechnung der Dienstleistungen denkbar. Folglich wird nur nach Nutzung der Plattform abgerechnet.

6.5 Implikationen und Handlungsempfehlungen für die Unternehmenspraxis

Durch die fortschreitende Digitalisierung von industriellen Maschinen und Anlagen ergeben sich neue Vernetzungs- und Analysemöglichkeiten. Zwar werden bereits seit geraumer Zeit Daten während der operativen Nutzung von Maschinen erzeugt, jedoch ist es OEMs bisher aufgrund mangelnder technischer Voraussetzungen nur in wenigen Fällen gelungen, die Daten ganzheitlich zu analysieren und Mehrwerte zu generieren. Die Teilnehmer des Industriemarktes haben dies erkannt und sehen so ein neues Handlungsfeld im traditionell stark produkt-orientierten Umfeld von Maschinen und Anlagen.

Dieser Artikel bietet in diesem Kontext einen Überblick über die Anforderungen an Industrial Cloud-Lösungen zur Vernetzung und Analyse industrieller Maschinen und Anlagen. Anhand einer Fallstudie mit einem deutschen Weltmarktführer im Maschinen- und Anlagenbau wird aufgezeigt, wie diese Anforderungen durch eine neue Dienstleistung in Form einer Industrial Cloud-Lösung umgesetzt werden. Für Anbieter solcher Lösungen wird es entscheidend sein, wer die meisten Teilnehmer für das Ökosystem der jeweiligen Plattform gewinnen kann. Denn hierdurch können zusätzliche Nutzenpotenziale gehoben werden, wie z. B. das Benchmarking in Bezug auf Effizienz der verschiedenen Maschinentypen. Aus diesem Grund gilt für Unternehmen, welche in diesem Geschäftsfeld wachsen wollen, möglichst zeitnah eine mehrwertstiftende Lösung anzubieten, um „First Mover" im noch unbesetzten Markt zu sein. Bereits große Maschinenhersteller, wie zum Beispiel General Electrics mit der Lösung Predix, Siemens mit der Lösung Mindsphere sowie Trumpf mit Axoom dringen in diesen Markt ein. Es wird wegweisend in diesem Umfeld sein, welcher Anbieter es schafft, neben der Anschlussmöglichkeit diverser Maschinen auch den größten analytischen Nutzen zu bieten. Das heißt, durch wessen Datenanalyse die größten ökonomischen Hebel ermöglicht werden, um im bereits sehr reifen Industriemarkt weitere Verbesserungen im Bereich der Produktion, Produktentwicklung und Service-Bereitstellung zu ermöglichen. Hierbei ist durch Effizienzsteigerungen im einstelligen Prozentbereich bereits die Einsparung sehr hoher Kostensummen im Millionenbereich möglich.

Da das gesamte Potenzial operativer Produktdaten heute noch nicht absehbar ist, müssen OEMs Industrial Cloud-Lösungen etablieren, die die technologische Basis für die Realisierung von zukünftigem Innovationspotenzial bilden. Dafür sind ein modularer Aufbau sowie die einfache Erweiterbarkeit der Plattform essenziell. Industrial Cloud-Lösungen stellen im Rahmen der Vernetzung ein Kernelement dar. Generell sind hier zwei grobe Richtungen möglich, wie Industrieunternehmen mit dem Treiber der Digitalisierung und der sich daraus ergebenden Notwendigkeit einer Industrial Cloud zur Nutzung von operativen Maschinendaten umgehen können. Erstens, können sich Unternehmen für die Nutzung bestehender Angebote, oder zweitens, für die eigene Entwicklung einer Cloud-Plattform entscheiden. In diesem Zusammenhang sind für die Entwicklung einer entsprechenden Plattform starke Partnerschaften notwendig. Industrieunternehmen fällt es schwer, die notwendige technische Expertise selbst aufzubauen. Daher sind sie auf starke und strategische Partnerschaften und die Zusammenarbeit mit Softwareunternehmen angewiesen. So involviert z. B. Siemens im Rahmen seiner Lösung Mindsphere den Softwareanbieter SAP. Darüber hinaus muss das Geschäftsmodell geklärt sein, das hinter solchen Plattformen steckt. Dies bedeutet, dass die Kosten für Wartung, Entwicklung und Infrastruktur nutzungsbasiert in einem zur Applikation passenden Abrechnungsmodell entsprechend dem generierten Mehrwert abgerechnet werden muss. Anbietern einer Industrial Cloud-Lösung muss es gelingen, den Mehrwert der jeweiligen Lösung klar herauszustellen, sodass potenzielle Kunden im Umfeld industrieller Anlagen und Maschinen ein solches neuartiges digitales Angebot annehmen.

Literatur

Auschitzky E, Hammer M, Rajagopaul A (2015) How big data can improve manufacturing. http://www.mckinsey.com/business-functions/operations/our-insights/how-big-data-can-improve-manufacturing. Zugegriffen am 19.05.2016
Barrett M, Davidson E, Prabhu J, Vargo S (2015) Service innovation in the digital age: key contribution and future directions. MIS Q 39:135–154
van den Broek T, van Veenstra AF (2015) Modes of governance in inter-organizational data collaborations. In: 23rd European conference on information systems, 26.–29.Mai 2015. Münster, Deutschland

Chatfield A, Reddick C, Al-Zubaidi W (2015) Capability challenges in transforming government through open and big data: tales of two cities. In: 36th international conference on information systems, 13–16.Dezember 2015. Fort Worth, USA

Demirkan H, Delen D (2013) Leveraging the capabilities of service-oriented decision support systems: Putting analytics and big data in cloud. Decis Support Syst 55:412–421

Dhar V, Jarke M, Laartz J (2014) Big data. Bus Inf Syst Eng 6:257–259

Dremel C, Wulf J, Herterich MM, Waizmann J-C, Brenner W (2017) How AUDI AG established big data analytics in its digital transformation. MIS Q Exec 16:81–100

Ebeling J, Friedli T, Fleisch E, Gebauer H (2014) Strategies for developing the service business in manufacturing companies. In: Lay G (Hrsg) Servitization in industry. Springer International Publishing, Cham, S 229–S 245

Gassmann O, Frankenberger K, Csik M (2015) The business model navigator: 55 models that will revolutionise your business, 1. Aufl. FT Press, Harlow/England/New York

Gebauer H (2008) Identifying service strategies in product manufacturing companies by exploring environment–strategy configurations. Ind Mark Manag 37:278–291

Herterich M, Uebernickel F, Brenner W (2015) Nutzenpotentiale cyber-physischer Systeme für industrielle Dienstleistungen 4.0. HMD Praxis der Wirtschaftsinformatik 52:665–680

Herterich M, Uebernickel F, Brenner W (2016) Stepwise evolution of capabilities for harnessing digital data streams in data-driven industrial services. MIS Q Exec 15:297–318

Khan I, Naqvi SK, Alam M, Rizvi SNA (2015) Data model for big data in cloud environment. In: 2nd international conference on computing for sustainable global development, 11–13. März 2015. New Delhi, Indien

Kiritsis D (2011) Closed-loop PLM for intelligent products in the era of the internet of things. Comput Aided Des 43:479–501

Langmann R, Stiller M (2015) Industrial Cloud – Status und Ausblick. HMD Praxis der Wirtschaftsinformatik 52:647–664

LaValle S, Lesser E, Shockley R et al (2011) Big data, analytics and the path from insights to value. MIT Sloan Manag Rev 52:21

Lightfoot H, Baines T, Smart P (2013) The servitization of manufacturing: a systematic literature review of interdependent trends. Int J Oper Prod Manag 33:1408–1434

Lusch RF, Nambisan S (2015) Service innovation: a service-dominant logic perspective. MIS Q 39:155–175

Mahnke W, Leitner S-H, Damm M (2009) OPC unified architecture. Springer, Berlin

Oliva R, Kallenberg R (2003) Managing the transition from products to services. Int J Serv Ind Manag 14:160–172

Porter ME, Heppelmann JE (2014) How smart, connected products are transforming competition. Harv Bus Rev 92:64–88

Rong C (2009) An industrial cloud: integrated operations in oil and gas in the Norwegian continental shelf. In: Cloud computing. Springer, Berlin, S 19–23

Shu Z, Wan J, Zhang D, Li D (2015) Cloud-integrated cyber-physical systems for complex industrial applications. Mob Netw Appl 5:1–14

Sodenkamp M, Kozlovskiy I, Staake T (2015) Gaining IS business value through big data analytics: a case study of the energy sector. In: 36th international conference on information systems, 13–16. Dezember 2015. Fort Worth, USA

Ulaga W, Reinartz WJ (2011) Hybrid offerings: how manufacturing firms combine goods and services successfully. J Mark 75:5–23

Wlodarczyk TW, Rong C, Thorsen KAH (2009) Industrial cloud: toward inter-enterprise integration. Cloud computing. Springer, S 460–471

Datenanalysen in der Cloud – Konzeption einer Architektur für die Wirtschaftsprüfung

7

Michael Adelmeyer und Frank Teuteberg

Zusammenfassung

Die Digitalisierung von Prozessen in Unternehmen führt zu einem rasanten Anstieg der Datenmengen. Um die Datenflut zu beherrschen, muss die Wirtschaftsprüfung neue Methoden und IT-Architekturen entwickeln und integrieren. Der Einsatz von Cloud Computing für rechen- und speicherintensive Datenanalysen verspricht im Vergleich zu klassischen IT-Architekturen die Realisierung von Effizienzpotenzialen und die Ermöglichung neuartiger Prüfungsansätze. Jedoch müssen Cloud-spezifische Risiken und Anforderungen berücksichtigt werden, zum Beispiel in Bezug auf den Schutz und die Sicherheit von teils sensiblen Mandantendaten sowie deren rechtskonforme Speicherung und Verarbeitung. Der vorliegende Beitrag basiert auf einer Erhebung in einer führenden Wirtschaftsprüfungsgesellschaft, die im Vorfeld zur Einführung einer Cloud-Architektur durchgeführt wurde. Es werden Herausforderungen und Potenziale aufgezeigt sowie eine Cloud-Architektur für Datenanalysen in der Wirtschaftsprüfung vorgestellt.

Schlüsselwörter

Cloud-Architektur · Wirtschaftsprüfung · Datenanalysen · Private Cloud · IT-Sicherheit · Digitalisierung

Überarbeiteter Beitrag basierend auf Adelmeyer, Teuteberg (2016) Cloud-Architekturen für Datenanalysen in Wirtschaftsprüfungsgesellschaften, HMD – Praxis der Wirtschaftsinformatik Heft 311 53(5):698–711

M. Adelmeyer (✉) · F. Teuteberg
Universität Osnabrück, Osnabrück, Deutschland
E-Mail: michael.adelmeyer@uni-osnabrueck.de; frank.teuteberg@uni-osnabrueck.de

7.1   Datenanalysen in der Wirtschaftsprüfung

Durch die Digitalisierung von Unternehmensprozessen und Geschäftsfeldern
werden Daten heutzutage in einem bisher ungekannten Ausmaß generiert. Die
Menge der als prüfungsrelevant betrachteten Daten ist wirtschaftlich somit nur
noch durch IT-Unterstützung zu bewältigen, welches eine Anpassung bestehender
Prüfungsmethoden erfordert (Rega und Teipel 2016). Der Einsatz digitaler (Mas-
sen-)Datenanalysen in der Prüfung verspricht in diesem Kontext Effizienz- sowie
Wettbewerbsvorteile, weshalb dieses Feld zukünftig weiter an Bedeutung gewinnen wird (Goldshteyn et al. 2013; Rega und Teipel 2016). Größere Datenvolumina
werden dabei seltener auf den operativen Systemen der zu prüfenden Unternehmen aufbereitet und analysiert, sondern zunehmend extern in den Prüfungsgesellschaften unter Zuhilfenahme „neutraler" Analysesoftware (Töller und Herde
2012). Die Einsatzmöglichkeiten und der Analysegegenstand von Datenanalysen
im Prüfungsprozess sind dabei vielfältig und beschränken sich nicht nur auf rechnungslegungsrelevante Daten, sondern bspw. auch auf Daten zur Steuerung und
Überwachung von IT-Systemen.

Um die erforderlichen technischen und methodischen Voraussetzungen für eine
Analyse großer Datenbestände zu schaffen, müssen jedoch geeignete Verfahren entwickelt und Investitionen und Anpassungen der IT-Infrastruktur von Prüfungsgesellschaften vorgenommen werden (Rega und Teipel 2016). Der Einsatz von
Cloud-Architekturen für Datenanalysen in der Wirtschaftsprüfung verspricht durch
die Bündelung und die flexible Bereitstellung von Ressourcen und den damit verbundenen Synergieeffekten Performanz-, Effizienz- und Kostenvorteile. Aufgrund
der Sensibilität der zu analysierenden Unternehmensdaten und den restriktiven Vorgaben in diesem Bereich müssen jedoch besondere Anforderungen an eine
Cloud-Architektur berücksichtigt werden.

Nachfolgend werden die Potenziale, Herausforderungen, Rahmenbedingungen
und Eigenschaften einer Cloud-Architektur für Datenanalysen in einer Wirtschaftsprüfungsgesellschaft aufgeführt, die im Vorfeld der Einführung einer solchen Architektur durch Experteninterviews erhoben wurden.

7.2   Experteninterviews

Zur Erhebung der Anforderungen sowie zur Konzeption einer Cloud-Architektur
für Datenanalysen in der Wirtschaftsprüfung wurden im Mai 2013 sowie im Mai
2014 insgesamt 16 leitfadengestützte, offene Experteninterviews bei einer Big Four
Wirtschaftsprüfungsgesellschaft durchgeführt (s Tab. 7.1).

Bei der Auswahl wurden Experten aus unterschiedlichen Ländern sowie Fachbereichen und Ebenen der Prüfung mit Expertise in den Bereichen Datenanalysen
oder Cloud Computing ausgewählt. Alle Interviews wurden aufgezeichnet, transkri-
biert und anschließend qualitativ ausgewertet.

Tab. 7.1 Gesprächspartner für die Experteninterviews

Ebene	Tätigkeitsfelder	Land	Jahr
Partner	Prüfungsvorgehen & -methoden	DE	2013
Director	Verantwortung Datenanalysen Industrieunternehmen	NL	2013
	Leitung Datenanalysen für die Bereiche Industrie und Financial	CH	2013
Senior Manager	Leitung Datenanalysen Bereich Financial	DE	2013
	Bereich IT	NL	2013
	Bereich IT und Cloud Computing	DE	2013
	IT-Prüfung/DA	CH	2014
	Leitung Data Center/Clouds	BE	2014
	IT-Prüfung/DA	NL	2014
Manager	Koordination Datenanalysen Industrieunternehmen	DE	2013
Senior Consultant	Technische Leitung DA	DE	2013
	Themenverantwortung Cloud Computing Bereich Financial	DE	2013
	Durchführung/Entwicklung DA	DE	2014
	IT-Prüfung/DA	AT	2014
Consultant	Durchführung DA	DE	2013
	IT-Prüfung	DE	2014

7.3 Potenziale

Die von den befragten Experten genannten Vorteile einer Cloud-Architektur lassen sich zum einen in klassische (s. bspw. Armbrust et al. 2010) und zum anderen in wirtschaftsprüfungsspezifische Vorteile unterteilen, jeweils abhängig von der konkreten Umsetzung einer Cloud-Architektur.

7.3.1 Klassische Vorteile

- *Kosteneinsparungen und Kostenumstrukturierung* durch flexiblen Bezug von Rechenressourcen (Public Cloud) oder die Realisierung von Synergieeffekte durch Bündelung bestehender Ressourcen im Unternehmen (Private Cloud), bspw. innerhalb des Standortes Deutschland oder aber auch länderübergreifend innerhalb des Unternehmensnetzwerks.
- *Performanzvorteile* und *erhöhte Datenverfügbarkeit* durch die Bündelung von IT-Ressourcen und redundante Datenhaltung. Vor dem Hintergrund der zunehmenden Digitalisierung entstehen hierdurch insbesondere bei der Analyse großer Datenmengen (Big Data) Effizienzvorteile.
- *Dynamische Skalierbarkeit:* Kompensierung temporärer Lastspitzen bestimmter Bereiche entweder durch interne, freie Kapazitäten (Private Cloud) oder externe Ressourcen (Public Cloud), insbesondere bei der saisonalen Konzentration der Abschlussprüfungstätigkeiten zum Jahresende und im Frühjahr.

• *Gesteigerte organisatorische Flexibilität* und *reduzierter IT-Administrationsaufwand* durch Zentralisierung der Hardware und des Cloud-Betriebs. Die *Zentralisierung der Datensicherheitsverantwortung und -umsetzung* ermöglicht zudem eine effektivere Kontrolle der Einhaltung der Datenschutz-, Datensicherheitsvorschriften und -mechanismen (Zissis und Lekkas 2012).

7.3.2 Wirtschaftsprüfungsspezifische Vorteile

• *Netzwerkeffekte:* Die Kollaboration im (internationalen) Unternehmensnetzwerk wird durch eine gemeinsame Plattform erleichtert und effizienter. Dies ermöglicht z. B. eine schnellere Auftragsbearbeitung durch eine Zurverfügungstellung von (Teil-)Prüfungsergebnissen.
• *Zentralisierung von Systemen und Prozessen:* Teile des Datenanalyseprozesses können vollständig in die Cloud übernommen werden. Da die Ressourcen parallel zur Verfügung stehen, entsteht hierbei kein Zeitverlust.
• *Vereinheitlichung von Systemen und Prozessen* im (internationalen) Unternehmensnetzwerk. Dies führt insbesondere zu einer homogeneren IT-Systemlandschaft. Zudem können so Methodiken bzw. Vorgehen bei der Prüfung vereinheitlicht und somit die Qualität der Prüfung gesteigert werden.
• *Transparenz und Vergleichbarkeit:* Der Einsatz einer Cloud-Architektur steigert die Transparenz innerhalb des (internationalen) Netzwerkes. So ist bspw. ein Benchmarking der Ländergesellschaften untereinander möglich, Mandanten und Märkte können verglichen und die Prüfung so zielgerichteter ausgestaltet werden.
• *Neue Prüfungsmöglichkeiten* durch eine flexiblere und leistungsfähigere Architektur, insbesondere für die vor dem Hintergrund der Digitalisierung zunehmenden Datenanalysen. Durch die erhöhte Datenverfügbarkeit werden ferner vermehrt Vollanalysen des Datenbestandes erwartet, wodurch das Prüfungsrisiko durch den Wegfall des Stichprobenrisikos verbessert wird (Rega und Teipel 2016). Ein Transfer der Datenanalysen in eine Cloud-Architektur eröffnet neue Prüfungsmöglichkeiten und -methoden, insbesondere für rechenintensive Ansätze, wie die Analyse von großen Datenmengen (Big Data) aus verschiedenen Quellen und Systemen (Talia 2013). Durch Methoden wie Process Mining entfallen traditionelle „analoge" Prüfungshandlungen, wie bspw. Interviews oder Befragungen, wodurch der Prüfungsprozess effizienter gestaltet werden kann. Auch Technologien wie künstliche Intelligenz oder Text Mining, die zukünftig in der Wirtschaftsprüfung Einsatz finden können (Rega und Teipel 2016), lassen sich in Cloud-Architekturen realisieren.

7.4 Herausforderungen

Mit dem Einsatz einer Cloud sind ebenfalls Nachteile und Herausforderungen verbunden, insbesondere im Bereich Datensicherheit und Datenschutz (Armbrust et al. 2010). In Tab. 7.2 werden die aus den Interviews erhobenen zentralen Herausforderungen für den Anwendungsfall aufgeführt.

Tab. 7.2 Übersicht der Herausforderungen

Kategorie	Herausforderung
Allgemeine Aspekte	• Akzeptanz der Mandanten und Reputationsrisiken • Wissensbasis und Schulung der Mitarbeiter • Programmierung- und Umstellungsaufwand
Datensicherheit	*Verfügbarkeit* • Erreichbarkeit, Internetverbindung • Absicherung des Systems • Backup von Daten *Integrität* • Berechtigungskonzepte • Authentifikationsmechanismen *Vertraulichkeit* • Kein Zugriff außerhalb des Unternehmensnetzwerks • Integration in das virtuelle private Netzwerk (VPN) • Beibehaltung der „Chinese Walls" • Einhaltung interner Sicherheitsrichtlinien- und Standards (bspw. ISO 27001) • Kontrolle über Daten (Datenhoheit) • Beibehaltung bestehender Schutzklassen und Verschlüsselung von Daten bspw. für bestimmte Branchen
Datenschutz	• Sicherstellung eines Datenschutzniveaus nach EU-Datenschutz-Grundverordnung (EU-DSGV) • Besonderheiten bei der Speicherung und Verarbeitung bestimmter Daten • Berücksichtigung nationaler Bestimmungen bei länderübergreifender Speicherung
Berufsständische und rechtliche Aspekte	• Wirtschaftsprüferordnung (WPO) und Berufssatzung, insb. Pflichten zur Aufbewahrung und Verschwiegenheit • Standards und Vorgaben des Instituts der Wirtschaftsprüfer (IDW) • International Standards on Auditing (ISA) • EU-DSGV, Handelsgesetzbuch (HGB), Abgabenordnung (AO) • Branchenregulatorien

Die dargestellten Herausforderungen bzw. Anforderungen an die Cloud-Architektur werden nachfolgend erläutert und bilden die Basis für die Rahmenbedingungen sowie den Aufbau der Cloud-Architektur.

7.4.1 Allgemeine Aspekte

Eine zentrale Herausforderung sind die Akzeptanz der Mandanten und die damit verbundenen Reputationsrisiken, die eine vorherige Aufarbeitung und Abstimmung voraussetzen. Durch die Umstellung auf eine Cloud müssen zudem bestehende Programme und IT-Strukturen angepasst sowie Mitarbeiter entsprechend informationstechnisch geschult werden. Darüber hinaus müssen zusätzliche Mitarbeiter mit entsprechendem Know-How akquiriert werden (Rega und Teipel 2016).

7.4.2 Datensicherheit

Bei der Wahrung der Datensicherheit lassen sich die verschiedenen Herausforderungen hinsichtlich der drei Schutzziele der Informationssicherheit Verfügbarkeit, Integrität und Vertraulichkeit unterteilen (Adelmeyer et al. 2017).

Verfügbarkeit
Unabhängig von einer unternehmensinternen oder -externen Cloud-Architektur müssen der Zugriff und die Übermittlung von Daten für autorisierte Personen zu jedem Zeitpunkt gewährleistet sein, was bspw. eine stabile Internetanbindung erfordert (Zissis und Lekkas 2012). Daher müssen entsprechende technische und organisatorische Maßnahmen wie z. B. eine unterbrechungsfreie Stromversorgung (USV) oder regelmäßige Backups umgesetzt (Private Cloud) oder deren Funktionsfähigkeit beim Betreiber sichergestellt werden (Public Cloud).

Integrität
Die Verhinderung unautorisierter Modifikationen von Daten, Software und Hardware stellt aufgrund der Vielzahl von Nutzern und Zugangspunkten besonders in Public Clouds eine große Herausforderung dar. Es muss sichergestellt werden, dass nur berechtigte Personen Zugriff auf Daten und Systeme besitzen. Dabei müssen nicht nur externe, sondern vielmehr auch interne Aspekte und Bedrohungen einbezogen werden (Zissis und Lekkas 2012) und bestehende Authentifikationsmechanismen umgesetzt bzw. integriert werden. Im Kontext der Wirtschaftsprüfung ist vor allem die Integrität von Mandantendaten mit Hinblick auf die Richtigkeit der Ergebnisse der Datenanalysen essenziell.

Vertraulichkeit
Bei einer Public Cloud muss sichergestellt sein, dass bestehende Sicherheitsmaßnahmen nicht negativ beeinflusst werden. Bei der betrachteten Gesellschaft bedingt dies u. a., dass die vorliegende ISO 27001 Zertifizierung, welche Anforderungen an ein Informationssicherheitsmanagementsystem spezifiziert, beibehalten werden muss. Eine interne Umsetzung der Cloud sollte sich daher an vorliegenden Standards und Anforderungskatalogen wie dem des Bundesamts für Sicherheit in der Informationstechnik orientieren (BSI 2017). Durch die Mehrmandantenfähigkeit („multitenancy"), die verteilte Speicherung von Daten und die dynamische Ressourcenallokation in Clouds entstehen Schwierigkeiten bei der Umsetzung sogenannter „Chinese Walls". Diese bedingen, dass die Daten der verschiedenen Mandanten im System separat voneinander gespeichert werden und die Trennung von Unternehmens- und Funktionsbereichen der Gesellschaft innerhalb der Cloud gewahrt wird. Zudem müssen die im Unternehmen bestehenden Schutzklassen und die damit verbundenen unterschiedlichen Sicherheitsanforderungen an die jeweiligen Daten umgesetzt und bestehende Mechanismen zur Verschlüsselung berücksichtigt werden. Dies kann u. a. durch eine Integration in das bestehende VPN geschehen, um eine sichere Nutzung außerhalb der Niederlassungen zu ermöglichen (Wood et al. 2009).

7.4.3 Datenschutz

Bei der Verarbeitung personenbezogener Daten müssen ab dem 25. Mai 2018 die nach § 32 Abs. 1 der EU-DSGV vorgeschriebenen technischen und organisatorischen Maßnahmen zur Einhaltung der Anforderungen an den Datenschutz durch die Prüfungsgesellschaft sichergestellt werden. Bei der länderübergreifenden Speicherung und Verarbeitung von Daten in einer Cloud müssen ferner nationale Vorgaben zum Datenschutz berücksichtigt werden. Zudem existieren Besonderheiten bei der Speicherung und Verarbeitung gewisser Daten, wie bspw. medizinischer Daten, welche laut den Experten „insbesondere bei Public Clouds aufgrund der externen Speicherung schwieriger zu berücksichtigen sind". Die EU-DSGV gestattet grundsätzlich die Übertragung personenbezogener Daten in andere Mitgliedstaaten der Europäischen Union, vorbehaltlich der Einhaltung der vorgeschrieben technischen und organisatorischen Maßnahmen. Dies ist bei Public Clouds zwingend sicherzustellen, bspw. durch entsprechende Audits oder vertragliche Zusicherungen. Eine Übermittlung in Drittstaaten außerhalb der EU ist nur unter bestimmten Voraussetzungen möglich (§ 44 EU-DSGV) (bspw. Sicherstellung eines angemessenen Datenschutzniveaus, Verwendung von Standardvertragsklauseln und Binding Corporate Rules), weshalb sich die Speicherung der Daten und somit die Cloud-Architektur zunächst auf Europa konzentriert.

7.4.4 Berufsständische und rechtliche Aspekte

Zu berücksichtigende allgemeine Standards sind vor allem berufsrechtliche Vorschriften für Wirtschaftsprüfer. Hierunter fallen u. a. die Standards des IDW (s. insb. IDW PS 200, 330 oder RS FAIT 5), die ISA und die WPO. Bezogen auf die WPO ist die Wahrung der Berufspflichten durch eine solche Lösung essenziell, in erster Linie die der Verschwiegenheit gem. § 43 WPO, welche nicht nur extern, sondern auch intern zwischen Abteilungen und Prüfmandaten gewahrt werden muss. Dieser Grundsatz zieht einen besonderen Anspruch an die Absicherung des Systems und der Mandantendaten nach sich und bedingt eine umfassende Kontrolle über die Daten, vor allem über Speicherort und getroffene Sicherheitsvorkehrungen. Weiterhin muss sichergestellt sein, dass die Daten in einer angemessenen Zeitspanne nach Beendigung des Mandats wieder aus dem System gelöscht bzw. entsprechend archiviert werden (Aufbewahrungspflicht des Wirtschaftsprüfers).

Weitere gesetzliche Vorschriften, aus denen sich Anforderungen an die Speicherung und Verarbeitung von rechnungslegungsrelevanten Daten ergeben, sind bspw. die zuvor genannte EU-DSGV, die AO oder das HGB. Zudem müssen branchen- und länderspezifische Regulatorien, wie z. B. für Banken, Gesundheitswesen oder Telekommunikation in die Betrachtung einbezogen werden. Regulatorische Unterschiede (z. B. Bankgeheimnis der Schweiz) können eine globale Nutzung von Tools oder Teilstrukturen verhindern, was ein zentrales Hemmnis für eine internationale Cloud darstellt. Eine zentrale Umsetzung ist somit primär zwischen Ländern mit ähnlichen rechtlichen Bestimmungen denkbar.

7.5   Rahmenbedingungen einer Cloud-Architektur

Bei der Umsetzung von Datenanalysen in einer Cloud-Umgebung müssen diverse
Rahmenbedingungen betrachtet werden. Diese betreffen unter anderem die zu wäh-
lenden Bereitstellungs- und Servicemodelle als auch unternehmensorganisatorische
Aspekte.

7.5.1   Bereitstellungsmodelle

Bei einer *Public Cloud* sind die Kontrolle und Steuerung der Infrastruktur, Applikationen sowie die Verfügungshoheit über die Daten nahezu vollständig zum Betreiber der Cloud delegiert. Je nach Ausgestaltung der Verträge und der nachprüfbaren
Sicherheitsmaßnahmen eines externen Dienstleisters sind Datentransfer und Datenanalyse in einer Public Cloud nach Meinung der Experten theoretisch möglich. Aufgrund des hohen Umfangs an Zusicherungen und des hohen Grads an Vertrauen in
den Dienstleister, der generellen sicherheitskritischen Haltung sowie ggf. pauscha-
ler Vorbehalte von Mandanten, speziell in Branchen wie dem Finanz- und Gesundheitswesen, gestaltet sich eine Umsetzung mit einem Drittanbieter als kritisch (vgl.
Lampe et al. 2012).

Der Einsatz einer *Hybrid Cloud* wird aufgrund der aufgeführten Punkte ebenfalls
als problematisch angesehen. Es existieren zwar Cloud-Lösungen, bspw. auf Basis
der sogenannten „Sealed Cloud"-Technologie, welche die Wahrung berufsständi-
scher Verschwiegenheitsgebote bei einer Auslagerung ermöglichen und für abge-
grenzte Teilbereiche wie Datenräume oder Projektkollaboration eingesetzt werden
können. Ein Einsatz für Datenanalysen ist jedoch aufgrund der aufgeführten Faktoren und der damit verbundenen Reputationsrisiken nach Meinung der Befragten nur
eingeschränkt möglich.

In einer *Private Cloud*, in der die Infrastruktur von der nutzenden Organisation
verwaltet wird, verbleiben Kontrolle sowie Datenhoheit hingegen innerhalb der
Organisation (Adelmeyer et al. 2017), da die Daten der Mandanten den Sicherheits-
bereich der Prüfungsgesellschaft nicht verlassen. Dies ist aufgrund des Risikos bei
der Übertragung und Verwaltung der Daten bei einer Drittpartei zwingend notwendig. Infolge der mangelnden Gewährleistung von Transparenz durch Drittanbieter,
der Vertraulichkeit der Daten in Verbindung mit der Verschwiegenheitspflicht der
Wirtschaftsprüfer ist nach Auffassung der Experten daher zunächst nur eine unternehmensinterne Private Cloud für Datenanalysen umsetzbar. Im Vergleich zu einer
Public Cloud hat dies jedoch geringere erzielbare Synergieeffekte, z. B. bei Personal und Hardware, zur Folge. Diese müssen folglich innerhalb des Unternehmens
realisiert werden, bspw. zwischen Abteilungen oder Ländergesellschaften.

Die Umsetzung einer *Community Cloud* innerhalb des internationalen Unter-
nehmensnetzwerkes über Ländergrenzen hinweg ist aufgrund der unterschiedlichen rechtlichen Vorgaben an Datensicherheit und Datenschutz zunächst nur für
Teilbereiche denkbar und kann schrittweise auf Basis der initialen Private Cloud
erfolgen.

7.5.2 Servicemodelle und Anwendungen

Abb. 7.1 beschreibt die Ausgangssituation der Verwendung von Datenanalysetechniken und -tools im Prüfungsprozess. Dabei handelt es sich größtenteils um proprietäre Eigenentwicklungen, bspw. auf Basis diverser Standardsoftware wie Microsoft SQL Server oder SAP BW. Zudem kommen auch Standardanwendungen wie z. B. ACL zum Journal Entry Testing (JET, Prüfung von Journalbuchungen) zum Einsatz.

Bei dem Transfer der im Unternehmen eingesetzten Datenanalysen in eine Cloud-Architektur existieren nach Einschätzung der Befragten „keine signifikanten technischen Restriktionen". Die konkrete Umsetzung ist jedoch unter anderem von der Standardisierung und vom Einsatzzweck der jeweiligen Datenanalysetechniken und -methoden abhängig, möglich ist eine Umsetzung jedoch auf allen Ebenen der Servicebereitstellung (vgl. Talia 2013; Liu et al. 2011).

Infrastructure as a Service (IaaS)
Als IaaS ist vor allem die Bereitstellung von virtualisierten Ressourcen für Entwickler von Relevanz (Talia 2013). Die gebündelten Kapazitäten verschiedener Unternehmensbereiche können ebenfalls dazu genutzt werden Datenanalysen zu beschleunigen und saisonale Lastspitzen auszugleichen. Die reine Auslagerung und Speicherung von Daten auf Servern von Drittanbietern würde jedoch angesichts der Sensibilität der Daten nach Expertenmeinung umfassende Vorkehrungen bedingen.

Platform as a Service (PaaS)
Ziel auf Basis der Erhebungen ist eine Integration eines Teils der in Abb. 7.1 dargestellten Datenanalysetechniken und -methoden in eine Serviceplattform. Anstelle der bisherigen clientseitigen Durchführung von Datenanalysen können Aufgaben des Clients in die Cloud transferiert werden. Aufbauend auf einer Cloud-Plattform sollen vorkonfigurierte Prüfungsumgebungen über das VPN bereitgestellt werden, die dann innerhalb der Prüfung Verwendung finden. Die Umgebungen sind hinsichtlich der

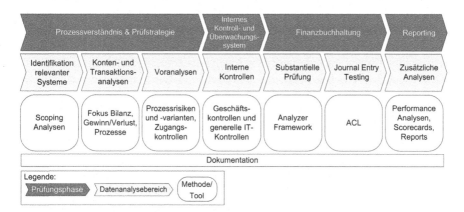

Abb. 7.1 Bei der betrachteten Gesellschaft im Prüfungsprozess eingesetzte Datenanalysen

durchzuführenden Datenanalysen bereits mit den benötigten Komponenten und der Analyseinfrastruktur mitsamt der zugrunde liegenden Standardsoftware ausgestattet. Dies hat den Vorteil, dass die Verwaltung und die Konfiguration seitens des Prüfers entfallen und somit der Prozess effizienter gestaltet werden kann. Ein weiterer Vorteil ist die Flexibilität und Erweiterbarkeit der Plattform, die somit Möglichkeiten zur Entwicklung und Integration neuer Prüfungsansätze bietet.

Software as a Service (SaaS)
Die Bereitstellung von Software über eine Cloud konzentriert sich im Bereich der Datenanalysen in der Gesellschaft auf Standardauswertungen, die nach einem festgelegten Schema durchgeführt werden und daher keine Kontrolle des Prüfers über die zugrunde liegende Plattform und Infrastruktur benötigen. Ein Beispiel für eine solche standardisierte Analyse ist das JET, das als Software über das Netz implementiert und bereitgestellt werden kann. Dies bedingt jedoch eine vorherige Anpassung bestehender Software. Über eine SaaS-Umgebung können ebenfalls die Ergebnisse und Reports der Analysen dem Fachprüfer aber gegebenenfalls auch Mandanten über ein Web-Interface zugänglich gemacht werden. Zudem können über vorkonfigurierte Datenräume Daten mit Mandanten und Fachabteilungen ausgetauscht werden (Rega und Teipel 2016).

7.5.3 Unternehmensorganisatorische Umsetzung

Der nationale Betrieb einer Private Cloud-Architektur kann nach Einschätzung der Experten ohne signifikante aufbauorganisatorische Veränderungen in bestehende Strukturen integriert werden. Entwicklung, Wartung und der fachliche Betrieb der Applikationen fallen dabei weiterhin in die Verantwortung der operativen Bereiche, wohingegen ein interner Dienstleister als Bereitsteller und Betreiber der IT bzw. Cloud-Infrastruktur fungiert.

Eine spätere internationale Umsetzung einer Cloud-Architektur zwischen Ländergesellschaften ist technisch sowie organisatorisch anspruchsvoll. Zum einen existiert auf der Ebene der Dachgesellschaften (bspw. Europa) kaum IT-Infrastruktur oder Verwaltung, da diese i. d. R. keine operativen Tätigkeiten ausüben. Aufgrund der eher uneinheitlichen IT-Infrastrukturen und teilweise divergierenden fachlichen und regulatorischen Anforderungen zwischen Ländergesellschaften muss der Fokus zunächst auf solche mit möglichst homogener IT-Landschaft und Regulatorien gelegt werden. Bei einer dezentralen Umsetzung einer Cloud können landesspezifische Anforderungen gezielter berücksichtigt werden. Eine zentrale Umsetzung hingegen hat den Vorteil einer Homogenisierung und leichteren Überwachung der IT-Infrastruktur.

Auf Ebene der Servicemodelle muss die fachliche und technische Koordination je nach Ausgestaltung der Cloud unterschiedlich aufgebaut werden. Bei der Nutzung von IaaS oder PaaS ist der Abstimmungs- und Koordinationsaufwand zwischen den fachlichen und technischen Verantwortungsbereichen geringer als bei

SaaS, bei der sich die fachlichen und technischen Anforderungen zur Entwicklung und zum Betrieb stärker überschneiden.

7.6 Aufbau der Cloud-Architektur

Auf Basis der zuvor erhobenen Anforderungen und Rahmenbedingungen wird von einer Private Cloud ausgegangen, die zunächst von einer Ländergesellschaft betrieben wird. Als Grundlage der Architektur dient das Cloud-Framework des National Institute of Standards and Technology (NIST) (Liu et al. 2011).

Wie in Abb. 7.2 dargestellt fungiert die IT-Abteilung als interner Bereitsteller und Betreiber der Architektur. Die Services werden innerhalb der verschiedenen Cloud-Servicemodelle von unterschiedlichen Fachbereichen der Gesellschaft genutzt. Zudem kann ein Zugriff für Mandanten auf bestimmte abgetrennte Services wie Datenräume umgesetzt werden. Die entsprechenden Maßnahmen zur Wahrung des Datenschutzes, der Datensicherheit auf Basis der vorliegenden ISO 27001 Zertifizierung sowie der berufsständischen Vorgaben (insb. Verschwiegenheit und Aufbewahrungspflicht) müssen auf allen Ebenen der Architektur umgesetzt

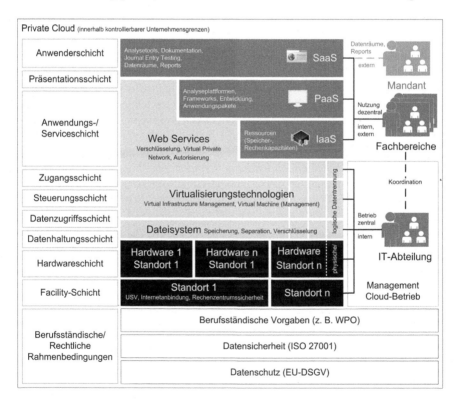

Abb. 7.2 Aufbau der Cloud-Architektur

werden. Die Architektur besteht aus drei Ebenen, die sich wiederum unterschiedlichen Schichten bzw. Funktionen zuordnen lassen.

7.6.1 Physische Ressourcen

Die physischen Ressourcen (schwarz) beinhalten Rechen-, Netzwerk- und Speicherkapazitäten (Hardware) einer oder mehrerer Ländergesellschaften bzw. Standorte sowie die gebäudetechnischen Bestandteile (USV, Strom, Internetanbindung) (Liu et al. 2011). Bereits auf dieser Ebene ist die Wahrung der Schutzziele durch entsprechende technische Maßnahmen essenziell. Die Umsetzung einer physischen Trennung bestimmter Daten auf dieser Ebene ist ebenfalls möglich, die einem Experten zufolge bspw. „durch verschiedene Serverbereiche oder Datenallokationssysteme realisiert werden kann".

7.6.2 Cloud-Technologien

Die Cloud-Technologien (grau) beschreiben die Kontrolle und die Abstraktion von der Hardware und bestehen im Wesentlichen aus drei Bereichen: dem Dateisystem, den Virtualisierungstechnologien und den Web Services. Durch eine verteilte Speicherung wird die logische bzw. physische Trennung der Daten im System und somit die konsequente Umsetzung der getrennten Datenhaltung erschwert. Daher muss der Zugriff auf Daten und die Einhaltung der verschiedenen Sicherheitskategorien durch ein entsprechendes Dateisystem und Verschlüsselungen umgesetzt werden. Virtualisierungstechnologien bündeln, steuern und abstrahieren die physische Infrastruktur. So können mehrere virtuelle und individuell konfigurierte Instanzen auf derselben physischen Instanz parallel betrieben und somit eine logische Trennung von Daten und Systemen erreicht werden (Erl et al. 2013). Auf dieser Ebene werden, je nach Ausgestaltung des Servicemodells, die Komponenten für die Datenanalysen installiert. Nach der Nutzung können diese Instanzen mitsamt den Daten abgewickelt bzw. archiviert werden. Die Cloud-Services müssen über Webtechnologien erreichbar sein, bspw. über das Internet oder via VPN über das unternehmensinterne Intranet (Wood et al. 2009). Die Umsetzung und Ausprägung der Web Services variiert dabei je nach Servicemodell, ebenso wie die Umsetzung der logischen Trennung von Daten und Systemen zur Beibehaltung der „Chinese Walls". Ferner ist im Rahmen der Zugangsschicht die Umsetzung entsprechender Authentisierungs- und Identitätsmanagementmaßnahmen notwendig.

7.6.3 Cloud-Services

Die Cloud-Services (dunkelgrau) stellen die zuvor beschriebenen Datenanalysen und Einsatzmöglichkeiten in den Servicemodellen dar. Auf allen Ebenen der Servicemodelle müssen Werkzeuge oder Methoden an eine Cloud-Architektur angepasst oder neu entwickelt werden. Jeder Service ist dabei unterschiedlichen Ebenen im Schichtenmodell zuzuordnen. Neue Prüfungsmethoden (bspw. Process/Text Mining, Künstliche Intelligenz, Predictive Analytics) können je nach Anwendungsfall auf dieser Ebene integriert werden.

7.7   Fazit und Ausblick

Die Digitalisierung verbunden mit der immer umfassenderen Generierung und Speicherung von Daten stellt Unternehmen sowie deren Wirtschaftsprüfer zukünftig vor Herausforderungen, bietet jedoch ebenfalls Chancen. Dies setzt Investitionen voraus, bspw. in die Entwicklung neuer oder der Anpassung bestehender Lösungen und IT-Architekturen. Der Einsatz von Cloud Computing besitzt das Potenzial, die Datenanalysen in der Wirtschaftsprüfung effizienter zu gestalten und den Weg für neue Prüfungsmöglichkeiten zu ebnen. Bei einer praktischen Umsetzung müssen jedoch viele Faktoren berücksichtigt werden, insbesondere technischer und rechtlicher Natur. Aufgrund der Sensibilität der Daten in der Wirtschaftsprüfung kann eine Cloud nach Auffassung der befragten Experten zunächst nur als unternehmensinterne Private Cloud betrieben werden. Ein Einbezug weiterer Ländergesellschaften in die Cloud ist möglich, jedoch müssen die Vorgaben hinsichtlich des Datenschutzes, wie bspw. durch die EU-Datenschutz-Grundverordnung, berücksichtigt werden. Weiterhin müssen anwendungsbereichsspezifische Probleme behoben werden, bspw. die Gewinnung von Akzeptanz der Lösung seitens der Mandanten oder die Verwendung eines Dateisystems, das den Sicherheitsanforderungen der Wirtschaftsprüfung gerecht wird.

7.8   Danksagung

Die Autoren danken den Experten und insbesondere Herrn Steffen Leffler, der über den Forschungsprozess hinweg wertvolle Erkenntnisse, Hilfe und substanzielles Feedback geliefert hat sowie den weiteren Mitgliedern des Forschungsprojektes Herrn Adrian Fietz und Herrn Tim Hoffmann.

Literatur

Adelmeyer M, Walterbusch M, Lang J, Teuteberg F (2017) Datenschutz und Datensicherheit im Cloud Computing. Die Wirtschaftsprüfung (WPg) 1:35–42
Armbrust M, Fox A, Griffith R et al (2010) A view of cloud computing. Commun ACM 53:50–58
BSI (2017) Anforderungskatalog Cloud Computing (C5) - Kriterien zur Beurteilung der Informationssicherheit von Cloud-Diensten. Bundesamt für Sicherheit in der Informationstechnik, Bonn. https://www.bsi.bund.de/SharedDocs/Downloads/DE/BSI/Publikationen/Broschueren/Anforderungskatalog-Cloud_Computing-C5.pdf
Erl T, Puttini R, Mahmood Z (2013) Cloud computing: concepts, technology & architecture. Prentice Hall, Upper Saddle River

Goldshteyn M, Gabriel A, Thelen S (2013) Massendatenanalysen in der Jahresabschlussprüfung. IDW Verlag, Düsseldorf

Lampe U, Wenge O, Müller A et al (2012) Cloud computing in the financial industry – a road paved with security pitfalls? In: AMCIS 2012 proceedings, Seattle

Liu F, Tong J, Mao J et al (2011) NIST cloud computing reference architecture. U.S. Department of Commerce, National Institute of Standards and Technology, Gaithersburg

Rega I, Teipel G (2016) Digitalisierung in der Wirtschaft und im Berufsstand. Die Wirtschaftsprüfung 68:39–45

Talia D (2013) Clouds for scalable big data analytics. IEEE Comput Sci 46:98–101

Töller E-R, Herde G (2012) Einsatz von Analysesoftware in der Prüfung – Kann meine Prüfungssoftware richtig addieren? Unerwartete Probleme bei Plausibilitätskontrollen. Die Wirtschaftsprüfung 65:598–605

Wood T, Gerber A, Ramakrishnan KK et al (2009) The case for enterprise-ready virtual private clouds. In: Usenix HotCloud, San Diego

Zissis D, Lekkas D (2012) Addressing cloud computing security issues. Futur Gener Comput Syst 28:583–592

Reiseblogging in der Cloud: Architektur, Funktionen und mobile App

8

Thomas Barton und Marco Graf

Zusammenfassung

Bei diesem Beitrag steht eine Anwendung im Mittelpunkt, die es Reisenden erlaubt, ein Online-Reisetagebuch in Form eines Reiseblogs zu veröffentlichen und dieses Reisetagebuch mit Nutzern einer Community zu teilen. Basis ist ein Cloud-basierter Dienst, der über ein REST API die Veröffentlichung und Administration eines Online-Reisetagebuches über verschiedene Service Consumer erlaubt. Auf diese Weise können Reisende über eine Website oder über eine App wahlweise mit ihrem Notebook, ihrem Smartphone oder ihrem Tablet Computer Reiseberichte erstellen und mit Freunden oder Bekannten teilen. Neben der Architektur und den Funktionen der Anwendung wird die zugehörige Reiseblogging App beschrieben, die als hybride App für Android und iOS entwickelt wurde.

Schlüsselwörter

SaaS · Software as a Service · Mobile App · Reiseblog · REST API · Hybride Entwicklung

Überarbeiteter Beitrag basierend auf Barton & Graf (2016) Architektur, Funktionen und User Interface einer Cloud-basierten Anwendung für Reiseblogging, HMD – Praxis der Wirtschaftsinformatik Heft 311, 53(5):712–720.

T. Barton (✉)
Hochschule Worms, Worms, Deutschland
E-Mail: barton@hs-worms.de

M. Graf
Traveloca UG, Worms, Deutschland
E-Mail: m.graf@traveloca.com

8.1   Nutzung von Cloud Services für „Smart Tourism"

Reisende nutzen mobiles Internet und mobile Endgeräte nicht nur, um während der Reise Informationen abzurufen, sondern um Information zu erzeugen und zu verarbeiten. Dieser Trend wird unter dem Begriff „Smart Tourism" subsumiert (Gretzel et al. 2015). Für Reisende stellt User Generated Content (UGC) eine sehr gute Informationsquelle dar, basiert dieser doch auf frei geäußerten Meinungen, wie sie insbesondere in Reiseblogs zu finden sind (Marine-Roig und Clave 2015). In einem Reiseblog werden Reiseerlebnisse mit Texten, Fotos und Videos angereichert und können während der Reise mithilfe eines Smartphones oder Tablets veröffentlicht werden. Die auf diese Weise fest gehaltenen Erlebnisse werden mit Nutzern einer Community geteilt. Um eine solche Anwendung zu erstellen, bietet sich eine Cloud-basierte Lösung an, die Reisenden über mobile Endgeräte flexibel und einfach bereit gestellt wird. Für Web und Cloud Services ist REST (*RE*presentational *S*tate *T*ransfer) eine Schlüsseltechnik, um Einfachheit, Skalierbarkeit und Teilbarkeit sicherzustellen (Lampesberger 2015). REST ist ein Architekturstil, der auf Roy Fielding (2000) zurückgeht. Ein REST Service kann unter Verwendung dreier Merkmale beschrieben werden (Erl et al. 2013): Ein Merkmal ist die Ressource, die in der Regel über eine URL identifiziert wird. Das zweite Merkmal stellt die Repräsentation der Ressource dar, d. h. der Datentyp, der zum Austausch von Informationen verwendet wird. Das dritte Merkmal ist die Operation, die auszuführen ist. So wird beispielsweise GET eingesetzt, um Informationen abzufragen. Cloud Services lassen sich in Ebenen einteilen. Eine Unterteilung in drei Ebenen wird u. a. vom National Institute of Standards and Technology vorgeschlagen (NIST 2013). Auf diesen drei Ebenen stehen in einer Cloud

- Infrastruktur-Services auf der „Infrastructure as a Service" (IaaS) Ebene,
- Entwicklungsumgebungs-Services auf der „Platform as a Service" (PaaS) Ebene und
- Anwendungs-Services auf der „Software as a Service" (SaaS) Ebene

zur Verfügung. Der externe Zugriff auf Cloud Services erfolgt häufig unter der Nutzung von RESTful APIs (Barton 2014). Statt RESTful API findet auch die Bezeichnung REST API Verwendung.

8.2   Architektur und mobile App

Die Architektur der Anwendung für Reiseblogging, die als Software as a Service verfügbar ist, ist in Abb. 8.1 schematisch dargestellt. Zentraler Bestandteil ist die Applikationslogik als Basis der Anwendung. Die Nutzung der Anwendung erfolgt stets über ein REST API, wobei die Anwendung in ihrem vollen Umfang über das REST API zur Verfügung steht. Dabei nutzt das API für den Datenaustauch ein JSON-Format. Alle Service Consumer, wie das Web User Interfache oder mobile Apps, greifen über das REST API auf die Anwendung zu. Auch eine Interaktion mit anderen Anwendungen (in der Abbildung als Third-Party Application bezeichnet) ist über dieses REST API möglich. Auf diese Weise lässt sich die Anwendung für Reiseblogging als SaaS-Anwendung nutzen.

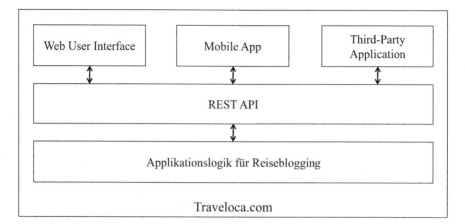

Abb. 8.1 Architektur der Reiseblog-Anwendung (Traveloca 2017)

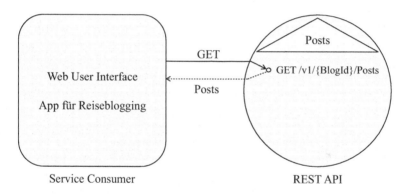

Abb. 8.2 Nutzung eines REST APIs zum Abrufen von Beiträgen eines Blogs mit der Identifikationsnummer {BloGId}

Ein REST Service, der von außerhalb der Systemumgebung aufgerufen, wird als REST API bezeichnet.

Abb. 8.2 zeigt das REST API, das zum Abruf von Beiträgen eines Blogs verwendet wird. Ein Blog ist über die Identifikationsnummer {BlogId} eindeutig gekennzeichnet. Über die GET-Methode können unter /v1/{BloGId}/Posts alle Beiträge zu Blogs mit der Identifikationsnummer {BloGId} abgerufen werden, wobei „v1" für die Version des API steht.

Die Anforderungen an eine mobile App umfassen heute nicht nur die Unterstützung verschiedener Plattformen (Android, iOS, Windows etc.), sondern auch verschiedener Gerätetypen wie Smartphone und Tablet Computer in einer Vielzahl von unterschiedlichen Größen. Um den Aufwand für Entwicklung und Wartung möglichst gering zu halten, wird eine hybride App entwickelt, welche die Nutzung bekannter Web-Technologien wie HTML, CSS und JavaScript innerhalb einer nativen App erlaubt.

Abb. 8.3 Schematische
Darstellung einer hybriden App

Das Prinzip einer hybriden mobilen App basiert auf der Integration von Web-Technologien in die native Applikation und ist schematisch in Abb. 8.3 dargestellt. Die Integration der Web-Technologien erfolgt mit der Hilfe von sogenannten Wrappern, die auch als Web Views bezeichnet werden. Die Bezeichnung Web View verweist darauf, dass eine hybride App im Browser des mobilen Endgerätes abläuft. Dabei wird das Fenster des Browsers in einer Vollansicht in vereinfachter Form (ohne Kopfzeilen, Menus etc.) dargestellt. Die zu entwickelnde App besteht also zu einem Teil aus einer webbasierten Applikation mit Technologien wie HTML5, CSS3 and JavaScript und zum anderen Teil aus Code-Elementen, wie sie für die jeweilige Plattform gängig sind (z. B. Java oder Swift). Die webbasierte Anwendung wird also mit Hilfe eines Wrappers in einer nativen App lokal geladen und dargestellt. Auf diese Weise braucht nur wenig nativer Code entwickelt werden. Damit die App über Web-Technologien mit Betriebssystemfunktionen des mobilen Endgerätes kommunizieren kann, wird ein hybrides Framework eingesetzt. Der Zugriff auf plattformspezifische Funktionen des mobilen Endgerätes – als Beispiel sei hier nur die Kamerafunktion erwähnt – erfolgt also über ein hybrides Framework. Als hybrides Framework wird Apache Cordova eingesetzt (Camden 2016). Um die hybride App wie eine native Anwendung wirken zu lassen, gilt es, die Design Guidelines für die jeweiligen Plattformen einzuhalten. Im Falle des Betriebssystems iOS ist ein Flat Design gemäß den Human Interface Guidelines (iOS) umzusetzen (Apple 2017). Hierbei wird ein Ansatz verfolgt, der mit wenigen Farben auskommt und wenig oder gar keinen Schatten verwendet. Bei Material Design (Android) werden im Gegensatz dazu Farben und Schatten eingesetzt, wobei eine Unterteilung in Ebenen erfolgt (Google 2017). Die Unterteilung in verschiedene Ebenen ermöglicht es, im Gegensatz zum herkömmlichen Flat design, bestimmte Elemente vom Inhalt abzuheben. So liegen Steuerungselemente beispielsweise eine Ebene über dem Inhalt, Menüs wiederum eine Ebene über den Steuerelementen. Die einzelnen Ebenen werden durch

Schatten deutlich gemacht. Somit kann der Benutzer jederzeit erkennen, welche Elemente der Anwendung zum Inhalt der aktuellen Ansicht gehören und welche Elemente Teil des grundlegenden Designs darstellen. Die Einhaltung der verschiedenen Design Guidelines ermöglichen es dem Nutzer, sich aufgrund der bekannten UI-Elemente und dem strukturellen Aufbau schnell innerhalb der Anwendung zurecht zu finden. Für Entwickler hybrider Anwendungen stellt sich damit die Frage nach einer plattformspezifischen Lösung eines User Interfaces, ohne den Aufwand für die Programmierung maßgeblich zu erhöhen. Einige webbasierte Frameworks halten hierfür Lösungen bereit, indem sie bestimmte HTML-Strukturen beziehungsweise Elemente auf verschiedene Plattformen angepasst anbieten. Der Entwickler kann meist durch eine einfache JavaScript Anweisung das entsprechende Design laden. Sinnvoll ist auch der Einsatz plattformspezifischer CSS-Dateien. Hierbei werden eine Basis CSS Datei sowie mehrere plattformspezifische CSS Dateien angewendet. Die Basis CSS-Datei enthält die grundlegenden Stile, welche durch spezifische CSS-Dateien an die jeweiligen Design Guidelines angepasst werden. Dies hat den Vorteil, dass nur bestimmte HTML-Elemente anzupassen sind, ein Großteil des User Interfaces der mobilen Anwendung jedoch bestehen bleibt. Mithilfe einer JavaScript Funktion kann beim Starten der Anwendung, je nach Gerät, die passende CSS-Datei nachgeladen werden. Somit kann durch einen geringen Mehraufwand das User Interface auf jede beliebige Plattform angepasst werden.

8.3 Funktionen

Bei einer Anwendung für Reiseblogging lassen sich zwei Benutzergruppen unterscheiden. Ein Akteur mit der Rolle Follower liest und folgt Reiseblogs, die nicht aus seiner Feder stammen. Neben Funktionen, um sich als Follower zu registrieren und an- bzw. abzumelden, führt ein Follower verschiedene Aktivitäten aus, wie in Abb. 8.4 in Form eines Anwendungsfalldiagramms dargestellt.

Er sucht Reiseberichte beispielsweise über eine bestimmte Region und lässt sie sich in Form einer Übersicht anzeigen. Erscheinen erste Informationen zu einem Reisebericht interessant, kann der Follower den ganzen Reisebericht mit den zugehörigen Texten, Bildern und evtl. vorhandenen Videos lesen und sich sogar geografische Informationen dazu auf einer Karte anschauen. Möglicherweise gibt der Follower einen Kommentar ab. Wenn der Reisebericht ihm besonders gefällt, hebt der Follower ihn vielleicht als besonders gelungen hervor. Eventuell folgt er dem Reiseblog, der diesen Reisebericht enthält. Hat ein Follower sich dazu entschieden, einem Reiseblog zu folgen, kann er direkt über den Reiseblog mit der Lektüre der darin enthaltenden Beiträge beginnen.

Ein Akteur, der als Blogger bezeichnet wird, ist der Verfasser von einem oder mehreren Reiseblogs und erstellt Reiseberichte. Die zu diesem Zweck durchzuführenden Aktivitäten sind in Abb. 8.5 aufgezeigt. Der Blogger legt einen Reiseblog zu einer Reise an und beschreibt seine Reiseerlebnisse auf den verschiedenen Etappen

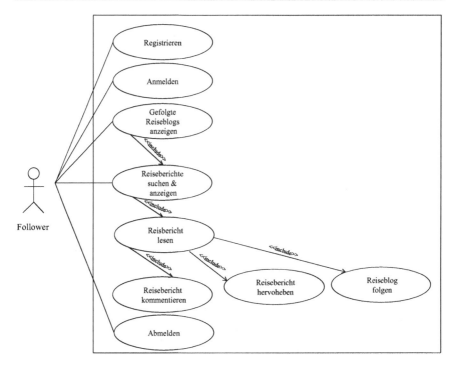

Abb. 8.4 Anwendungsfalldiagramm für die Rolle Follower

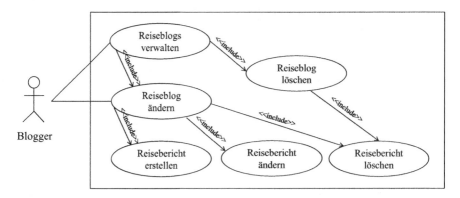

Abb. 8.5 Anwendungsfalldiagramm für die Rolle Blogger

seiner Reise. Dazu verfasst er Texte und reichert diese mit Bildern oder vielleicht auch mit Videos von seiner Reise an. Auch geografische Daten in Form von GPS-Daten kann der Blogger in seine Reiseberichte aufnehmen. Die von ihm erfassten Blogs kann er natürlich selbst verwalten und auswerten. So lässt sich beispielsweise aus den geografischen Daten die von ihm zurückgelegte Reiseroute ableiten. Auch die dabei zurückgelegten Entfernungen lassen sich ermitteln. Zusätzlich zu diesen Aktivitäten, die er für das Beschreiben seiner Reiseerlebnisse benötigt, kann er die gleichen Aktivitäten ausüben, die ein Follower durchführen kann.

8.4   User Interface der hybriden App

Allgemein ist es vor allem im Umfeld der sogenannten hybriden Anwendungen wichtig, bei der Erstellung des User Interfaces ein besonderes Augenmerk auf das „Native Look & Feel" der Anwendung zu legen. Ein Nutzer ist mit hoher Wahrscheinlichkeit schon mit anderen Apps und den damit verbunden Touch-Gesten sowie dem Aufbau des User Interfaces vertraut. Die hybride App für Reiseblogging lässt sich für verschiedene Gerätetypen und Größen nutzen. Abb. 8.6 veranschaulicht dies, indem das Aussehen der App für Smartphone und Tablet Computer gegenüber gestellt wird. Es fällt auf, dass in der Anwendung auf dem Smartphone das Menü nicht dauerhaft angezeigt wird. Erst bei Interaktion mit dem Nutzer wird das Menu eingeblendet. Im Gegensatz dazu wird auf dem Tablet Computer das Sidebar Menü direkt im sichtbaren Bereich der Anwendung platziert. Dazu wird das Menü (Left View) über einen gesonderten View dargestellt, der mit dem Main View der Anwendung interagiert. Der View wird bei einem Tablet Computer automatisch geladen und in der Main Page eingefügt. Auf diese Weise kann das Menu auf dem Tablet Computer dauerhaft angezeigt werden.

Die Ansichten in Abb. 8.7 veranschaulichen das User Interface der Anwendung am Beispiel eines Smartphones mit Betriebssystem Android.

Abb. 8.7 Ansicht 1 zeigt einen Screenshot mit den neuen Reisebeiträgen zu den Blogs, denen ein Nutzer folgt. Es wird eine Beitragsliste angezeigt, die auch als Newsfeed bezeichnet wird. Nachfolgende Beiträge werden in chronologischer Form nachgeladen. Die kompletten Beiträge können durch einen Klick auf das jeweilige Element angezeigt werden. In Abb. 8.7 Ansicht 2 wird die Navigationslogik verdeutlicht. In der Traveloca App wird das Sidebar Menü in Teilbereiche wie Community spezifische und administrative Funktionen gegliedert. Dies ermöglicht dem Nutzer eine bessere Übersicht über die verschiedenen Ansichten. Bei nativen Anwendungen besteht die Möglichkeit, diese Navigation, wie im Beispiel gezeigt, als Sidebar Menü sowie als Tab basierte Navigation am oberen oder unteren Rand der Anwendung zu implementieren. Anwendungen für iOS bevorzugen die Tabbasierte Navigation am unteren Bildschirmrand, wohingegen Android basierte Anwendungen meist auf eine Tab-Navigation am oberen Bildschirmrand setzen, da der untere Bereich für die nativen Navigationselemente vorgesehen ist. Abhängig von der Navigationsstruktur und dem Umfang der Navigation ist eine passende Variante zu implementieren. Teilweise wird auch ein Mix aus beiden Varianten angewendet. In Abb. 8.7 Ansicht 3 werden Informationen zu einem Blog ausgelesen. Diese Informationen werden als Zusatzinfo zu einem Blog angeboten und können als Popup Element angezeigt werden. Hierbei werden die nativen Form-Elemente von Android verwendet. Auf diese Weise wird bei dem Nutzer der Eindruck erweckt, die App sei eine native Applikation.

Abb. 8.6 Vergleich der Traveloca-App auf Smartphone und Tablet Computer (Betriebssystem iOS, Traveloca Apps 2017)

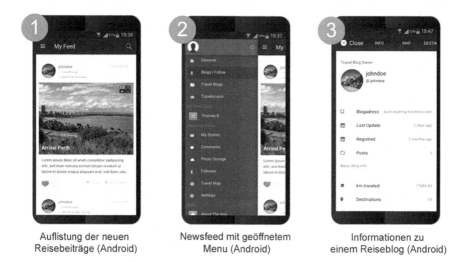

| Auflistung der neuen | Newsfeed mit geöffnetem | Informationen zu |
| Reisebeiträge (Android) | Menu (Android) | einem Reiseblog (Android) |

Abb. 8.7 Darstellung der verschiedenen Ansichten der Traveloca-App am Beispiel von Android

8.5   Fazit

Die Entwicklung einer hybriden, Cloud-basierten Anwendung auf Basis von Web-
technologien bietet verschiedene Vorteile. Ein Vorteil eines solchen Cloud-basierten
Dienstes ist es, jederzeit und überall Zugriff auf die Anwendung und Daten zu erhalten. Um den Dienst in einem solchen Umfang bereitzustellen, bietet es sich an,
möglichst viele Geräte zu unterstützen. Durch die hybride Entwicklung kann der
Aufwand hierfür im Gegensatz zur nativen Entwicklung relativ gering gehalten
werden. Hierbei spielt die Wiederverwendbarkeit des Programmcodes eine wichtige Rolle. Es können unter Umständen HTML-Elemente und CSS-Stile, die beispielsweise bei der webbasierten Anwendung zum Einsatz kommen, auch in der
hybriden Anwendung eingesetzt werden. Der Einsatz hybrider Technologien
ermöglicht es also im Umfeld von Cloud-basierten Diensten, Anwendungen für
zahlreiche Plattformen anzubieten.

Literatur

Apple (2017) OS X Human interface guidelines. https://developer.apple.com/macos/human-inter-
    face-guidelines/overview/themes/. Zugegriffen am 01.09.2017
Barton T (2014) E-Business mit Cloud Computing. Springer Fachmedien, Wiesbaden
Camden R (2016) Apache Cordova in action. Manning Publications Company, Shelter Island
Erl T et al (2013) SOA with REST. Principles, patterns & constraints for building enterprise solu-
    tions with REST. Prentice Hall, Upper Saddle River
Fielding RT (2000) Architectural styles and the design of network-based software architectures.
    PhD Thesis, University of California, Irvine

Google (2017) Material design for Android. https://developer.android.com/design/material/index. html. Zugegriffen am 29.08.2017

Gretzel U et al (2015) Smart tourism. Foundations and developments. Electron Mark 25:179–188

Lampesberger H (2015) Technologies for web and cloud service interaction. A survey. Serv Oriented Comput Appl. https://doi.org/10.1007/s11761-015-0174-1

Marine-Roig E, Clave SA (2015) A method for analysing large-scale UGC data for tourism: application to the case of Catalonia. In: Tussyadiah I, Inversini A (Hrsg) Information and communication technologies in tourism 2015. Springer, Cham, S 3–17

NIST (2013) NIST cloud computing reference architecture. NIST special publication 500-292. http://www.nist.gov/itl/cloud/upload/NIST_SP-500-291_Version-2_2013_June18_FINAL. pdf. Zugegriffen am 05.09.2017

Traveloca (2017). http://www.traveloca.com. Zugegriffen am 01.09.2017

Traveloca Apps (2017) Traveloca – Reiseblog. https://www.traveloca.com/apps.html. Zugegriffen am 04.09.2017

Vom traditionellen Personalmanagement hin zu e-HRM in der Cloud Implementierungsansätze einer digitalen HR-Transformation

9

Robert-Christian Ziebell, Klaus-Peter Schoeneberg, Martin Schultz, José Albors Garrigós und M. Rosario Perello-Marin

Zusammenfassung

Zunehmend digitalisieren und transformieren Unternehmen Human-Resource-Prozesse (HR-Prozesse) in neuartige cloudbasierte Lösungen. Diese Lösungen bieten nicht nur technologische, sondern vor allem fachliche Vorteile, denn Prozesssilos werden aufgebrochen und durch eine gesamtheitlich abgebildete HR-Prozesswelt ersetzt. Dies ermöglicht den Personalabteilungen eine neue Form von Personalarbeit, weg von der Administration hin zu einem proaktiven Human Capital Management. Gleichwohl ergeben sich im Rahmen der Transformationsprojekte neue Herausforderungen, die sich beispielsweise durch die Speicherung von Personaldaten in der Cloud, aber auch durch die eingeschränkten Prozesskonfigurationsmöglichkeiten der Cloud-Lösungen ergeben.

Vollständig überarbeiteter und erweiterter Beitrag basierend auf Ziebell u. a. (2016) HR-Cloud-Transformation – Vorgehen und Erfolgsfaktoren, HMD – Praxis der Wirtschaftsinformatik Heft 312 53(6): 802–814.

R.-C. Ziebell (✉) · J. Albors Garrigós · M. R. Perello-Marin
Universitat Politècnica de València, València, Spanien
E-Mail: ziero@doctor.upv.es; jalbors@omp.upv.es

K.-P. Schoeneberg
Hochschule für Angewandte Wissenschaften Hamburg, Hamburg, Deutschland
E-Mail: klaus-peter.schoeneberg@haw-hamburg.de

M. Schultz
Fachhochschule Wedel, Wedel, Deutschland
E-Mail: msz@fh-wedel.de

© Springer Fachmedien Wiesbaden GmbH, ein Teil von Springer Nature 2018
S. Reinheimer (Hrsg.), *Cloud Computing*, Edition HMD,
https://doi.org/10.1007/978-3-658-20967-4_9

Der Beitrag gibt einen Überblick über die Entwicklung der digitalen HR, sowohl in der Forschung als auch in der praktischen Anwendung. Es werden die Herausforderungen und Chancen diskutiert, die cloudbasierte HR-Lösungen bieten, sowie ein Vorgehensmodell für HR-IT-Projekte zur Transformation in cloudbasierte Umgebungen abgeleitet. Auf Basis von Praxiserfahrungen wird ein exemplarisches HR-Transformationsprojekt geschildert, in dem Erkenntnisse aus den Bereichen Organisation, Fachlichkeit und IT dargelegt, Entscheidungen und kritischen Erfolgsfaktoren aufgezeigt und die Besonderheiten im Kontext cloudbasierter HR-Lösungen herausgearbeitet werden. Der Beitrag schließt mit einem Ausblick auf die Entwicklung des Cloud Computings im Kontext von HR und stellt die sich daraus potenziell ergebenen Forschungsfeldern dar.

Schlüsselwörter

HR-Cloud · HRIS · e-HRM · Human Resource Information System · Projektmanagement · Cloud Computing · Digitale HR-Transformation

9.1   Einführung und Ziele

Das Forschungsfeld der elektronischen Personalprozesse (i.F. e-HRM = Electronic Human Resource Management) tangiert zwei Forschungsdisziplinen, die inhaltlich weit auseinanderliegen: Informationstechnologie (IT) und Human Resources Management (i.F. HRM). Ziel dieses Kapitels ist es, beide Felder ganzheitlich und praxisnah zu analysieren und dadurch einen Beitrag zur Forschung zu leisten. Wie und mit welchem Aufwand eine Brücke zwischen IT und HRM geschlagen werden und inwiefern Cloud-Technologie hier unterstützen kann, wird ebenso adressiert.

Im Kontext der HR-Digitalisierung gibt es drei Schwerpunkte: die „digitalen Mitarbeiter" (digital employees), die „Arbeitsinhalte" (work content) und das „digitale Mitarbeitermanagement" (digital employee management) (Bondarouk und Ruël 2009; Strohmeier und Parry 2014). Der Begriff der „digitalen Mitarbeiter" referenziert auf die zukünftig in den Arbeitsmarkt eintretende Generation von Fachkräften, die eine hohe IT-Affinität aufweist (Prensky 2001). Der „Arbeitsinhalt" definiert, wie in einer digitalen Umgebung zu arbeiten ist, während sich das „digitale Mitarbeitermanagement" auf die Planung, Umsetzung und Nutzung von Systemen bezieht, die die Personalarbeit unterstützen und vernetzen. Diese Systeme und insbesondere die Frage, wie HR-Prozesse mit Hilfe von Cloud-Technologie in die digitale Welt transformiert werden können, stehen im Mittelpunkt dieses Kapitels. Dabei wird insbesondere auf die Vorteile und Herausforderungen bei der Nutzung von Cloud-Technologie im HR-Umfeld eingegangen.

9.2   IT-Unterstützung im HR-Bereich

Im Folgenden wird die stetige Weiterentwicklung der IT zur Unterstützung der HR-Digitalisierung diskutiert sowie auf die Definition des e-HRM Begriffs eingegangen. Es folgen ein Abriss der bisherigen Forschung und deren Auswirkung auf die Praxis. Abschließend wird auf die besonderen Herausforderungen von HR-Transformationsprojekten eingegangen.

9.2.1   Entwicklung und Definition von e-HRM

Bereits 1940 mit dem Aufkommen von ersten Computern sind die Verwaltung von Personalakten sowie die Gehaltsabrechnung frühe Anwendungsfälle des „mechanischen" HRM. In den darauffolgenden 20 Jahren werden erste Anwendungen zur Verwaltung von Mitarbeiterfähigkeiten (Kompetenzmanagement) sowie von Bildschirmtests von der Luft-, Raumfahrt- sowie der Rüstungsindustrie entwickelt (DeSanctis 1986). 1960 sind sowohl die Verwaltung von Mitarbeitern und ihren Sachbezügen als auch die Gehaltsabrechnung automatisiert (Martinsons 1997). Tetz (1974) stellt fest, dass sich seit den späten 60er-Jahren die Notwendigkeit der Einbeziehung eines breiteren Spektrums an HR-Informationen mehr und mehr durchsetzt, um einen effektiven Entscheidungsprozess im Personalwesen sicherzustellen. Dieser Trend wird in den 70er-Jahren fortgesetzt, indem mehr als die Hälfte der größten US-amerikanischen Banken und Versicherungen bereits Computer zur Verwaltung von Personalprozessen nutzen und in dem gesamten Jahrzehnt Unternehmen mit einigen tausend Mitarbeitern neue HR-Systeme implementieren (DeSanctis 1986). Mit der Akzeptanz des durch Computer ermöglichten Wettbewerbsvorteils (McFarlane 1984) steigt das Interesse für digitale HR, was dazu führt, dass ca. 40 % der Unternehmen über ein HR-System sowie über Ressourcen zu dessen Betreuung verfügen.

HRIS (Human Resource Information System) ist der in diesem Kontext neu aufkommende Begriff, der von Kavanagh et al. (1990) als ein integriertes Computersystem definiert wird, das eine Organisation befähigt, Personaldaten zu speichern, zu analysieren und zu verteilen. Broderick und Boudreau (1992) fügen dieser Definition hinzu, dass während der frühen 90er-Jahre HRIS meist dazu genutzt wurde, Personalentscheidungen mit verbesserten Informationen anzureichern, was durch die Digitalisierung der Personalakten, der Gehaltsabrechnung und den Vergütungsinformationen ermöglicht wurde.

Ein weiteres Synonym einer digitalen HR taucht in den 90er-Jahren auf. Mit dem Einzug des „E"- Trends (z. B. E-Commerce) in die Geschäftswelt geht e-HR (electronic HR) einher. e-HR entwickelt sich in drei Phasen: von der einfachen Bereitstellung von HR-Informationen über die Automatisierung von HR-Transaktionen bis hin zu der anspruchsvollen HR-Transformation, die es den Personalbereichen sukzessive ermöglicht, den Fokus von operativen Tätigkeiten auf strategischen Aufgaben zu lenken (Lengnick-Hall und Moritz 2003).

Zafar (2013) stellt fest, dass der Unterschied zwischen HRIS und e-HR der jeweilige Endanwender ist. Während HRIS den Fokus auf Endanwender innerhalb der Personalabteilung legt, spricht e-HR alle Mitarbeiter eines Unternehmens an.

Lepak und Snell (1998) definierten den alternativen Begriff der „Virtual HR" als „[…] the network-based structure built on partnerships and typically mediated by information technologies to help the organization acquire, develop, and deploy intellectual capital". Dabei differenzieren sie die Auswirkung der IT-gestützten „Virtual HR" in die folgenden Kategorien: operativ (z. B. Kostenreduktion), relational (z. B. den Zugriff auf HR-Informationen bzw. die Möglichkeit, HR-Prozesse als Self-Service auszuführen) und transformal (z. B. die Transformation zu einem strategischen HR-Business Partner).

Anfang der 2000er, mit dem Vormarsch des Internets, wird HRIS webfähig und in unternehmensinternen Intranets angeboten, was es den Mitarbeitern ermöglicht, HR-Prozesse als Self-Service zu nutzen (Raiden et al. 2001; Bondarouk und Ruël 2009). Die Zielgruppe von HRIS sind alle Mitarbeiter eines Unternehmens, was im Gegensatz zu der von Zafar (2013) gegebenen Definition von HRIS steht.

Strohmeier (2007) formuliert eine weithin akzeptierte Definition von e-HRM als „[…] application of information technology for both networking and supporting at least two individual or collective actors in their shared performing of HR activities".

Mit der Weiterentwicklung der (Internet-)Technologie im letzten Jahrzehnt nimmt die Einführung und Anwendung von e-HRM stetig zu (Strohmeier 2007). Unterstützend sind neue Cloud-Technologien (Lin und Chen 2012), die cloudbasierte e-HRM Lösungen ermöglichen (Jafari Navimipour et al. 2015b; Zapotocny 2015). Neben den antizipierten Kosteneinsparungen durch Cloud-Lösungen sind es fachlich prozessuale Vorteile, die zu einem Anstieg von Implementierungsprojekten beitragen (Harris und Spencer 2016).

Zusammenfassend zeigt sich, dass trotz des langen Zeitraums, über den sich die Digitalisierung von HR bereits entwickelt hat, die Begriffsdefinition weiterhin unscharf bleibt. e-HRM sei „[…] an umbrella term covering all possible integration mechanisms and contents between HRM and Information Technologies aiming at creating value within and across organizations for targeted employees and management" konstatieren Bondarouk und Ruël (2009) und fordern abschließend eine allgemeingültige Begriffsdefinition ein.

9.2.2   Forschung im Bereich e-HRM

Strohmeier (2007) stellt fest, dass sich das wissenschaftliche Interesse an e-HRM ab Mitte der 90er-Jahre entwickelt hat. Er weist darauf hin, dass die bisherigen empirischen Forschungsarbeiten inhaltlich, aufgrund des weitreichenden Themenfeldes breit gefächert sind und nur in etwa 20 % auf theoretischen Konzepten beruhen. Weiter merkt er an, dass sich die Forschung eher auf die Personalabteilung als Endanwender von e-HRM als auf alle Mitarbeiter eines Unternehmens konzentriert. Zudem kritisiert er, die bisher vernachlässigte Beantwortung der Frage, inwiefern

Technologie bei strategischen HR-Entscheidungen unterstützen kann. Daher empfiehlt er mehrere Forschungsfelder, um den Begriff e-HRM zu schärfen.

Stanton und Coovert (2004) fordern Wissenschaftler auf „[...] to identify key research questions at the intersection of HR and IT, produce viable theoretical perspectives to frame those research questions, collect meaningful data across multiple organizational settings, and translate their findings into useful advice for practitioners".

Die aktuelle Forschung konzentriert sich auf verschiedene Aspekte von e-HRM. Exemplarische Themen und Beiträge aus der e-HRM Forschung sind nachfolgend aufgeführt.

• HR-Prozesse

Mehrere Artikel untersuchen die Digitalisierung einzelner HR-Prozesse wie die der Mitarbeiterbeurteilung (Nura und Osman 2013), des Lernmanagements (Colchester et al. 2017), des Talentmanagements (Nura und Osman 2013; Martin 2015) oder der Personalbeschaffung (Lee 2007; Furtmueller et al. 2011; Eckhardt et al. 2014; Kumar und Lalitha 2016). Schnittstellen zu anderen Managementsystemen, wie wissensbasierte Systeme, werden ebenso diskutiert (Martinsons 1997).

• Technologie und Integration

Darüber hinaus werden neue (mobile) Zugangskanäle auf e-HRM (Mülder 2016), die Integration von e-HRM in existierende soziale Netzwerke (Pilarski et al. 2016) und die potenzielle Unterstützung des HR-Digitalisierungsprozesses durch neuartige (Cloud-)Technologien, erforscht (Jafari Navimipour et al. 2015b; Stone et al. 2015; Zapotocny 2015; Hahn 2016).

• Sicherheitsaspekte und rechtliche Fragen

Sicherheitsaspekte und rechtliche Fragen im Kontext zu e-HRM, insbesondere bei der Nutzung von Cloud-Technologien, werden ebenso untersucht (Zafar 2013; Lehnert und Dopfer-Hirth 2016).

• Auswirkung, Nutzen und Wertbeitrag von e-HRM

Die Auswirkung von e-HRM ist ein prominentes Forschungsthema (Ensher et al. 2002; Lengnick-Hall und Moritz 2003; Hussain et al. 2007; Ruël et al. 2007; Parry und Tyson 2011; Maier et al. 2013; Strohmeier und Parry 2014; Stone et al. 2015; Bellou 2016), genau wie die Wahrnehmung und Akzeptanz von e-HRM innerhalb einer Organisation (Fisher und Howell 2004; Voermans und Veldhoven 2007). Weitere Studien befassen sich mit der wechselseitigen Beziehung zwischen e-HRM und strategischem HR-Management (Marler und Fisher 2013; Bondarouk et al. 2017). Wieder andere mit der Einführung von e-HRM (Strohmeier und Kabst 2009) sowie mit der praktischen und theoretischen Umsetzung von e-HRM (Florkowski und Olivas-Luján

2006; Ngai und Wat 2006; Hooi 2006; Olivas-Lujan et al. 2007; Varma 2010; Bondarouk 2011). Darüber hinaus werden das ungenutzte Potenzial von e-HRM (Wirtky
et al. 2016) sowie die grundsätzliche Frage, welche strategischen Entscheidung zur
Implementierung von e-HRM führen (Schalk et al. 2013), untersucht.

Zusammenfassend lässt sich sagen, dass die Forschung zum digitalen Personalwesen im Vergleich zur praktischen Anwendung zeitlich verzögert begonnen hat.
Die Auswirkung und der Nutzen von e-HRM sind Schwerpunktthemen, neben
denen es noch weitere breit gefächerte Forschungsfelder gibt.

9.2.3 Praktische Anwendung von e-HRM

Bisher ist die Digitalisierung von HR-Prozessen im Vergleich zu Primärprozessen
von den meisten Unternehmen nachrangig behandelt worden. Zum einen gibt es
dafür fachliche Gründe, wie die bisher untergeordnete Rolle der HR in der Organisation (Brockbank 1997) und die Herausforderung einer direkten Nachweisbarkeit
des Wertbeitrages der Personalprozesse zum Unternehmenserfolg (Klein 2012).
Zum anderen schränkte die benötigte Rechenleistung sowie die Verfügbarkeit
adäquater technologischer e-HRM Lösungen die Gestaltungsmöglichkeiten der HR
ein (Olivas-Lujan et al. 2007; Zapotocny 2015). Diese Beschränkung ergibt sich im
Wesentlichen aus den bisher am Markt verfügbaren on-premise e-HRM Standard-
softwarelösungen, die HR-Teilprozesse (z. B. Rekrutierung oder das Lernmanagement) als Prozesssilos digitalisieren, aber noch keine gesamtheitliche und vor allem
durchgängige HR-Prozesswelt abbilden. Einen Überblick über die HR-Prozesswelt,
die sich in die Bereiche Talentmanagement, Personalplanung und die operativen
HR-Kernprozesse aufteilt, gibt Abb. 9.1. Die gestrichelten Verbindungen deuten

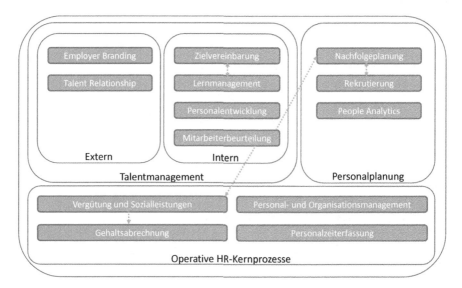

Abb. 9.1 HR-Prozesswelt

potenzielle Prozessschnittstellen (z. B. bei der Festlegung von Lernzielen in der Zielvereinbarung oder den Einfluss einer Mitarbeiterbeurteilung auf die Berücksichtigung in der Nachfolgeplanung) an.

Der technologische Wandel von einer on-premise Welt in eine cloudbasierte Software as a Service (SaaS) Umgebung ermöglicht es nun, die Herausforderung einer ganzheitlichen Digitalisierung von HR-Prozessen anzugehen (Jafari Navimipour et al. 2015b). So gibt es beispielsweise im Bereich der Personalplanung die fachliche Anforderung, Karrierepfade aufzuzeigen und eine Nachfolgeplanung zu etablieren. Diese Karrierepfade setzen sich aus verschiedenen Rollen zusammen, die wiederum die Anforderungen (Skills und Kompetenzen) an eine Position beschreiben. Im Nachfolgeprozess werden die individuell ausgeprägten Eigenschaften eines Mitarbeiters mit den angebotenen Karrierepfaden abgeglichen, was aufgrund der zahlreichen Kombinationsmöglichkeiten von Rollen, vakanten Positionen und Mitarbeitern beliebig komplex werden kann. Erst heute wird die dafür notwendige Rechenleistung in Form von HR-SaaS Lösungen (i.F. HR-Cloud) angeboten (Zapotocny 2015).

Nach Harris und Spencer (2016) bieten cloudbasierte Technologien Unternehmen die Möglichkeit, bessere Beziehungen zu ihren Mitarbeitern aufzubauen. So können beispielsweise über die HR-Cloud die gestellten Anforderungen und Erwartungen an die Mitarbeiter sowie die unternehmensinternen Angebote kommuniziert werden. Der Zugriff auf diese Angebote kann dort ebenso stattfinden. Die Nutzung der Technologie hat somit einen direkten Einfluss auf das individuelle Mitarbeitererlebnis und bietet HR eine weitere Möglichkeit zur langfristigen Positionierung als strategischer Business Partner (Lepak und Snell 1998; Bell et al. 2006).

Neben den allgemeinen SaaS-Vorteilen, wie Performanceverbesserungen (Lin und Chen 2012), bietet die HR-Cloud durch einen gesamtheitlichen Prozessdigitalisierungsansatz noch weitere Vorteile gegenüber bisherigen on-premise HR-Lösungen. Hier können beispielhaft die integrierten und aufeinander abgestimmten Module sowie die zugrunde liegende gemeinsame Datenbasis angeführt werden, die bisher in dieser Form nicht verfügbare Prozesssynergien ermöglichen. Aus technologischer Sicht ist zudem der fortgeschrittene Lebenszyklus der on-premise HR-Systeme zu nennen. Bei genauer Betrachtung der Pläne der HR-Softwarehersteller wird klar, dass on-premise Systeme zwar weiterhin gewartet, perspektivische Weiterentwicklungen aber eher in den HR-Cloud-Lösungen stattfinden und langfristig on-premise durch cloudbasierte Lösungen substituiert werden (Harris und Spencer 2016). Ein Beispiel für diesen Trend sind Produktforen (z. B. die SAP SuccessFactors Kundencommunity), die es allen Kunden einer spezifischen HR-Cloud-Lösung ermöglichen, Verbesserungsvorschläge und Wünsche zu adressieren, neue Funktionen zu priorisieren oder auch die praktische Anwendung der Software zu diskutieren. Bereits Mitte der 2000er stellen Gueutal und Stone (2005) zur HR-IT fest: „Today technology has finally begun to deliver on the promises of the 1990s".

Basierend auf diesen neuen Technologien offerieren verschiedene Anbieter (u. a. SAP, ADP, Kronos, Oracle, Workday) HR-Cloud-Lösungen, die darauf abzielen, eine Steigerung des Wertbeitrages von HR zu erreichen. Zu diesem Ziel tragen die

Steigerung der HR-Effizienz, die Standardisierung von Prozessen, die Verbesserung der HR-Services, die Erhöhung der strategischen Ausrichtung (Ruël et al. 2004; Strohmeier 2009) und schließlich die Kostensenkung (Marler 2009; Schalk et al. 2013) bei. Darüber hinaus bietet die neue Form der HR-Cloud-Lizenzierung eine verbesserte Kostentransparenz durch das Angebot von „pay-as-you-go"-Abrechnungsmodellen (Wu et al. 2012) (z. B. auf Basis der Anzahl von Endanwendern, von genutzten Modulen oder in Abhängigkeit von ausgeführten Transaktionen), die eine nachträgliche Kostenzuordnung auf Geschäftseinheiten und eine grundsätzlich optimierte Kostenallokation ermöglichen.

Um die beschriebenen Potenziale nutzen zu können, werden HR-Transformationsprojekte zunehmend interessanter für Unternehmen. Wesentliche exogene Faktoren, die aktuell die Anzahl der HR-Cloud-Transformationsprojekte beeinflussen, sind die demografische Entwicklung und der industrielle Wandel zu einer Wissensgesellschaft (Eisner 2005; Roehling et al. 2005) sowie der damit einhergehende Kampf um Talente. Letzterer wird durch eine e-HRM-Lösung insofern unterstützt, als dadurch eine adäquate Besetzung von Vakanzen ermöglicht sowie der optimale Einsatz der knappen internen Ressourcen optimiert (Laumer et al. 2010) werden können. Die Rekrutierung, Bindung und Entwicklung der Talente im Unternehmen sind die größten Herausforderungen für die Personalabteilungen (Stone und Deadrick 2015), die durch e-HRM-Lösungen unterstützt werden können.

Das Sierra-Cedar 2016–2017 HR Systems Survey White Paper (Harris und Spencer 2016) bestätigt die Tendenz, dass Unternehmen zunehmend HR-Prozesse digitalisieren und dabei sukzessive auf HR-Cloud-Technologie setzen. Seit 2014 gehen die meisten großen und mittleren Unternehmen davon aus, dass die Ausgaben für HR-Technologie kontinuierlich steigen werden, wobei die Budgets für Großunternehmen ab 2017 stabil bleiben. Bei direktem Vergleich von on-premise und HR-Cloud-Lösungen erkennt man eine klare Tendenz zu Gunsten letzterer: 72 % der Unternehmen, die das Talentmanagement digitalisierten, realisierten dies auf Basis einer HR-Cloud. Zudem bevorzugen Endanwender HR-Cloud-Lösungen, was ein besserer „User Experience Score" von 2.49/5 (on-premise) versus 3.46/5 (Cloud) zeigt. Auch sehen kleine und mittlere Unternehmen, die bereits HR-Technologien einsetzen, eine Umsatzsteigerung in Kombination mit einem verbesserten Geschäftsergebnis, was mit einer 75 %igen Wahrscheinlichkeit dazu führt, dass HR eher als strategischer Partner akzeptiert wird. Zudem planen 24 % der befragten Unternehmen, ihr derzeitiges HRM in eine cloudbasierte Lösung zu transformieren. Weitere Umfragen (KPMG und Bitkom 2017) bestätigen, dass 65 % der deutschen Unternehmen cloudbasierte Services bereits nutzen und die Mehrheit der Befragten davon überzeugt ist, dass die dort abgelegten Daten sicher sind.

9.2.4 Herausforderungen von HR-Transformationsprojekten

Projekte zur Transformation von HR-Prozessen in die HR-Cloud stehen vor neuen Herausforderungen. Neben dem Aufwand der Dokumentation von existierenden Ist-Prozessen und der Ausarbeitung von Soll-Prozessen im Rahmen der Vorarbeiten kommt erschwerend die Limitierung der Prozesskonfigurationsmöglichkeiten in der HR-Cloud hinzu. So sind kundenspezifische Erweiterungen aktuell nicht oder nur bedingt abbildbar, und die konfigurierbaren Prozessvarianten der HR-Cloud fordern eine Anpassung und Standardisierung der Prozesse im Unternehmen ein. Gerade der letzte Punkt führt zu einem im ERP-Umfeld schon länger diskutierten Paradigmenwechsel (Luo und Strong 2004), denn die Ablauforganisation muss sich gegebenenfalls an die in den Softwarelösungen implementierten Prozesse anpassen und nicht, wie bisher, die HR-IT-Lösungen an die definierten Soll-Prozesse der Fachabteilung. Daraus resultiert auch eine technisch forcierte Prozesstreue, da Prozessabkürzungen (Workarounds, Shadow-Systeme), die beispielsweise eine direkte Freigabe sowie die Besetzung von Vakanzen ermöglichen, entfallen.

Erschwerend kommt hinzu, dass die in der HR-Cloud abgebildeten Prozesse zusammen mit den dort verarbeiteten personenbezogenen Daten einer besonderen Sorgfaltspflicht durch die Vorgaben des Bundesdatenschutzgesetzes (BDSG § 28) unterliegen. Zudem schränken das Betriebsverfassungsgesetz (BetrVG § 80) und die sich darauf berufende deutsche Mitbestimmung den Handlungsspielraum in der Datenverarbeitung und in der Prozessgestaltung im HR-Bereich ein. Lehnert und Dopfer-Hirth (2016) geben einen kurzen Überblick über die notwendigen Maßnahmen zur Einhaltung dieser gesetzlichen Vorgaben im Kontext zu den on-premise HRM-Lösungen, die größtenteils auch auf die HR-Cloud angewendet werden können. Kovach et al. (2002) betonen zudem die Bedeutung der Absicherung und der Zugriffsbeschränkung auf personenbezogene Daten innerhalb von IT-Systemen.

Im Kontext der rechtlichen Anforderungen weisen Strohmeier und Kabst (2009) darauf hin, dass die Bestimmungen des nationalen Datenschutzes eine Hürde zur Übermittlung von Personaldaten über das Internet darstellen. Eine Vereinfachung, zumindest im europäischen Raum, schafft hier die europäische Datenschutzrichtlinie durch die Harmonisierung der Datenschutzgrundsätze und ermöglicht in gewissem Maße einen „Binnenmarkt" für personenbezogene Daten (Robinson et al. 2009). In den Vereinigten Staaten ist der Datenschutz weniger restriktiv als in der Europäischen Union, gleichwohl existieren mehrere gesetzliche Vorgaben (z. B. Federal Information Security Management Act of 2002 (Public Low 107-347 2007) oder der USA Patriotic Act (One Hundred Seventh Congress of the United States of America 2001)). Aufgrund der unterschiedlichen Gesetzgebungen muss bei der Auswahl einer HR-Cloud-Lösung über die Implikationen auf die darin gespeicherten Personaldaten Klarheit herrschen. Komplizierter wird es, wenn Unternehmen eine einzige unternehmensweite Cloud-Lösung einführen, aber ausländische Tochtergesellschaften haben, die wiederum nationalen Gesetzgebungen unterliegen (Zafar 2013). Folglich müssen die rechtlichen Beschränkungen der jeweiligen Landesgesellschaft berücksichtigt werden, da oftmals keine lokalen HR-Cloud-Lösungen angeboten oder eingeführt werden. Trotz des hohen Aufwandes schlussfolgern Townsend und Bennett (2003), dass Unternehmen mit erarbeiteten und umgesetzten Datenschutzrichtlinien im Vergleich mit solchen, die den Datenschutz vernachlässigt haben, eher in der Lage sein werden, Arbeitskräfte anzuwerben und zu halten. Harris und Spencer (2016)

Abb. 9.2 Chancen und Herausforderungen von HR-Transformationsprojekten

stellen außerdem fest, dass Unternehmen mit einer HR-Cloud-Lösung ein um 21 % erhöhtes Vertrauen in die Datenschutzprozesse im Vergleich zu einer on-premise Lösung haben.

Zusammenfassend bietet die Einführung der HR-Cloud die Chance und Herausforderung (siehe Abb. 9.2), neue prozessuale Wege zu beschreiten. Aus IT-Sicht beschäftigen sich die Anbieter von HR-Cloud-Lösungen intensiv mit Sicherheitsaspekten (SuccessFactors 2012; Sepstrup 2015) und den rechtlichen Fragestellungen, was sich bereits in erheblichen Investitionen in die IT-Sicherheit und dem Aufbau von regionalen Datenzentren widerspiegelt (SuccessFactors 2016). Aus Sicht der Personalabteilung ermöglicht die Automatisierung von HR-Prozessen eine Fokussierung auf strategische Aktivitäten (Cabrera und Bonache 1999). So ermöglicht die HR-Cloud durchgängig, – von der Rekrutierung bis zur Nachfolgeplanung („from hire to retire") – die Mitarbeiterdaten nicht nur zu verwalten, sondern ein proaktives Human Capital Management zu etablieren.

9.3 Vorgehensmodelle für IT-Projekte im HR-Kontext

Auch im HR-Bereich gilt, dass ein in der Organisation eingebettetes professionelles Projektmanagement die Grundvoraussetzung für ein positives Projektergebnis ist. Die Vielfalt von IT-Projekten spiegelt sich in diversen Vorgehensmodellen wider. Die Auswahl des passenden Modells orientiert sich dabei an der jeweiligen Projektart, wobei grundsätzlich zwischen einem klassischen und einem agilen Ansatz (Wagner 2011) unterschieden wird. Unternehmensspezifische Anpassungen der Modelle sind dabei keine Seltenheit.

9.3.1 Klassische, agile und hybride Modelle

Klassische Modelle sind beispielsweise das Wasserfallmodell und das V-Modell XT. Typische Merkmale dieser Modelle sind klar definierte, lineare Prozessphasen, von der Anforderungsanalyse bis zum Go-Live sowie den je Phase zu erarbeitenden Ergebnistypen. Das V-Modell XT ist der Standard für die Durchführung von IT-Projekten im öffentlichen Sektor und legt einen Fokus auf die konkreten Aktivitäten pro Projektphase sowie auf das Rollenmodell. In 2015 wurden ca. 10 % des Bruttoinlandproduktes als Beschaffungsvolumen der öffentlichen Hand angegeben, was den hohen Nutzungsgrad dieses Vorgehensmodells in der freien Wirtschaft erklärt (BMWi 2016; Destatis 2016).

Klassische Modelle legen einen hohen Wert auf die formal definierten Vorgaben, die ausführliche Dokumentation, die vertragliche Erbringung von Leistung sowie die stringente Verfolgung eines Projektplans. Daraus resultieren ein administrativer Aufwand zur Erbringung aller formalen Anforderungen und eine klare Vorabplanung von Projektergebnissen, was gerade bei kleineren oder kurzfristig umzusetzenden IT-Entwicklungsprojekten von Nachteil ist. Immer mehr Softwareentwicklungscenter setzen daher verstärkt auf agile Methoden (Vlietland et al. 2016).

Agile Methoden zielen darauf ab, im Projekt schnell einen sichtbaren Mehrwert zu generieren und zeitnah auf neue Anforderungen zu reagieren (Boehm und Turner 2004). Anstatt einen vorab geplanten Ergebnispfad einzuschlagen, wird im Projekt bedarfsorientiert priorisiert, was wiederum eine zeitnahe Berücksichtigung neuer Anforderungen ermöglicht. Der Auftraggeber ist in diesem Prozess nicht nur Betroffener, sondern Beteiligter, der die Projektergebnisse anhand von Prototypen zu bewerten und über die nächsten Schritte mitzuentscheiden hat. Die Dokumentation der Ergebnisse findet rudimentär und nachgelagert statt, da inhaltliche Anpassungen im Fokus stehen, regelmäßig in fest definierten Zeitfenstern erfolgen und im Gegensatz zu den klassischen Vorgehensmodellen geplant in dieser Methodik verankert sind.

Hybride Modelle sind eine Kombination aus klassischen und agilen Methoden, die wiederum – in Abhängigkeit von der Aufgabenstellung – Potenziale aus beiden Vorgehen heben (Habermann 2012).

9.3.2 Besonderheiten von HR-IT-Projekten

Im HR-IT-Kontext finden je nach Projektart klassische und agile Projektvorgehen Anwendung. Eine Hürde, die die agile Methodik gerade im Kontext von größeren HR-IT-Projekten zu nehmen hat, ist die Projektbudgetierung, die typischerweise vor Projektbeginn abgeschlossen sein muss. Als Unterstützungsprozess für die wertschöpfenden Primäraktivitäten ergibt sich in der Praxis für HR-Projekte zudem eine Limitierung bezüglich des freien Umgangs mit den monetären Ressourcen. Als Resultat finden daher Mischformen Anwendung, in denen beispielsweise die Projektphasen nach klassischem Vorgehen strukturiert, die konkreten Umsetzungsinhalte aber iterativ oder agil bearbeitet werden. Auch nimmt die Projektdokumentation aufgrund der Sorgfaltspflicht bei der Verarbeitung von HR-Daten einen besonderen Stellenwert ein, was den agilen Methoden eher widerspricht.

9.3.3 Vorgehensmodell für HR-Cloud-Transformationsprojekte

HR-Cloud-Transformationsprojekte sind eine spezielle Ausprägung von HR-(IT-) Projekten und stellen eine neue Herausforderung dar, da die Freiheitsgrade der

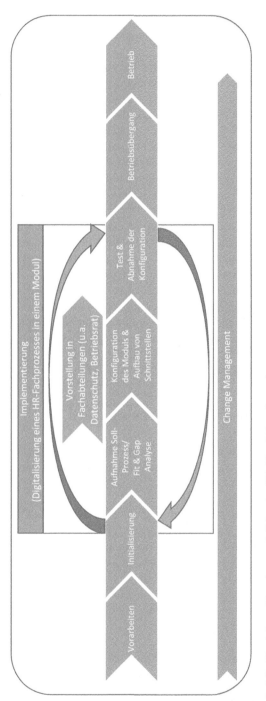

Abb. 9.3 Abgeleitetes Vorgehensmodell für eine HR-Cloud-Transformation

Umsetzung durch die Limitierung der HR-Cloud-Technologie eingeschränkt sind. Vorgegebene Prozessschritte können konfiguriert werden; ein komplett freies Prozessdesign hingegen ist nicht mehr möglich. Nach klassischem Vorgehen erstellte fachliche Anforderungen an die HR-IT-Systeme können daher nicht vollumfänglich umgesetzt werden, sondern dienen als Vorlage für einen Soll-Prozess innerhalb der Anpassungsmöglichkeiten der HR-Cloud. Abb. 9.3 stellt ein Vorgehensmodell für HR-Cloud-Transformationsprojekte dar, das klassische, iterative und agile Aspekte enthält.

Die fünf Projektphasen (Vorarbeiten, Initialisierung, Implementierung, Betriebsübergang und Betrieb) orientieren sich an einem klassischen Vorgehensmodell. Das projektbegleitende Change Management unterstützt in allen Projektphasen.

Eine Besonderheit findet sich in der Phase der Implementierung, die einen Regelkreis enthält, sodass Teilergebnisse der Prozesskonfiguration in einzelnen Iterationen als Prototyp vorgestellt, bewertet und angepasst werden können. Agile Elemente finden dadurch Anwendung, dass die Anzahl und die Zeiträume der Iterationen, auf Basis von Erfahrungswerten bei vorherigen Implementierungen limitiert sind.

Das Vorgehen innerhalb der Implementierungsphase ist für alle zu konfigurierenden HR-Teilprozesse (siehe Abb. 9.1) identisch; eine Prozessdifferenzierung erfolgt nur auf Basis der Prozessgestaltung, der Benutzergruppen und der potenziellen Schnittstellen.

9.4   Exemplarisches HR-Cloud-Transformationsprojekt

Die im Folgenden beschriebenen Erfahrungen basieren auf mehreren durchgeführten HR-Cloud-Implementierungsprojekten aus der Praxis.

9.4.1   Rahmenbedingungen

Die Digitalisierung aller Prozesse des Talentmanagements, der Personalplanung und der HR-Kernprozesse ist im Scoping der Projekte vorgegeben (vollständige Digitalisierung in der HR-Cloud). Die einzelnen HR-Prozesse werden in Modulen (z. B. Modul „Rekrutierung" oder Modul „Mitarbeiterbeurteilung") der HR-Cloud abgebildet, die separat voneinander konfiguriert werden können, optional aber Schnittstellen untereinander anbieten. So besteht beispielsweise die Möglichkeit, im Teilmodul „Zielvereinbarung" ein Absprung in das Teilmodul „Lernmanagement" vorzunehmen, wenn das vereinbarte Ziel die Absolvierung eines dort angebotenen Lerninhalts sein soll. Bei den Implementierungen wurde die Nutzung dieser Prozesssynergien angestrebt. Ein Modul bildet nicht unbedingt die HR-Prozesswelt (siehe Abb. 9.1) trennscharf 1:1 ab. So kann beispielsweise im Modul „Mitarbeiterbeurteilung" auch der Fachprozess „Zielvereinbarung" enthalten sein. Alle Implementierungsprojekte basieren auf HR-Cloud-Lösungen im EU-Rechtsraum, sodass die Personaldaten auf Servern innerhalb der EU gespeichert werden.

9.4.2 Projektphase: Vorarbeiten

Schon während der Vorarbeiten ist das generelle Commitment des höheren Managements für eine HR-Cloud-Lösung einzuholen. Das HR-Cloud-Paradigma, welches keine komplett freie Prozessgestaltung zulässt, sowie die externe Speicherung von Personaldaten voraussetzt, muss verstanden, mitgetragen und kommuniziert werden.

Fisher und Howell (2004) betonen die Notwendigkeit, dass IT-Systeme an den Unternehmenswerten ausgerichtet sein müssen. Die Werte und die Mission des Unternehmens müssen vorab klar definiert sein und sich in den einzelnen Initiativen, also u. a. in den Projekten und deren Zielen, widerspiegeln. Daher müssen die Ziele der HR-Cloud-Transformation klar herausgearbeitet werden.

Neben der antizipierten Prozessoptimierung durch Digitalisierung und den modulübergreifenden Synergien wird häufig eine Kosteneinsparung prognostiziert. Die Berechnung dieser potenziellen Einsparungen und des Nutzens anhand eines Business Cases hängt dabei von verschiedenen Faktoren ab. Lengnick-Hall und Moritz (2003) betonen die Bedeutung eines überzeugenden Business Cases, der auf verfügbaren, verständlichen und konkreten Metriken basiert, da die kostenintensiven Investitionen in e-HRM begründet sein müssen. Dagegen drängen Harris und Spencer (2016) darauf, Implementierungsprojekte für HR-Cloud-Lösungen im Grundsatz zu überdenken und durch konstante Change Management Prozesse zu substituieren. Eine differenzierte Betrachtung des Cloud-Betriebs, der einem kontinuierlichem Change-Prozess unterliegt und dem Implementierungsprojekt, welches zeitlich und monetär limitiert ist, wird empfohlen. Die praktische Erfahrung zeigt, dass ein kontinuierlicher Change-Prozess nicht die gleiche Verbindlichkeit hat wie konkrete Ziele im Rahmen eines zeitlich begrenzten Projekts.

Einflussfaktoren auf die Kostenkalkulation können beispielsweise der aktuelle HR-Digitalisierungsgrad, die Anzahl der HR-Applikationen sowie deren individuelle Position im Produktlebenszyklus sein. Ein ebenso relevanter Faktor für die Kostenkalkulation ist die Flexibilisierung des Lizenzmodells, da in einem SaaS-Modell die HR-Cloud-Lizenzen nur über die definierte Vertragslaufzeit beschafft und nach Vertragsende neu verhandelt werden. Die Reduktion von IT-Betriebsaufwänden sowie des IT-Personals, wird bei SaaS-Lösungen grundsätzlich antizipiert. Demgegenüber ist der Personalabbau in der HR ein heikles Thema. Die Einführung der HR-Cloud verändert und optimiert nicht nur „wie" in der HR gearbeitet wird, sondern hebt dadurch auch Einsparungspotenzial bei den HR-Ressourcen. Gleichwohl müssen die HR-Mitarbeiter eine aktive Rolle in diesem Transformationsprozess einnehmen, sodass dieses Einsparpotenzial überhaupt gehoben werden kann. Das Konzept des „moderaten Voluntarismus" (Strohmeier 2009) beschreibt dieses Dilemma. Roberts (1999) vertritt die Ansicht, dass bei der Berechnung des Return on Investments von HR-Systemen, gerade im Kontext neuer Technologien, Kreativität bei dem Herausarbeiten von Vorteilen gefordert ist. Daher kann die Einbeziehung der Personalabteilung zur Erstellung von „weichen" Faktoren (z. B. „bessere Mitarbeiter"), dazu beitragen, die Investition zu rechtfertigen – selbst wenn die strategische

Neuausrichtung von HR mithilfe von IT schon Grund genug ist oder die folgende Aussage gilt „e-HRM costs money, but ignoring e-HRM costs a fortune" (Aluvala 2017).

Um nun die richtige HR-Cloud-Plattform auszuwählen, hat sich im Rahmen von Anbieterpräsentationen eine Fit & Gap Analyse zum Abgleich der HR-Ist- oder -Soll-Prozesse des Unternehmens mit den konfigurierbaren HR-Prozessen der jeweiligen Lösung bewährt.

Da eine direkte Abbildung der Prozesse nicht möglich ist, können nachfolgende Punkte als zentrale Entscheidungskriterien herangezogen werden:

- Quantität und Qualität der Prozessabdeckung,
- Lösungsreife im Allgemeinen,
- Integrationsfähigkeit in die existierende IT-Infrastruktur,
- Gesamtkosten der Plattform.

Die HR-Fachbereiche müssen aktiv am Ausschreibungsprozess partizipieren, damit die HR-Cloud-Lösung nicht als reine, durch die IT getrieben Entscheidung wahrgenommen wird. Das spätere Projektteam setzt sich daher idealerweise aus Mitarbeitern der (HR-)IT und den jeweiligen HR-Fachbereichen zusammen.

Zusätzlich zur HR-Cloud-Plattform muss ein Implementierungspartner gefunden werden, der die Konfiguration der Prozesse in der Cloud-Umgebung übernimmt. Neben dem Kostenaspekt spielt hier die Projekterfahrung eine ausschlaggebende Rolle. Die interne IT kann die initiale Konfiguration oftmals nicht übernehmen, da das Spezialwissen je nach HR-Cloud-Lösung sehr komplex und kurzlebig ist. Für einen gesicherten nachgelagerten Betrieb ist ein Wissenstransfer (z. B. durch Joint Teams oder Schulungen) mit dem Implementierungspartner zu vereinbaren, sodass spätere Konfigurationsanpassungen aufwandsarm möglich sind. Umfragen (Harris und Spencer 2016) bestätigen, dass die häufigste Unterstützungsaufgabe (78 %) der Implementierungspartner die initiale Konfiguration der HR-Cloud und die zweithäufigste das Geben von Trainings (35 %) ist.

Bereits vor Beginn der Umsetzung sind die Organisationseinheiten Betriebsrat, Datenschutz, IT-Architektur sowie IT-Security in das Projekt einzubinden und in den nachfolgenden Projektphasen zu informieren. Aufgrund der verarbeiteten Personaldaten werden regelmäßige Termine mit dem Betriebsrat während der gesamten Projektlaufzeit empfohlen; die Abstimmung mit den anderen Bereichen kann fallbezogen (z. B. die Vorstellung einer neuen Schnittstelle bei der IT-Security) stattfinden.

9.4.3 Projektphase: Initialisierung

Die Phase der Initialisierung beinhaltet die Definition des formalen Projekts sowie die technische Einrichtung der HR-Cloud-Umgebung. Während der Definition des Projekts wird ein Fokus auf zwei Themen gelegt: auf das Stakeholdermanagement sowie auf den Projektauftrag.

Bereits während der Vorarbeiten sind die ersten Fachbereiche in die Kommunikation eingebunden; nun sind weitere Stakeholder und Multiplikatoren zu identifizieren, die am Projekt direkt partizipieren oder von diesem betroffen sind. Eine
Empfehlung ist hier, Key-User aus Nicht-HR-Fachbereichen zu benennen, diese
frühzeitig zu informieren und im Projektverlauf proaktiv zu involvieren (u. a. bei
den User Acceptance Tests). Ein projektbegleitendes Change Management, welches
die systematische und organisationale Veränderung, gerade im Hinblick auf die
neue Rolle der HR, professionell begleitet, ist eine weitere erfolgskritische Maßnahme zur Verbesserung der Zusammenarbeit und Kommunikation mit den Stake-
holdern. Nach einer Studie von Harris und Spencer (2016) unterstützen nur 43 %
der großen und 46 % der mittelgroßen Unternehmen Schlüsselprojekte mit Initiativen aus dem Veränderungsmanagement obwohl gerade die Einführung der
HR-Cloud weniger von der technologischen Umsetzung als von einem professio-
nellen Change Management abhängt. Dies liegt u. a. an der geringeren Komplexität
der initialen technischen Installation und des Betriebs einer Cloud-Lösung im Vergleich zu reinen on-premise Systemen. Die Einrichtung von on-premise HCM-
Umgebungen ist vergleichsweise aufwändiger, da die Gestaltungsfreiheit dazu
verleitet, komplexe Systeme zu implementieren. Im Gegensatz dazu tragen die pro-
zessualen Vorgaben in der HR-Cloud sowie die klar abgegrenzten Konfigurationsmöglichkeiten implizit zu einer Komplexitätsreduktion bei.

Um in den Workshops der späteren Implementierungsphase effizient arbeiten zu
können, ist es notwendig, dass die jeweils relevanten auskunfts- und entscheidungs-
fähigen Ansprechpartner an diesen teilnehmen. Die Erfahrung hat gezeigt, dass
Fachbereiche bei IT-nahen Projekten dazu neigen, als betroffene und weniger als
proaktive, mitgestaltende Beteiligte zu agieren. Eine Methode, die Einbeziehung
der Fachbereiche zu steigern, ist das bereits im Rahmen der Vorarbeiten eingeholte
und kommunizierte Commitment des höheren Managements, aber auch die aktive
Teilnahme der HR-Leiter an den Implementierungsworkshops. Die frühzeitige
Benennung von Modulverantwortlichen hat sich ebenso in der Praxis bewährt.
Diese übernehmen während des Projekts die Verantwortung für ein oder mehrere
Module und nehmen im späteren Regelbetrieb Anpassungen vor. Eine hohe Affini-
tät zu HR und zu IT ist Voraussetzung für den Stelleninhaber. DeSanctis (1986)
definiert den idealen HR-IT-Manager als eine Person, die Kompetenzen sowohl in
der Datenverarbeitung (IT) als auch in der Anwendung von HR besitzt und ergänzend kommen Hall und Torrington (1986) zu dem Schluss, dass aufgrund mangelnder IT-Affinität solche Mitarbeiter im Personalbereich eher weniger anzufinden
sind. Diese Herausforderung stellt sich 30 Jahre später immer noch.

Im Projektauftrag ist noch einmal klar der Scope des Projekts zu definieren.
Dabei sind vor allem zwei Grundsatzentscheidungen zu treffen: über die Art der
Integration der HR-Cloud in die existierende Infrastruktur und über die Reihenfolge
der Modulimplementierung.

Die Auswahl des passenden Integrationsszenarios hängt davon ab, ob und welche HR-Prozesse auf wie vielen verschiedenen Applikationen bereits digitalisiert
sind sowie welche davon in der HR-Cloud zukünftig konsolidiert werden. Man
unterscheidet hier zwischen drei Integrationsszenarien (Harris und Spencer 2016).

Besteht ein führendes on-premise HRM-System weiterhin und wird ein reduzierter Stammdatensatz mit der HR-Cloud synchronisiert, so wird dies „side-by-side" oder auch „hybrides" Szenario genannt. Beispielsweise kann ein Unternehmen alle Talentmanagement-Prozesse in eine Cloud-Umgebung transformieren, hingegen die operativen Kernprozesse on-premise belassen. Hat ein Unternehmen bisher keine HRM-Lösung im Einsatz oder entscheidet sich für die Transformation aller HR-Prozesse in die HR-Cloud, so spricht man von einem „Green-Field"- oder „Rip & Replace"-Ansatz. Ein „paralleles" oder auch „Patchwork" Szenario zeichnet sich dadurch aus, dass gleichzeitig auf mehreren HR-Cloud-Systemen, on-premise HRMs oder auch mit externen Dienstleistern gearbeitet wird. Es gibt kein universelles Transformationsprojekt, sondern es wird fallbezogen entschieden, ob und welches System abgelöst werden.

Bezugnehmend auf die Sierra-Chedar Studie (Harris und Spencer 2016), nutzten 28 % der Unternehmen, die eine HR-Transformation vornahmen, einen „Rip & Replace"-Ansatz, gefolgt von einem „Parallel/Patchwork"-Szenario, dem 21 % folgten. Von den Unternehmen, die eine Transformation in Planung haben, bevorzugen 35 % hingegen den hybriden Ansatz, wobei besonders große Unternehmen, mit mehr als 10.000 Mitarbeitern, eine 48 %igen Präferenz für dieses Szenario bekunden. Gerade deutsche Unternehmen bevorzugen aufgrund der komplexen Gehaltsabrechnung, deren Abbildung in der HR-Cloud qualitativ noch nicht an die on-premise Lösungen heranreicht, dieses Szenario. Zudem sind in den on-premise HRMs unternehmensspezifische Anpassungen (u. a. Reporting, Bonusregelung) vorgenommen worden, auf die die HR-Fachbereiche nicht verzichten können.

Eine weitere Entscheidung, die direkt aus dem gewählten Integrationsszenario resultiert, sind die Anzahl und Art der neu zu gestaltenden Schnittstellen. Fällt die Entscheidung auf das hybride Szenario, so muss oftmals eine abgesicherte Schnittstelle vom on-premise HRM an die HR-Cloud geschaffen werden. Sollen alle Prozesse in einem „Rip & Replace-"Ansatz in die HR-Cloud transformiert werden, so kann diese Schnittstelle entfallen. Es ist dann lediglich eine einmalige Migration der Daten notwendig. Die modulinternen Schnittstellen vervielfachen sich mit der Anzahl der umgesetzten Module sowie der Entscheidung darüber, welche Prozesssynergien genutzt werden sollen. Rückschnittstellen in andere HR-spezifische Applikationen außerhalb der HR-Cloud (z. B. bei einer externen Gehaltsabrechnung) müssen ebenso bedacht werden. Im Kontext einer Kosten-Nutzen-Betrachtung empfiehlt es sich, die Schnittstellen aufwandsarm umzusetzen, wenn perspektivisch die Ablösung der HR-Kernprozesse geplant und somit die HR-Prozesswelt ganzheitlich in der HR-Cloud digitalisiert werden soll.

Ebenso beeinflusst die Art und Menge der umzusetzenden Schnittstellen die Reihenfolge der Modulimplementierung. Diese Reihenfolge hängt noch von weiteren Randbedingungen ab. So kann es sein, dass eine HR-Altapplikation zeitnah abgelöst werden muss, da sich diese in einer fortgeschrittenen Phase des Systemlebenszyklus befindet. Auch ist denkbar, dass Prozesssynergien nur unter der Berücksichtigung von Modulabhängigkeiten gehoben werden können. Beispielhaft kann hier die Nachfolgeplanung genannt werden, die von identifizierten Talenten abhängt; beide Prozesse werden in separaten Modulen abgebildet. Die Talentidentifikation im Rahmen

der Mitarbeiterbeurteilung ist als eigenständiges Modul lauffähig; eine Nachfolgeplanung ohne einen existierenden Talentpool ist fachlich zu hinterfragen. Auch
beeinflusst die zeitliche Fälligkeit von HR-Prozessen sowie deren fachlichen Abhängigkeiten untereinander die Implementierungsreihenfolge. Beispielhaft kann hier die
jährliche Bonuszahlung, die wiederrum von den Ergebnissen der Mitarbeiterbeurteilung abhängt, genannt werden. Die Erfahrung aus Projekten zeigt, dass eine sukzessive Modulimplementierung einer parallelen vorzuziehen ist, auch wenn der
Fachprozess modulübergreifend abgebildet wird. Zudem kann die Priorisierung
eines Moduls in Abhängigkeit zu dessen fachlicher und technischer Komplexität stehen. Um in einer frühen Projektphase bereits den Arbeitsmodus kennenzulernen,
wird zu Beginn die Umsetzung eines weniger komplexen Moduls empfohlen.

Harris und Spencer (2016) sehen zudem einen direkten Zusammenhang zwischen
der Größe eines Unternehmens sowie dem zeitlichen Aufwand des HR-Cloud-Imple-
mentierungsprojekts. Während kleine Unternehmen mit bis zu 2.500 Mitarbeitern
ca. sieben Monate zur Transformation der Personalprozesse in zwei Modulen einplanen,
veranschlagen große Unternehmen mit mehr als 10.000 Mitarbeitern für den gleichen
inhaltlichen Umfang bis zu 13 Monate.

9.4.4   Projektphase: Implementierung

Nachdem die Infrastruktur und die initialen Schnittstellen eingerichtet sind, beginnt
die Umsetzung der Module anhand der festgelegten Reihenfolge.

Die Implementierungsphase besteht aus Iterationen, deren Anzahl je nach Modul
variiert, wobei erfahrungsgemäß drei Iterationen notwendig sind. Eine Iteration
wird jeweils in Workshop-Reihen abgearbeitet, deren Länge sich an der Komplexität des jeweils umzusetzenden Moduls orientiert. Das iterative Vorgehen hat den
Vorzug, dass neben der Präsentation eines bereits lauffähigen Standardprozesses,
die neuen fachlichen Anforderungen direkt mit diesem abgeglichen werden können
(Fit & Gap Analyse). Zudem kann im Rahmen der Konfigurationsmöglichkeiten
eine Umsetzung und Präsentation des Ergebnisses zeitnah erfolgen. Die aus klassischen Modellen bekannte längere Wartezeit, bis der Fachabteilung erste Umset-
zungsergebnisse präsentiert werden, entfällt somit. In den nachfolgenden Iterationen
wird dann jeweils auf den vorherigen Ergebnissen und Tests aufgebaut, sodass der
Fertigstellungsgrad eines Moduls ständig steigt.

Ein weiterer positiver Aspekt für den Projektleiter ist eine akkuratere Einschätzung der gesamten Projektdauer, da der zeitliche Aufwand pro Modul auf Basis von
Erfahrungen aus vergleichbaren Projekten besser eingeschätzt werden kann. Zudem
gibt die Begrenzung auf eine vorgegebene Anzahl von Iterationen einen klaren Ord-
nungsrahmen vor. Theoretisch könnten auch mehr als drei Iterationen durchlaufen
werden, aber der Grenznutzen nimmt erkennbar nach drei Durchläufen ab.

Fisher und Howell (2004) empfehlen, dass HR- und IT-Professionals während
der Entwurfs- und Implementierungsphase eng zusammenarbeiten, da dies die spätere Akzeptanz durch die Endanwender erhöht. Dementsprechend setzen sich die

Teilnehmer der Workshops aus den Prozessverantwortlichen, den Modulverantwortlichen, dem Implementierungspartner und mindestens einem IT-Mitarbeiter, der die technischen Implikationen ableiten kann, sowie dem Plattformmanager, der im eingeschwungenen Betrieb modulübergreifende Basiskonfigurationen vornimmt sowie die Schnittstellen betreut, zusammen. Das strukturierte Testen und die Aufnahme von Anpassungen sind von dem Projektteam eng zu begleiten.

Die folgenden Aktivitäten finden in der ersten Iteration statt:

- Vorstellung des Moduls und dessen Standardprozesse,
- Abgleich der vom Fachbereich gewünschten HR-Soll-Prozesse mit den Konfigurationsmöglichkeiten in der HR-Cloud,
- Aufzeigen von Lösungsalternativen in der Prozesskonfiguration und/oder Anpassung des Soll-Prozesses,
- Dokumentation des abzubildenden Soll-Prozesses in der HR-Cloud und optionaler Schnittstellenanpassungen,
- Vorstellung der Dokumentation und Einholen der Zustimmung beim Datenschutz, Betriebsrat, IT-Security und IT-Architektur,
- Konfiguration im HR-Cloud-Entwicklungssystem und ggf. die Anpassung von Schnittstellen,
- Vorstellung der Konfigurationsergebnisse durch den Implementierungspartner,
- Testen der Konfiguration durch den Fachbereich und Rückmeldung von Änderungswünschen.

Die zweite Iteration setzt sich aus folgenden Aktivitäten zusammen:

- Dokumentation des angepassten HR-Cloud-Prozesses und der optionalen Schnittstellenanpassungen basierend auf den Änderungswünschen der Iteration 1,
- Bei grundlegender Änderung des Prozesses und/oder der Schnittstellen erneute Vorstellung beim Datenschutz, Betriebsrat, IT-Security und der IT-Architektur,
- Konfiguration der Änderungen in der HR-Cloud,
- Vorstellung der angepassten Konfiguration durch den Implementierungspartner,
- Testen der Konfiguration durch den Fachbereich und Aufnahme von weiteren Änderungswünschen.

Nach Abschluss der Iteration 2 sind ca. 80–90 % des Prozesses im Modul konfiguriert. In der finalen dritten Iteration finden daher nur noch kleinere, oftmals optische Anpassungen statt. Die Aktivitäten sind identisch zu Iteration 2 und werden durch die folgenden ergänzt:

- Finale Konfiguration der HR-Cloud-Prozesse in Joint Teams, bestehend aus Implementierungspartner und Modulverantwortlichem,
- Übernahme des final konfigurierten Moduls in die produktive HR-Cloud,
- Ggf. Migration von existierenden Daten und Abschaltung von Altsystemen,
- Übergabe der Dokumentation in den Betrieb.

Ein hoher Migrationsaufwand bei der Übernahme von Altdaten kann vermieden werden, wenn im Projekt entschieden wird, dass parallel zur Einführung des neuen Prozesses auch mit einer neuen Datenbasis in der HR-Cloud gestartet wird (z. B. keine Übernahme von Zielvereinbarungen aus Altsystemen).

Auch darf in den Fachbereich kommuniziert werden, dass in der finalen Phase weiterhin Änderungsanforderungen aufgenommen werden können. Die Umsetzung wird aber nicht mehr durch den Implementierungspartner erbracht, sondern vom Modulmanager im Regelbetrieb übernommen. Die Begleitung der Konfiguration der letzten Änderungen durch die späteren Modulverantwortlichen in Joint Teams ist zu empfehlen, sodass ein direkter Transfer des Know-hows in die Organisation stattfinden kann.

9.4.5   Projektphase: Betriebsübergang

Für einen reibungslosen Betriebsübergang ist zu entscheiden, wann der optimale Zeitpunkt für die Einführung eines Moduls ist. Alle Module sind alleine lauffähig, können aber erst im Verbund ihre übergreifenden Prozesssynergien entfalten. Empfohlen werden die Auswahl eines weniger komplexen Moduls und/oder die Einschränkung auf einen vorher definierten Kreis von Key-Usern, um Erfahrung mit der neuen Technologie und den neuen Prozessen zu sammeln.

Ab jetzt übernimmt der Modulverantwortliche das Demand Management für sein Modul und bietet somit den Fachbereichen einen hohen Grad von Autarkie gegenüber der IT an. Der Wissenstransfer zum Modulverantwortlichen hat bereits mit der letzten Iteration begonnen und kann nun durch separate Modulschulungen vertieft werden. Spätestens jetzt ist auch das Betriebskonzept zu finalisieren, das alle den Betrieb der HR-Cloud betreffenden Aktivitäten beschreibt und regelt. Des Weiteren wird zur Komplexitätsreduktion empfohlen, innerhalb des HR-Bereiches einen für den Prozess verantwortlichen Mitarbeiter zu benennen, der wiederum als einzige Schnittstelle zum Modulmanager fungiert. Auch der Plattformmanager übernimmt nun federführend, nach Abstimmung mit den Modulmanagern, Anpassungen an der Basiskonfiguration der HR-Cloud.

Die Schulung der Endanwender ist ein ebenso kritischer Erfolgsfaktor, da die Mitarbeiter an vielen HR-Prozessen nun proaktiv partizipieren können und dadurch eine Reduktion der administrativen HR-Aufgaben antizipiert wird. Da die Supportverträge mit den HR-Cloud-Herstellern typischerweise viele Wartungsaufgaben (z. B. Upgrades) inkludieren und nur die Schnittstellen weiterhin in der Verantwortung des lokalen IT-Betriebs liegen, wird ebenfalls der Administrationsaufwand des IT-Betriebs reduziert. Durch die Abschaltung von HR-Altsystemen werden zudem weitere Ressourcen frei.

Der Betriebsübergang nimmt in etwa 20–30 % der gesamten Projektlaufzeit ein. Während dieses Zeitraums kann der Implementierungspartner weiterhin bei Fragen kontaktiert werden. Ziel soll es aber sein, sukzessive unabhängiger von dem Implementierungspartner zu werden und die Standardsupportprozesse der Softwarehersteller führend in Anspruch zu nehmen.

9.4.6   Projektphase: Betrieb der HR-Cloud

Nach Abschluss des Betriebsübergangs liegt die Verantwortung für den Betrieb der HR-Cloud nun auf Kundenseite, konkret bei dem Plattformmanager und den Modulmanagern. In dem ursprünglichen Artikel war die Projektphase des Betriebs nicht inkludiert, was aber nun, aufgrund von weiteren gesammelten Erfahrungen, hiermit revidiert wird. Ein an DevOps, also eine Mischung aus Entwicklung/Konfiguration und Betrieb (Debois 2011), angelehnter Ansatz in Kombination mit dem nach ITIL® (APM Group Ltd 2012) standardisierten Service-Konzept, bilden die Grundlage eines stabilen HR-Cloud-Betriebs.

Im Rahmen dieses Betriebs ergeben sich die folgenden Handlungsfelder:

• Change Requests/Änderungsanforderungen

In der Regel gibt es einen Rückstand an Änderungswünschen, die in den vorherigen Projektphasen gesammelt, aber nicht umgesetzt werden konnten. Zudem unterliegen einige Fachprozesse (z. B. die Mitarbeiterbeurteilung) ständiger Veränderung, wenn sich beispielsweise Geschäftsvorgaben ändern sollte. Eine Aufwandsschätzung, eine zeitliche Planung sowie die Prüfung von modularen Abhängigkeiten sollten vor Umsetzung erfolgen. Gerade bei übergreifenden Änderungen an der Plattformbasis (z. B. bei der Anpassung von Personalstammdaten) sind die Implikationen auf die jeweiligen Fachmodule unbedingt vorab zu bewerten.

• Upgrade/Updates

Die Anbieter der Cloud-Plattformen bieten zyklisch Updates, Fehlerbehebungen sowie (z. T. optionale) funktionale Erweiterungen an (Harris und Spencer 2016). Die detaillierten Beschreibungen dazu werden mit einer gewissen Vorlaufzeit von den Herstellern veröffentlicht und ggf. auf Testinstanzen eingespielt, sodass der Endkunde bereits einen ersten Blick darauf werfen kann. Die Modul- und Plattformmanager müssen diese in Zusammenarbeit mit der Fachabteilung evaluieren und die ggf. eintretenden Seiteneffekte auf Plattform und Fachmodule bewerten. Es hat sich für die Akzeptanz der HR-Cloud als förderlich erwiesen, die Entscheidungshoheit über die funktionalen Erweiterungen in die Hände des Fachbereichs zu legen.

Gerade die Umsetzung von funktionalen Erweiterungen kann so aufwändig sein, dass diese wiederrum kleinere HR-Transformationsprojekte erfordern (z. B. wenn die Digitalisierung eines weiteren HR-Subprozesses als neue Funktionalität angeboten wird).

• Support

Die Unterstützung der Endanwender durch einen Helpdesk als ersten Ansprechpartner (1st Level) verbessert die Akzeptanz des Systems im Allgemeinen und reduziert den Aufwand bei den nachgelagerten Modul- und Plattformmanagern (2nd Level).

Es wird empfohlen, für jedes fachliche Modul vorab einen Katalog mit den häufigsten Fragen und Antworten vorzubereiten, die im Rahmen des Projekts gesammelt wurden. Hier trägt der DevOps-Gedanke zum Erfolg bei, da diejenigen, die das Projekts umgesetzt haben, nun auch direkt den Betrieb mit ihrem umfangreichen Wissen unterstützen können.

9.5 Diskussion und Ausblick

Dieser Beitrag zeigt, dass eine professionell durchgeführte HR-Cloud-Transformation die Grundlage für die Akzeptanz einer HR-Cloud-Lösung in einem Unternehmen ist. Die Anwendung des herausgearbeiteten Vorgehensmodells, sowie die Vermeidung der beschriebenen Fallstricke tragen zum Projekterfolg bei. Auch zeigt sich, dass der Einsatz von Cloud-Technologie nicht nur betriebswirtschaftliche Vorteile bietet, sondern vielmehr die Möglichkeit eröffnet, prozessual neue Wege zu beschreiten. Vor allem der vergleichsweise geringe Aufwand der initialen Einrichtung, da u. a. die komplette IT-Infrastruktur in der Cloud vorhanden ist, führen zu einer Fokussierung auf die Fachlichkeit und lassen den Kostenaspekt in den Hintergrund rücken. Zudem ermöglicht die Cloud-Technologie den Zugriff auf Daten und Anwendung in Echtzeit, von überall mit jedem Endgerät über das Internet (Anderson und Rainie 2010; Park und Ryoo 2013), was dem Endanwender weitere Flexibilität erlaubt und somit die Akzeptanz der Lösung erhöht. Auch der Einsatz mobiler Technologien im HR-Kontext (Mülder 2016) und das Angebot von erweiterten HR-Self-Services stellt potenzielle Prozessoptimierungen in Aussicht. Softwarehersteller offerieren neben SaaS ebenso cloudbasierte „Platform as a Service"-Lösungen (Wu et al. 2012; Mendix 2017), die neben Schnittstellen zu anderen Cloud-Services (u. a. von Drittanbietern) auch die aufwandsarme Migration von Legacy on-premise Systemen, als zusätzlichen Investitionsschutz, anbieten. Zusätzlich werden plattformübergreifende Analysen angeboten. Ein „Andocken" der HR-Cloud sowie anderer HR-Systeme ist somit eine nächste potenzielle Ausbaustufe. Der Begriff „EaaS", der für „Expert as a Service" (Jafari Navimipour et al. 2015a) steht, wird ebenso im Kontext der Cloud-Prozessdigitalisierung erwähnt. Diese Sonderform von SaaS wird als Basis für die digitale Transformation von weiteren Fachprozessen in eine Cloud-Umgebung dienen. Fest steht, dass diese Entwicklungen erst durch Technologien wie dem Cloud Computing ermöglicht werden.

Im Kontext der HR-Cloud-Technologie ergeben sich verschiedenste neue Forschungsmöglichkeiten. Eine Frage, die im Kontext von Projekten immer wieder auftaucht, ist die einer objektiven Erfolgsmessung. Die Untersuchung von digitalen HR-Transformationen im Hinblick auf die antizipierten Effizienz- und Effektivitätssteigerungen, sind wiederkehrende Themen in der aktuellen Forschung. So stellen Stone et al. (2015) fest, dass e-HRM-Systeme einer Reihe von Restriktionen unterliegen und dass es bisher nur wenige Publikationen darüber gibt, ob e-HRM zur Steigerung der Effizienz oder Effektivität beiträgt. Ergänzend weisen Marler und Fisher (2013) darauf hin, dass es nur wenige Untersuchungen dazu gibt, die den Einfluss von e-HRM auf die HR im Allgemeinen betrachten. Ein von

Maatman (2006) ausgearbeitetes und angewandtes Framework kann als Grundlage zur weiteren Forschung dienen, um die Effektivität von e-HRM auf Basis von Cloud-Technologie zu messen.

HR-Cloud-Lösungen bieten eine übergreifende Abbildung von HR-Prozessen an. Beim Ausführen werden Prozessdaten (z. B. die Mitarbeiterbeurteilung, Dauer des Log-ins, Laufzeit einer Vakanz etc.) gesammelt und gespeichert. Im Gegensatz zu HR-Einzellösungen, die singuläre HR-Prozesse abbilden, enthalten diese Daten nun prozessübergreifende Informationen. Ein auf diesen prozessübergreifenden Daten aufbauendes Forschungsthema könnte die Identifikation von neuen HR-Kennzahlen (z. B. „Welches sind die Rekrutierungskanäle, aus denen die Mitarbeiter mit den besten Beurteilungen stammen?") sein. Die Anwendung dieser Kennzahlen im Rahmen eines kontinuierlichen Verbesserungsprozesses (ISO 2015) zur Optimierung der in der HR-Cloud abgebildeten Prozesse, was wiederrum Auswirkungen auf die Effizienz und Effektivität hat, kann ebenso ein Forschungsgebiet sein. Das von Davis entwickelte und angewandte Technologieakzeptanzmodell (Davis 1986, 1989) ist ein Modell, das anhand des wahrgenommen Nutzens und der empfundenen Benutzerfreundlichkeit die Akzeptanz einer Technologie evaluiert. Voermans und Veldhoven (2007) wenden dieses in einem Unternehmen der Elektronikindustrie an, das eine on-premise Lösung im Einsatz hat. Eine Anwendung des Technologieakzeptanzmodells auf HR-Cloud-Lösungen ist ein mögliches Forschungsfeld.

Schalk et al. (2013) untersuchen die Einflussfaktoren zur Entscheidung über die Einführung eines e-HRM und schlussfolgern, dass die Kostensenkung ein dominanter Treiber ist. In Anbetracht eines sich verändernden Arbeitsmarktes und dem Auftauchen von neuen Technologien, wäre zu prüfen, ob sich die Einflussfaktoren geändert und/oder in der Priorität verschoben haben.

Zusammenfassend lässt sich feststellen, dass das Forschungsfeld „e-HRM" derzeit schon verschiedenste Fragestellungen offeriert und dass die ständige Weiterentwicklung von Cloud Computing perspektivisch neue Forschungsfelder eröffnen wird.

Literatur

Aluvala R (2017) Human resource management: new horizons. Zenon Academic Publishing, Hyderabad

Anderson J, Rainie L (2010) The future of cloud computing. http://www.pewinternet. org/2010/06/11/the-future-of-cloud-computing/. Zugegriffen am 03.10.2017

APM Group Ltd (2012) ITIL® Home. In: ITIL® Home. http://www.itil-officialsite.com/

Bell BS, Lee S, Yeung SK (2006) The impact of e-HR on professional competence in HRM: implications for the development of HR professionals. Hum Resour Manag 45:295–308. https://doi.org/10.1002/hrm.20113

Bellou SPV (2016) Maximizing e-HRM outcomes: a moderated mediation path. Manag Decis 54:1088–1109. https://doi.org/10.1108/MD-07-2015-0269

BMWi (2016) Innovation im öffentlichen Beschaffungswesen. http://www.bmwi.de/DE/Themen/Technologie/Rahmenbedingungen/innovationbeschaffungswesen.html. Zugegriffen am 22.05.2016

Boehm B, Turner R (2004) Balancing agility and discipline: a guide for the perplexed. Pearson Education, Boston

Bondarouk T (2011) Theoretical approaches to e-HRM implementations. Emerald, Bingley

Bondarouk TV, Ruël HJM (2009) Electronic human resource management: challenges in the digital era. Int J Hum Resour Manag 20:505–514. https://doi.org/10.1080/09585190802707235

Bondarouk T, Parry E, Furtmueller E (2017) Electronic HRM: four decades of research on adoption and consequences. Int J Hum Resour Manag 28:98–131. https://doi.org/10.1080/09585192.2016.1245672

Brockbank W (1997) HR's future on the way to a presence. Hum Resour Manag 36:65–69

Broderick R, Boudreau JW (1992) Human resource management, information technology, and the competitive edge. Executive 6:7–17

Cabrera EF, Bonache J (1999) An expert HR system for aligning organizational culture and strategy. Hum Resour Plan 22:51–60

Colchester K, Hagras H, Alghazzawi D (2017) A survey of artificial intelligence techniques employed for adaptive educational systems within e-learning platforms. J Artif Intell Soft Comput Res 7:47–64. https://doi.org/10.1515/jaiscr-2017-0004

Davis FD (1986) A technology acceptance model for empirically testing new end-user information systems: theory and results. MIT, Massachusetts

Davis FD (1989) Perceived usefulness, perceived ease of use, and user acceptance. MIS Q 13:319–339. https://doi.org/10.2307/249008

Debois P (2011) Devops: a software revolution in the making? Cut IT J 24:1–41

DeSanctis G (1986) Human resource information systems: a current assessment. MIS Q 10:15. https://doi.org/10.2307/248875

Destatis (2016) Konjunkturindikatoren – Volkswirtschaftliche Gesamtrechnungen. https://www.destatis.de/DE/ZahlenFakten/GesamtwirtschaftUmwelt/VGR/Inlandsprodukt/Tabellen/BruttoinlandVierteljahresdaten_pdf.pdf?__blob=publicationFile. Zugegriffen am 10.07.2016

Eckhardt A, Laumer S, Maier C, Weitzel T (2014) The transformation of people, processes, and IT in e-recruiting: insights from an eight-year case study of a German media corporation. Empl Relat 36:415–431. https://doi.org/10.1108/ER-07-2013-0079

Eisner SP (2005) Managing generation Y. SAM Adv Manag J 70:4–15

Ensher EA, Nielson TR, Grant-Vallone E (2002) Tales from the hiring line: effects of the internet and technology on HR processes. Organ Dyn 31:224–244. https://doi.org/10.1016/S0090-2616(02)00111-0

Fisher SL, Howell AW (2004) Beyond user acceptance: an examination of employee reactions to information technology systems. Hum Resour Manag 43:243–258. https://doi.org/10.1002/hrm.20018

Florkowski GW, Olivas-Luján MR (2006) The diffusion of human-resource information-technology innovations in US and non-US firms. Pers Rev 35:684–710. https://doi.org/10.1108/00483480610702737

Furtmueller E, Wilderom CPM, Tate M (2011) Managing recruitment and selection in the digital age: e-HRM and resumes. Hum Syst Manag 30:243–259. https://doi.org/10.3233/HSM-2011-0753

Gueutal HG, Stone DL (2005) The brave new world of eHR: human resources management in the digital age. Jossey-Bass – A Wiley Imprint, San Francisco

Habermann F (2012) Hybrides Projektmanagement – agile und klassische Vorgehensmodelle im Zusammenspiel. HMD Prax Wirtschaftsinformatik 50:93–102. https://doi.org/10.1007/BF03340857

Hahn C (2016) Digitalisierung der IT-Industrie mit Cloud Plattformen – Implikationen für Entwickler und Anwender. HMD Prax Wirtschaftsinformatik 53:594–606. https://doi.org/10.1365/s40702-016-0259-0

Hall L, Torrington D (1986) „Why not use the computer?" The use and lack of use of computers in personnel. Pers Rev 15:3–7. https://doi.org/10.1108/eb055527

Harris S, Spencer E (2016) Sierra-Cedar 2016–2017 HR Systems Survey white paper
Hooi LW (2006) Implementing e-HRM: the readiness of small and medium sized manufacturing companies in Malaysia. Asia Pac Bus Rev 12:465–485. https://doi.org/10.1080/13602380600570874
Hussain Z, Wallace J, Cornelius NE (2007) The use and impact of human resource information systems on human resource management professionals. Inf Manag 44:74–89. https://doi.org/10.1016/j.im.2006.10.006
ISO (2015) The process approach in ISO 9001:2015
Jafari Navimipour N, Habibizad Navin A, Rahmani AM, Hosseinzadeh M (2015a) Behavioral modeling and automated verification of a Cloud-based framework to share the knowledge and skills of human resources. Comput Ind 68:65–77. https://doi.org/10.1016/j.compind.2014.12.007
Jafari Navimipour N, Rahmani AM, Navin AH, Hosseinzadeh M (2015b) Expert Cloud: a Cloud-based framework to share the knowledge and skills of human resources. Comput Hum Behav 46:57–74. https://doi.org/10.1016/j.chb.2015.01.001
Kavanagh MJ, Gueutal HG, Tannenbaum SI (1990) Human resource information systems: development and application. PWS-Kent Publishing Company, Boston
Klein A (2012) Controlling-Instrumente für modernes Human Resource Management. Haufe-Gruppe, München
Kovach KA, Hughes AA, Fagan P, Maggitti PG (2002) Administrative and strategic advantages of HRIS. Employ Relat Today Wiley 29:43–48. https://doi.org/10.1002/ert.10039
KPMG und Bitkom (2017) Cloud-Monitor 2017
Kumar TP, Lalitha DS (2016) E-recruitment practices in Indian banking industry – with special reference to Axis bank private limited in Guntur District. Int J Tech Res Sci 1:219–226
Laumer S, Eckhardt A, Weitzel T (2010) Electronic human resources management in an e-business environment. J Electron Commer Res 11:240–250
Lee I (2007) An architecture for a next-generation holistic e-recruiting system. Commun ACM 50:81–85. https://doi.org/10.1145/1272516.1272518
Lehnert V, Dopfer-Hirth I (2016) Datenschutzanforderungen und ihre Unterstützung in HR-Systemen am Beispiel SAP ERP HCM. HMD Prax Wirtschaftsinformatik 53:851–865. https://doi.org/10.1365/s40702-016-0267-0
Lengnick-Hall ML, Moritz S (2003) The impact of e-HR on the human resource management function. J Lab Res 24:365–379. https://doi.org/10.1007/s12122-003-1001-6
Lepak DP, Snell SA (1998) Virtual HR: strategic human resource management in the 21st century. Hum Resour Manag Rev 8:215–234. https://doi.org/10.1016/S1053-4822(98)90003-1
Lin A, Chen NC (2012) Cloud computing as an innovation: percepetion, attitude, and adoption. Int J Inf Manag 32:533–540. https://doi.org/10.1016/j.ijinfomgt.2012.04.001
Luo W, Strong DM (2004) A framework for evaluating ERP implementation choices. IEEE Trans Eng Manag 51:322–333. https://doi.org/10.1109/TEM.2004.830862
Maatman M (2006) Measuring the effectiveness of e-HRM: the development of an analytical framework for the measurement of e-HRM and its application within a Dutch Ministry. University of Twente
Maier C, Laumer S, Eckhardt A, Weitzel T (2013) Analyzing the impact of HRIS implementations on HR personnel's job satisfaction and turnover intention. J Strateg Inf Syst 22:193–207. https://doi.org/10.1016/j.jsis.2012.09.001
Marler JH (2009) Making human resources strategic by going to the net: reality or myth? Int J Hum Resour Manag 20:515–527. https://doi.org/10.1080/09585190802707276
Marler JH, Fisher SL (2013) An evidence-based review of e-HRM and strategic human resource management. Hum Resour Manag Rev 23:18–36
Martin A (2015) Talent management: preparing a „ready" agile workforce. Int J Pediatr Adolesc Med 2:112–116. https://doi.org/10.1016/j.ijpam.2015.10.002
Martinsons MG (1997) Human resource management applications of knowledge-based systems. Int J Inf Manag 17:35–53. https://doi.org/10.1016/S0268-4012(96)00041-2
McFarlane FW (1984) Information technology changes the way you compete. Harv Bus Rev 62:98–103

Mendix (2017) SAP cloud platform rapid application development. https://cloudplatform.sap. com/. Zugegriffen am 03.10.2017

Mülder W (2016) Mobile HR – Einsatzmöglichkeiten und Restriktionen. HMD Prax Wirtschafts-informatik. https://doi.org/10.1365/s40702-016-0264-3

Ngai EWT, Wat FKT (2006) Human resource information systems: a review and empirical analy-sis. Pers Rev 35:297–314. https://doi.org/10.1108/00483480610656702

Nura AA, Osman NH (2013) Gauging the effect of performance management and technology based human resource management on employee retention: the perspective of academics in higher educational institutions in Sokoto State Nigeria. Asian Soc Sci 9:295–304. https://doi. org/10.5539/ass.v9n15p295

Olivas-Lujan MR, Ramirez J, Zapata-Cantu L (2007) e-HRM in Mexico: adapting innova-tions for global competitiveness. Int J Manpow 28:418–434. https://doi.org/10.1108/ 01437720710778402

One Hundred Seventh Congress of the United States of America (2001) Section 1016 of the United States Patriot Act of 2001. HR 3162, United States Goverment Publishing Office 1–131

Park SC, Ryoo SY (2013) An empirical investigation of end-users' switching toward cloud computing: a two factor theory perspective. Comput Hum Behav 29:160–170. https://doi. org/10.1016/j.chb.2012.07.032

Parry E, Tyson S (2011) Desired goals and actual outcomes of e-HRM. Hum Resour Manag J 21:335–354. https://doi.org/10.1111/j.1748-8583.2010.00149.x

Pilarski B, Decker J, Klein M et al (2016) IT-gestütztes Human Capital Management. HMD Prax Wirtschaftsinformatik. https://doi.org/10.1365/s40702-016-0262-5

Prensky M (2001) Digital natives, digital immigrants. Horiz 9:1–6. https://doi.org/10.1108/ 10748120110424816

Public Low 107-347 (2007) Information security. Fed Inf Secur Manag Act 2002(48):48–63

Raiden AB, Dainty ARJ, Neale RH (2001) Human resource information systems in construction: are their capabilities fully exploited? In: Proceedings of the ARCOM 2001 Conference. Sal-ford, S 133–142

Roberts B (1999) Calculating return on investment for HRIS. HR Mag 44:122

Robinson N, Graux H, Botterman M, Valeri L (2009) Review of the European data protection directive. Rand Eur 1–82. The RAND Corporation, Santa Monica

Roehling MV, Boswell WR, Caligiuri P et al (2005) The future of HR management: research needs and directions. Hum Resour Manag 44:207–216. https://doi.org/10.1002/hrm.20066

Ruël H, Bondarouk T, Looise J (2004) E-HRM: innovation or irritation. An explorative empirical study in five large companies on web-based HRM. Manag Rev 15:364–381

Ruël HJM, Bondarouk TV, Van der Velde M (2007) The contribution of e-HRM to HRM effective-ness. Empl Relat 29:280–291. https://doi.org/10.1108/01425450710741757

Schalk R, Timmerman V, van den Heuvel S (2013) How strategic considerations influence decision making on e-HRM applications. Hum Resour Manag Rev 23:84–92. https://doi.org/10.1016/j. hrmr.2012.06.008

Sepstrup A (2015) Can you beat the SuccessFactors security model? In: 16.12.2015. https://www. linkedin.com/pulse/can-you-beat-successfactors-security-model-anders-sepstrup. Zugegriffen am 15.03.2017

Stanton JM, Coovert MD (2004) Guest editors' note: Turbulent waters: the intersection of information technology and human resources. Hum Resour Manag 43:121–125. https://doi. org/10.1002/hrm.20010

Stone DL, Deadrick DL (2015) Challenges and opportunities affecting the future of human resource management. Hum Resour Manag Rev 25:139–145. https://doi.org/10.1016/j. hrmr.2015.01.003

Stone DL, Deadrick DL, Lukaszewski KM, Johnson R (2015) The influence of technology on the future of human resource management. Hum Resour Manag Rev 25:216–231. https://doi. org/10.1016/j.hrmr.2015.01.002

Strohmeier S (2007) Research in e-HRM: review and implications. Hum Resour Manag Rev 17:19–37. https://doi.org/10.1016/j.hrmr.2006.11.002

Strohmeier S (2009) Concepts of e-HRM consequences: a categorisation, review and suggestion. Int J Hum Resour Manag 20:528–543. https://doi.org/10.1080/09585190802707292

Strohmeier S, Kabst R (2009) Organizational adoption of e-HRM in Europe: an empirical exploration of major adoption factors. J Manag Psychol 24:482–501. https://doi.org/10.1108/02683940910974099

Strohmeier S, Parry E (2014) HRM in the digital age – digital changes and challenges of the HR profession. Empl Relat 36:1–4. https://doi.org/10.1108/ER-03-2014-0032

SuccessFactors (2012) SuccessFactors focuses on security. So you can focus on business. https://www.sap.com/germany/docs/download/2014/06/366968c6-3c7c-0010-82c7-eda71af511fa.pdf. Zugegriffen am 15.03.2017

SuccessFactors (2016) Location of SAP data centers utilized for Cloud services. https://assets.cdn.sap.com/content/dam/site/agreements/product-use-and-support-terms/cls/en/list-of-data-centers-for-cloud-services-english-v7-2016.pdf. Zugegriffen am 15.03.2017

Tetz FF (1974) System for managing human resources. J Syst Manag (October): 10–14

Townsend AM, Bennett JT (2003) Privacy, technology, and conflict: emerging issues and action in workplace privacy. J Lab Res 24:195–205. https://doi.org/10.1007/BF02701789

Varma S (2010) The implications of implementing electronic – human resource management (e-HRM) system in companies. J Inf Syst Commun 2:10–29

Vlietland J, van Solingen R, van Vliet H (2016) Aligning codependent Scrum teams to enable fast business value delivery: a governance framework and set of intervention actions. J Syst Softw 113:418–429. https://doi.org/10.1016/j.jss.2015.11.010

Voermans M, Van Veldhoven M (2007) Attitude towards e-HRM: an empirical study at Philips. Pers Rev 36:887–902. https://doi.org/10.1108/00483480710822418

Wagner R (2011) Vorgehensmodelle in Projekten. MQ Manag und Qual 41:29–31

Wirtky T, Laumer S, Eckhardt A, Weitzel T (2016) On the untapped value of e-HRM: a literature review. Commun Assoc Inf Syst 38:20–83

Wu L, Kumar Garg S, Buyya R (2012) SLA-based admission control for a Software-as-a-Service provider in Cloud computing environments. J Comput Syst Sci 78:1280–1299. https://doi.org/10.1016/j.jcss.2011.12.014

Zafar H (2013) Human resource information systems: information security concerns for organizations. Hum Resour Manag Rev 23:105–113. https://doi.org/10.1016/j.hrmr.2012.06.010

Zapotocny M (2015) Human resource information systems: the current problems and future challenges. Innov Vis 2020 From Reg Dev Sustain to Glob Econ Growth I–Vi:2606–2614

Teil III

Implikationen

Risikoorientiertes Monitoring von Cloud-Systemen: Methoden für die externe Revision

10

Andreas Kiesow, Johannes Langhein und Oliver Thomas

Zusammenfassung

Bei der Durchführung betrieblicher Prozesse werden zunehmend Cloud-Services genutzt. Diese spezielle Form der Auslagerung ist üblicherweise mit Risiken behaftet, die sich auf die Erstellung, Verarbeitung und Darstellung rechnungslegungsrelevanter Daten auswirken. Daher rücken Cloud-Services verstärkt in den Fokus von Prüfungen durch die externe Revision. In diesem Zusammenhang sind die sachgerechte Beurteilung der Ordnungsmäßigkeit von Cloud-Computing-Systemen sowie die Entwicklung kontinuierlicher Überwachungs- und Prüfungsansätze von besonderem Interesse.

Der vorliegende Beitrag zeigt Risiken auf, die sich aus der Auslagerung betrieblicher Prozesse in Cloud-Services ergeben. Zudem werden Anforderungen relevanter Standards zur Prüfung von Cloud-Services zusammenfassend dargestellt. Darin wird unter anderem auch die Umsetzung von Funktionen zur automatisierten Überwachung von Cloud-Computing-Systemen empfohlen. Der Beitrag greift diesen spezifischen Bedarf auf und stellt exemplarisch drei Methoden aus dem Schrifttum vor, die die externe Revision zu einer kontinuierlichen und risikoorientierten Überwachung von Cloud-Services befähigen können. Abschließend werden Implikationen für die Prüfungsgesellschaften diskutiert.

Vollständig neuer Original-Beitrag

A. Kiesow (✉) · J. Langhein · O. Thomas
Fachgebiet für Informationsmanagement und Wirtschaftsinformatik, Universität Osnabrück, Osnabrück, Deutschland
E-Mail: andreas.kiesow@uni-osnabrueck.de; johannes.langhein@uni-osnabrueck.de; oliver.thomas@uni-osnabrueck.de

© Springer Fachmedien Wiesbaden GmbH, ein Teil von Springer Nature 2018
S. Reinheimer (Hrsg.), *Cloud Computing*, Edition HMD,
https://doi.org/10.1007/978-3-658-20967-4_10

Schlüsselwörter
Cloud-Computing · Cloud-Monitoring · IT-Outsourcing · Externe Revision ·
Continuous Auditing

10.1 Bedarf an Cloud-Monitoring

10.1.1 Bedeutung von Cloud-Computing für die Wirtschaft

Durch die voranschreitende Digitalisierung von Geschäftsprozessen und deren wachsende Abhängigkeit von der eingesetzten *Informationstechnologie* (IT) sind Unternehmen zunehmend Risiken ausgesetzt, die sich aus den Schwachstellen der IT-Organisation, des IT-Umfeldes oder der IT-Systeme ergeben. Zudem werden Geschäftsvorfälle, die die Grundlage für die Finanzberichterstattung bilden, nahezu ausschließlich in elektronischer Form erfasst und verarbeitet. Daher sind die Prüfung von Richtigkeit und Vollständigkeit der Datenverarbeitung in rechnungslegungsrelevanten *Informationssystemen* (IS) sowie die Beurteilung der Ordnungsmäßigkeit von Systemen (IT-Systemprüfung) Kernaufgaben externer Abschlussprüfer (Knoll 2013).

Vermehrt lagern Unternehmen Geschäftsprozesse in Cloud-Computing-Systeme aus, was zu einer radikalen Veränderung bestehender Geschäftsaktivitäten führt (Repschläger et al. 2010; Schneider und Sunyaev 2015). Cloud-Computing vereint dabei technische Merkmale der Virtualisierung sowie der Auslagerung von IT-Infrastrukturkomponenten, wie Hardware, Software und Datenspeicher (Doelitzscher et al. 2013). Laut einer Studie von KPMG und BITKOM (2017) nutzen 65 % der Unternehmen in Deutschland Cloud-Services für unterschiedliche Geschäftsbereiche und weitere 18 % planen deren Einsatz. Mit dem Einsatz von Cloud-Services können IT-Leistungen über das Internet bedarfsgerecht bezogen werden. Dadurch können Unternehmen einen effizienteren Zugriff auf IT-Ressourcen, höhere Flexibilität und einen geringeren Administrationsaufwand erreichen. Merkmale von Cloud-Computing sind daher der flexible und kostengünstige Bezug von IT sowie eine verbrauchsabhängige Nutzung und Bezahlung, was den Betrieb eigener IT-Kapazitäten reduziert (KPMG/Bitkom 2017).

10.1.2 Besonderheiten des Cloud-Computings

Cloud-Computing kann als eine besondere Form der Auslagerung von IT-Systemen verstanden werden, wobei die Einteilung des Auslagerungsgegenstands in IT-gestützte-Geschäftsprozesse, IT-Anwendungen und IT-Infrastruktur bestehen bleibt. Bei der klassischen Auslagerung ist die Beziehung zwischen Kundenapplikation und physikalischer Ressource jedoch üblicherweise statisch, d. h. das externe Dienstleistungsunternehmen stellt für jeden Kunden ein separates, physikalisch lokalisierbares System bereit. Im Gegensatz dazu werden beim Cloud-Computing die Applikationen mehrerer Kunden auf mehreren physikalischen Systemen vorgehalten. Dieses Konzept wird durch die Virtualisierung von Anwendungen und Servern erreicht, die eine Aktivierung und Deaktivierung von IT-Ressourcen in quasi-Echtzeit ermöglicht. Dadurch können Cloud-Services dynamisch und bedarfsorientiert zugewiesen werden.

10.1.3 Risiken im Cloud-Computing

Neben den genannten Vorteilen werden in der Fachliteratur zunehmend Risiken des Cloud-Computings diskutiert (Doelitzscher et al. 2013). Risiken, die in Zusammenhang mit der Auslagerung von IT im Allgemeinen auftreten, betreffen z. B. Aspekte der IT-Sicherheit sowie Verfügbarkeit und Schutz von Daten (Schneider und Sunyaev 2015). Darüber hinaus können Abweichungen bei der Bereitstellung der vertraglich vereinbarten Leistungen in Bezug auf die Services (*Service-Level-Agreements*, SLA) auftreten. Mit Cloud-Computing verbundene Risiken beziehen sich darüber hinaus auf die steigende Abhängigkeit zum Cloud-Anbieter, die erhöhte Komplexität der Compliance-Anforderungen, die Notwendigkeit einer dauerhaften und fehlerfreien Internetverbindung sowie der dynamischen Umgebung des Cloud-Computings (Doelitzscher et al. 2013). Entsprechend der zuvor zitierten Studie sehen 67 % der Unternehmen den Einsatz von Cloud-Computing in Bezug auf Compliance-Konformität kritisch (KPMG/Bitkom 2017). Damit wird die Auslagerung von Geschäftsprozessen in Cloud-Computing-Systeme zunehmend ein kritischer Aspekt bei der Prüfung von IT-Systemen im Rahmen der gesetzlichen Jahresabschlussprüfung. Dabei ist zu beobachten, dass traditionelle Prüfungsverfahren der hohen Dynamik des Cloud-Computing und die damit verbundenen Risiken nicht mehr gerecht werden. Jährliche, vorwiegend manuelle Prüfungshandlungen reichen oftmals nicht aus, um die Ordnungsmäßigkeit von Cloud-Services durchgängig sicherzustellen. Daher werden innovative, IT-gestützte Prüfungstechniken notwendig, die eine kontinuierliche, unterjährige Überwachung von Cloud-Services zu ermöglichen (Accorsi et al. 2011; Windhorst und Sunyaev 2013; Lins et al. 2015). Der vorliegende Artikel greift den Bedarf an zeitnaher Berichterstattung über rechnungslegungsrelevante Cloud-Services auf und stellt in diesem Zusammenhang sowohl relevante Prüfungsstandards als auch Techniken zur Umsetzung eines kontinuierlichen Cloud-Monitorings vor.

10.2 Cloud-Computing als Prüfungsgegenstand

10.2.1 Anforderungen an die Prüfung

Aufgrund der im vorherigen Abschnitt beschriebenen Risiken rücken besondere Anforderungen an die Ordnungsmäßigkeit, die sich aus der Datenverarbeitung im Cloud-Computing ergeben, vermehrt in den Fokus der externen Revision: Erstens ist es notwendig, dass die *Integrität* der Daten bei der dynamischen Verteilung auf unterschiedliche Speicherorte sichergestellt ist, da diese für die Vollständigkeit und Richtigkeit der Rechnungslegung essenziell ist. Zweitens müssen Daten auf nicht mehr benötigten Ressourcen gelöscht werden, um die *Vertraulichkeit* der Daten sicherzustellen. Drittens müssen für das Cloud-Computing entsprechende Berechtigungskonzepte entwickelt werden: Zugriffsrechte müssen restriktiv vergeben werden, um einen angemessenen *Zugriffsschutz* kundenspezifischer Daten sicherzustellen. Darüber hinaus müssen die auf der Ebene der Geschäftsprozesse vorhandenen Schnittstellen zwischen verschiedenen Cloud-Services hinsichtlich einer *vollständigen und korrekten Datenübergabe* geprüft werden (IDW RS FAIT 1 Tz. 23). In folgenden Abschnitt werden dazu relevante Prüfungsstandards betrachtet.

10.2.2 Relevante Prüfungsstandards

Das *Institut der Wirtschaftsprüfer in Deutschland* (IDW) hat Vorgaben, die im Rahmen der Abschlussprüfung bei Einsatz von IT zu beachten sind, im IDW *Prüfungsstandard* (PS) 330 definiert, wonach die Prüfung der IT aus drei essenziellen Bausteinen besteht: (1) Aufnahme des IT-Systems, (2) Aufbauprüfung und (3) Funktionsprüfung. Bei der (1) *Aufnahme des IT-Systems* sind die IT-Systeme mit Relevanz zur Rechnungslegung sowie die Komplexität der eingesetzten Systeme zu identifizieren. Dabei müssen auch Bestandteile der IT berücksichtigt werden, die teilweise oder ganz ausgelagert sind. Im Rahmen der (2) *Aufbauprüfung* erfolgen eine Beurteilung der Angemessenheit und eine vorläufige Beurteilung der Wirksamkeit des anwendungsbezogenen und der im Geschäftsprozess integrierten IT-Kontrollen. In der (3) *Funktionsprüfung* erfolgt schließlich die Prüfung und finale Beurteilung der Wirksamkeit des Kontrollsystems. In der Stellungnahme zur Rechnungslegung IDW RS FAIT 1 hat das IDW ergänzend die Grundsätze ordnungsgemäßer Buchführung bei Einsatz von Informationstechnologie konkretisiert. Eine besondere Rolle spielen dabei Sicherheitsanforderungen an rechnungslegungsrelevante Daten und weiteren Bestandteilen von IT-Systemen, wie IT-Infrastruktur, IT-Anwendungen und Überwachung des IT-Kontrollsystems.

Der im IDW PS 330 beschriebene Ablauf basiert auf der Annahme, dass sich die rechnungslegungsrelevanten IT-Systeme im Eigenbetrieb des zu prüfenden Unternehmens befinden. Mit der teilweisen oder vollständigen Auslagerung von Prozessen und den dahinterliegenden IT-Systemen an externe Dienstleistungsunternehmen sowie der Nutzung von Cloud-Services werden auch Bestandteile des *internen Kontrollsystems* (IKS) auf das Dienstleistungsunternehmen übertragen. Damit sind unmittelbare Auswirkungen auf den Gegenstand und den Umfang von Prüfungshandlungen verbunden, die der externe Prüfer Rechnung berücksichtigen muss, wie IT-Sicherheit und IT-Organisation des Dienstleistungsunternehmens. Daher hat das IDW im Prüfungsstandard IDW PS 951 die Durchführung von Prüfungen des IKS bei Dienstleistungsunternehmen definiert. Ergebnisse dieser Prüfung werden in Berichten zusammengefasst, die wiederum durch den Prüfer des auslagernden

Unternehmens genutzt werden können. Der IDW PS 951 berücksichtigt auch die Vorgehensweise von IDW PS 330. Dabei können zwei Typen der Berichterstattung unterschieden werden: Typ 1 sieht lediglich die Durchführung der Aufbauprüfung des internen Kontrollsystems vor. Dieser Typ gibt somit nur einen Überblick über das eingerichtete IKS und trifft keine Aussagen über dessen Wirksamkeit. Daher ist eine Berichterstattung gemäß Typ 1 für die Verwendung in der Jahresabschlussprüfung oft nicht ausreichend. Ein Bericht gemäß IDW PS 951 Typ 2 bietet hingegen eine Basis für die Bewertung der Wirksamkeit des IKS des Dienstleistungsunternehmens, da dieser Typ neben der Aufbauprüfung zusätzlich die Funktionsprüfung umfasst. Somit kann der Abschlussprüfer des auslagernden Unternehmens auf eigene Prüfungshandlungen in Bezug auf den Cloud-Service verzichten (siehe Abb. 10.1).

In Hinblick auf die cloud-spezifischen Risiken und den gestiegenen Bedarf an Prüfungssicherheit in Cloud-Computing-Szenarien veröffentlichte das IDW im November 2015 eine weitere Stellungnahme zur Rechnungslegung. Darin werden die Grundsätze ordnungsmäßiger Buchführung bei Auslagerung von rechnungslegungsrelevanten Prozessen und Funktionen einschließlich Cloud-Computing dargestellt (IDW RS FAIT 5). Diese Stellungnahme erweitert die Inhalte des IDW RS FAIT 1 um spezielle Anforderungen bzgl. Sicherheit und Ordnungsmäßigkeit im Zusammenhang mit der Auslagerung rechnungslegungsrelevanter Systeme und die Nutzung von Cloud-Services. Zudem werden darin konkrete Unterschiede und potenzielle Risiken des Cloud-Computings im Vergleich zur klassischen Auslagerung verdeutlicht. Die Stellungnahme enthält darüber hinaus maßgebliche Empfehlungen zur Umsetzung von automatisierten Überwachungsfunktionen, um die Ordnungsmäßigkeit der ausgelagerten Kontrollen sicherzustellen. Die für die Prüfung von Cloud-Computing-Szenarien relevanten Prüfungsstandards und Stellungnahmen des IDW sind ebenfalls in Abb. 10.1 dargestellt.

10.3 Cloud-Monitoring-Methoden

Die kontinuierliche Überwachung von Cloud-Computing-Systemen (*Cloud-Monitoring*) ist für alle beteiligten Akteure eine wesentliche Aufgabe. Das auslagernde Unternehmen kann dadurch z. B. die Verfügbarkeit der Cloud-Services entsprechend der vereinbarten SLA prüfen. Der Dienstleistungsanbieter hingegen kann die eigene Hardware- und Softwareinfrastruktur durchgängig überwachen und bei technischen Problemen umgehend reagieren. Für beide Akteure besteht die Möglichkeit, die Cloud-Services unter Verwendung von *Key Performance Indicators* (KPIs) Informationen über die Cloud-Plattform und die verwendeten Applikationen zu überwachen (Aceto et al. 2012; Alhamazani et al. 2015). Für die externe Revision wird durch die technische Umsetzung eines Cloud-Monitorings eine zeitnahe Berichterstattung über die geprüften Cloud-Services möglich. Nachfolgend werden exemplarisch drei Techniken vorgestellt, die besondere Beachtung in der Literatur gefunden haben.

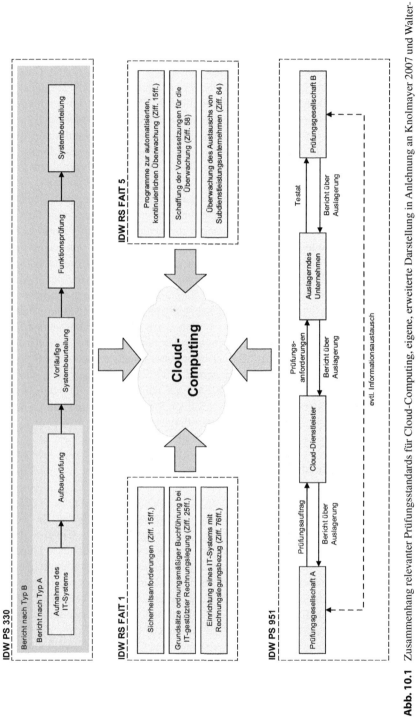

Abb. 10.1 Zusammenhang relevanter Prüfungsstandards für Cloud-Computing, eigene, erweiterte Darstellung in Anlehnung an Knolmayer 2007 und Walterbusch et al. 2014

10.3.1 Application-Monitoring

Application-Monitoring erlaubt die Überwachung der Interaktion zwischen Anwendungsinstanzen auf verschiedenen, virtuellen Maschinen. Dazu wird ein automatisiertes Monitoring-Modell genutzt, das aus den Schichten *lokale Anwendungsüberwachung* (LAS), *Intraplattform-Überwachung* (IPS) und *globale Anwendungsüberwachung* (GAS) besteht (Gonzalez et al. 2011; Lins et al. 2015). Für jede Anwendungsinstanz in der Cloud-Umgebung existiert eine eigene LAS, die die Einhaltung vordefinierter Monitoringregeln überwacht. Das Ergebnis dieser Analyse wird anschließend an die darunterliegende Schicht (IPS) weitergegeben. Auf dieser Schicht werden Probleme identifiziert, die durch die Interaktion mit verschiedenen virtuellen Umgebungen entstehen könnten. Diese Schicht analysiert die Informationen der virtuellen Maschinen, die auf dem gleichen physikalischen Server betrieben werden. Dementsprechend existiert ein IPS pro virtueller Maschine, die wiederum mit den IPS anderer virtueller Maschinen verbunden ist. Die gesammelten Informationen werden schließlich an die Schicht der globalen Anwendungsüberwachung (GAS) weitergeleitet. Auf dieser Schicht werden Informationen über alle virtuellen Maschinen analysiert, was somit die technische Überwachung des Gesamtsystems ermöglicht (Gonzalez et al. 2011).

Application-Monitoring kann die Sicherheit und Verlässlichkeit von virtualisierten Umgebungen erhöhen. Durch die separate Überwachung jeder Applikationsinstanz können frühzeitig identifizierte Fehlerquellen lokalisiert werden. Zusätzlich können technische Störungen oder bewusste Angriffe auf die Cloud-Computing-Umgebung zeitnah identifiziert werden (Gonzalez et al. 2011). Darüber hinaus erlaubt die Methode die automatisierte und kontinuierliche Prüfung von definierten Zertifizierungskriterien (Lins et al. 2015). Die Vorgehensweise der Methode ist in Abb. 10.2 dargestellt.

10.3.2 Logging-Framework: TrustCloud

Ausgehend von der Fragestellung, wie das Vertrauen von auslagernden Unternehmen in Cloud-Computing-Systeme gesteigert werden kann, werden in dem Framework *TrustCloud* die Cloud-Architektur in die drei Schichten (1) System-Layer, (2) Daten-Layer und (3) Workflow-Layer strukturiert, auf denen die Überwachung von Verarbeitungsvorgängen auf Basis von aufgezeichneten Protokolldateien (engl. *logging*) durchgeführt wird (Ko et al. 2011a).

Der (1) *System-Layer* stellt die Basis des Verfahrens dar. Darin wird ein Logging auf den Ebenen des Betriebssystems, des Dateisystems und des Cloud-Netzwerkes durchgeführt. Auf diesem Layer werden Protokolle über den Status des Betriebssystems und Daten über kritische Systemvorfälle gesammelt. Durch die bedarfsorientierte Bereitstellung von Ressourcen rücken Informationen zur physischen Auslastung des Cloud-Computing-Systems allerdings in den Hintergrund. Stattdessen werden Aspekte wie Datenintegrität und Sicherheit sowie das Management von Daten zunehmend relevant. Daher protokolliert der System-Layer zusätzlich die Lebenszyklen einer Datei auf der Ebene des Dateisystems stellt diesen

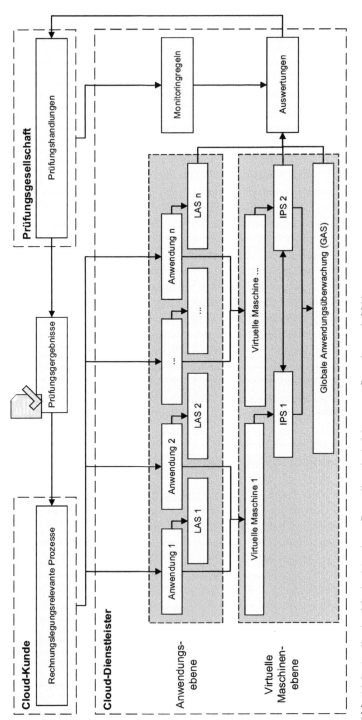

Abb. 10.2 Application Monitoring, eigene Darstellung in Anlehnung an Gonzalez et al. 2011

nachvollziehbar dar. Da Daten in einem Cloud-Netzwerk`den Standort wechseln können, ist darüber hinaus ein Logging des Cloud-Netzwerks notwendig. Auf Ebene des System-Layers werden somit sämtliche Veränderungen protokolliert, die durch virtuelle Maschinen genutzt werden, sodass eine Momentaufnahme der Cloud-Computing-Umgebung möglich ist.

Auf der Schicht (2) *Daten-Layer* werden die Daten über deren Entstehung und Historisierung protokolliert. Zudem werden Veränderungen der Daten protokolliert, um deren Konsistenz und Wiederherstellung sicherstellen zu können. Dazu werden operationelle und transaktionelle Logs verwendet, die die Prüfung der Einhaltung der Ordnungsmäßigkeit der Datenverarbeitung unterstützen. Der Daten-Layer adressiert somit die Sicherheit und den Schutz der Daten, um deren Konsistenz und Wiederherstellung sicherzustellen.

Auf der Schicht (3) *Workflow-Layer* werden prüfungsrelevante Nachweise der Cloud-Services gesammelt und ausgewertet. Diese Schicht enthält daher vorwiegend Protokolldateien zur Überwachung implementierter Applikationskontrollen und zielt somit auf die angemessene Steuerung der Cloud-Applikationen ab. Dadurch kann eine kontinuierliche Überwachung und Prüfung (engl. *continuous auditing*) der ausgelagerten Geschäftsprozesse in quasi Echtzeit erreicht werden (Ko et al. 2011a, b). Dazu muss die Protokollierung der systemseitigen Prozesskontrollen automatisiert und die so entstehenden Protokolldateien anhand im Vorfeld definierter Regeln (engl. *audit rules*) geprüft werden.

Zusammengefasst wird bei dieser Methode die Erhöhung von Datensicherheit, Datenschutz, Haftung und Nachprüfbarkeit angestrebt, was das Vertrauen in Cloud-Computing erhöhen und auslagernde Unternehmen zu einer verstärkten Nutzung von Cloud-Services bewegen soll (Ko et al. 2011a, b). Die Methode ist in Abb. 10.3 dargestellt.

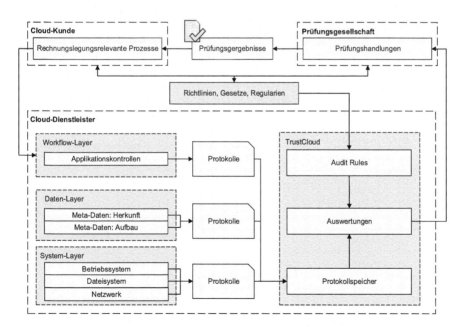

Abb. 10.3 Logging-Framework, eigene Darstellung in Anlehnung an Ko et al. 2011b

10.3.3 Automatisierte Cloud-Service-Testierung

Eine in der Literatur häufig diskutierte Entwicklung ist der Wandel der traditionellen Jahresabschlussprüfung auf Basis historischer Daten zu einer kontinuierlichen Prüfung rechnungslegungsrelevanter Daten in Echtzeit. Auch in Bezug auf Cloud-Computing werden regelmäßige, unterjährige Prüfungen als notwendig erachtet, um die Ordnungsmäßigkeit der Datenverarbeitung sachgerecht beurteilen zu können. Die Automatisierung von Verfahren zur Cloud-Service-Testierung basieren ebenfalls auf dem Logging-Verfahren und ermöglichen eine unterjährige Überwachung des Kontrollsystems von Cloud-Computing-Systemen (Kunz et al. 2013).

Die Basis der automatisierten Cloud-Service-Testierung bilden Protokolldateien, die während des Betriebs auf Ebene der Cloud-Infrastruktur und der Applikationsebene generiert werden. Die Integrität der Protokolldateien wird durch ein Treuhänder-Prinzip sichergestellt, bei dem die Protokolldateien in einer vom operativen Betrieb separierten Speicherkomponente verschlüsselt und übertragen werden. Damit sollen die Protokolldateien auch durch Manipulation durch das Dienstleistungsunternehmen geschützt werden. Über einen gesicherten Zugang kann die Prüfungsgesellschaft die automatisierte Prüfung des Kontrollsystems veranlassen und die Protokolldateien zur Durchführung eigener, manueller Prüfungshandlungen heranziehen. Die automatisch generierten Analyseergebnisse werden auf Vollständigkeit, Integrität und Authentizität geprüft. Im Anschluss daran werden die Analyseergebnisse mit den manuellen Prüfungshandlungen verknüpft, sodass ein vollständiges Testat generiert werden kann (Kunz et al. 2013).

Diese automatisierte Prüfung des Kontrollsystems kann in definierten Zyklen durchgeführt werden und somit zur Realisierung eines kontinuierlichen Prüfungsansatzes beitragen. Es ist jedoch festzuhalten, dass lediglich systembasierte Prüfungshandlungen automatisiert durchgeführt werden können und organisatorische Kontrollen weiterhin manuell geprüft werden müssen. Das Verfahren ist in Abb. 10.4 dargestellt.

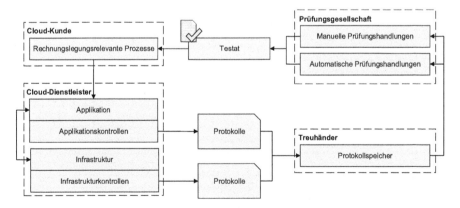

Abb. 10.4 Automatisierte Cloud-Service-Testierung, eigene Darstellung in Anlehnung an Kunz et al. 2013

10.4　Schlussbetrachtungen

Die in diesem Beitrag vorgestellten Methoden adressieren den Bedarf an zeitnahen und validen Prüfungen von Cloud-Computing-Umgebungen. Sie ermöglichen die Auswertung von Daten in Bezug auf Konfiguration, Status und Störungen von Cloud-Services, womit die Überwachung der Cloud-Infrastruktur erreicht wird. Die Methoden berücksichtigen darüber hinaus die Dynamik des Cloud-Computings, da sie sich durch ihre Schichtenkonzeption flexibel an die Cloud-Architektur anpassen lassen. Durch die Überwachung von Applikationskontrollen können zudem Aussagen über die Verarbeitung rechnungslegungsrelevanter Daten getroffen werden, die die Grundlage für die Finanzberichterstattung darstellen. Die Methoden unterstützen somit nicht nur auslagernde Unternehmen und externe Cloud-Dienstleister, sondern auch die externe Revision bei der Aufgabe, die Ordnungsmäßigkeit der ausgelagerten Datenverarbeitung entsprechend regulatorischer Vorgaben zu prüfen.

Die vorgestellten Methoden zum Cloud-Monitoring wurden bislang allenfalls prototypisch umgesetzt und sind nicht in der Praxis verbreitet. Die Überführung der vorgestellten Methoden in den Regelbetrieb erfordert die Zusammenarbeit und das technische Verständnis aller Akteure. Insbesondere für die externe Revision ist damit die Herausforderung verbunden, qualifizierte Experten auszubilden, die die kontinuierliche Überwachung von Cloud-Umgebungen mitgestalten und unterjährig begleiten können. Damit ist auch für die externe Prüfung selbst der Wandel von einer jährlichen, traditionellen Abschlussprüfung zu einer durchgängigen, unterjährigen Prüfung verbunden. Zusammengefasst reduziert Cloud-Monitoring die mit der Auslagerung verbundenen Risiken und trägt somit zu einem stärkeren Vertrauen in Cloud-Services und einer höheren Akzeptanz durch auslagernde Unternehmen bei. Umgekehrt ermöglicht die Virtualisierung und Skalierung von Geschäftsprozessen durch Cloud-Computing die Umsetzung kontinuierlicher Prüfungsansätze, was deren zunehmende Verbreitung in der Praxis bewirken wird.

Literatur

Accorsi R, Lowis D-IL, Sato Y (2011) Automated certification for compliant cloud-based business processes. Bus Inf Syst Eng 3:145–154

Aceto G, Botta A, De Donato W, Pescapè A (2012) Cloud monitoring: definitions, issues and future directions. Cloudnet 12:63–67

Alhamazani K, Ranjan R, Mitra K et al (2015) An overview of the commercial cloud monitoring tools: research dimensions, design issues, and state-of-the-art. Computing 97:357–377

Doelitzscher F, Reich C, Knahl M, Clarke N (2013) Understanding cloud audits. In: Privacy and security for cloud computing. Springer, London, S 125–163

Gonzalez J, Muñoz A, Maña A (2011) Multi-layer monitoring for cloud computing. In: High-Assurance Systems Engineering (HASE), 2011 IEEE 13th international symposium on. IEEE, Boca Raton, S 291–298

Knoll M (2013) Sicherstellung einer ordnungsgemäßen IT. HMD Prax Wirtschaftsinformatik 50:6–19

Knolmayer GF (2007) Compliance-Nachweise bei Outsourcing von IT-Aufgaben. Wirtschaftsinformatik 49:98

Ko RKL, Jagadpramana P, Mowbray M et al (2011a) TrustCloud: a framework for accountability and trust in cloud computing. In: Services (SERVICES), 2011 IEEE world congress on. IEEE, Washington, DC, S 584–588

Ko RKL, Lee BS, Pearson S (2011b) Towards achieving accountability, auditability and trust in cloud computing. In: Advances in computing and communications. Springer, Berlin, S 432–444

KPMG/Bitkom (2017) Cloud-Monitor 2017: Cyber Security im Fokus: Die Mehrheit vertraut der Cloud

Kunz T, Niehues P, Waldmann U (2013) Technische Unterstützung von Audits bei Cloud-Betreibern. Datenschutz Datensicherheit 37:521–525

Lins S, Thiebes S, Schneider S, Sunyaev A (2015) What is really going on at your cloud service provider? Creating trustworthy certifications by continuous auditing. In: System sciences (HICSS), 2015 48th Hawaii international conference on. IEEE, Kauai, S 5352–5361

Repschläger J, Pannicke D, Zarnekow R (2010) Cloud Computing: Definitionen, Geschäftsmodelle und Entwicklungspotenziale. HMD Prax Wirtschaftsinformatik 47:6–15

Schneider S, Sunyaev A (2015) Grundlagen zur Zertifizierung von Cloud Services. In: Cloud-Service-Zertifizierung. Springer, Berlin, S 5–21

Walterbusch M, Truh S, Teuteberg F (2014) Hybride Wertschöpfung durch Cloud Computing. In: Dienstleistungsmodellierung 2014. Springer, Wiesbaden, S S 155–S 174

Windhorst I, Sunyaev A (2013) Dynamic certification of cloud services. In: Availability, reliability and security (ARES), 2013 Eighth international conference on. IEEE, Regensburg, S 412–417

Digitalisierung der IT-Industrie mit Cloud Plattformen – Implikationen für Entwickler und Anwender

Christopher Hahn

Zusammenfassung

Die zunehmende Bedeutung und Verbreitung von Plattform Ökosystemen beeinflusst insbesondere auch die IT-Industrie. Eine daraus resultierende Modularisierung ermöglicht eine stärkere Serviceorientierung von Infrastruktur- und Anwendungsarchitekturen insbesondere vor dem Hintergrund des Cloud Computing. Dabei ermöglicht das Plattform-Konzept den beteiligten Partnern die Erzeugung von jeweils größerem Mehrwert, als jeder Einzelne im Stande wäre (Value Co-Creation) hinsichtlich Effizienz oder verteilter Innovationen. Dahingehend soll im Rahmen dieses Artikels ein vertieftes Verständnis für Plattformen im Enterprise Software Segment erzeugt werden. Zunächst wird der Begriff der Cloud Plattform Ökosysteme konzeptualisiert werden und deren Funktionalitäten beschrieben. Darüber hinaus werden generische Wertschöpfungs- und Wertabschöpfungsmechanismen benutzt, um das Geschäftsmodell der Cloud Plattformen aus Sicht der Plattformbetreiber zu charakterisieren. Anschließend werden die verschiedenen Wertschöpfungsmechanismen für weitere beteiligte Akteure (B2B Endkunden, Entwickler/ISVs, Integratoren etc.) näher beleuchtet. Dabei stehen potenzielle Handlungsfelder und Risiken im Fokus der Betrachtung, die anhand der generischen Mechanismen für die jeweiligen Akteure detailliert analysiert werden.

Unveränderter Original-Beitrag Hahn (2016) Digitalisierung der IT-Industrie mit Cloud Plattformen – Implikationen für Entwickler und Anwender, HMD – Praxis der Wirtschaftsinformatik Heft 311, 53(5): 594–606.

C. Hahn (✉)
Technische Universität Berlin, Berlin, Deutschland
E-Mail: christopher.hahn@tu-berlin.de

Schlüsselwörter
Cloud Plattformen · Cloud Plattform Ökosysteme · Wertschöpfung · Wertabschöpfung · IT-getriebene Geschäftsmodelle

11.1 Einleitung

Durch eine immer stärkere gesellschaftliche Durchdringung von Informations- und
Kommunikationstechnologie, sowie inkrementelle Fortschritte oder disruptive
Innovationen in diesen Bereichen werden die meisten Branchen zur Digitalisierung
gezwungen. Dies findet auch in der IT-Industrie statt und spiegelt sich in der sogenannten „Servitization" der IT Industrie wider, also einer Fokussierung auf Services
statt auf Produkte (Cusumano 2010; Leimeister et al. 2010). Traditionelle Software-
und Hardware-Anbieter reagieren darauf mit einer Transformation ihrer Geschäftsmodelle und zunehmender Serviceorientierung. Hierbei spielen Plattformen eine
zunehmend wichtige Rolle und stellen einen wesentlichen Lösungsansatz dar um
der Digitalisierung Rechnung zu tragen (Daugherty et al. 2015; van der Meulen
2015), insbesondere um zunehmend komplexer werdende Anforderungen zu erfüllen. Unter Cloud Plattformen lassen sich die Angebote von IaaS, PaaS oder SaaS
verstehen, sowie Kombinationen daraus in Verbindung mit Management Services
(z. B. Abrechnung, Marktplatz usw.). Wesentlich ist die Verbindung mit einer
software-basierten Plattform, die Entwickler plattformspezifischer Module
(z. B. Add-ons) mit End-Kunden (B2B) oder anderen Entwicklern vernetzen. Dabei
übernimmt die Plattform die Rolle eines Intermediäres in einem zwei- oder mehr-
seitigen Markt (Tiwana et al. 2010; Choudary et al. 2016). Als prominente Beispiele
können hier die Salesforce.com App Cloud, Microsoft Azure oder die Google Cloud
Platform genannt werden. Insbesondere die Bündelung von Leistungen und Fähigkeiten sowie die Erzeugung von (Innovations-) Wert wird Plattformökosystemen als
Vorteil gegenüber einzelnen Unternehmen zugeschrieben (Tiwana et al. 2010;
Yoo et al. 2010). Für Anwender bedeutet dies aber eine wesentliche Umstellung beim
Bezug ihrer IT-Leistungen. Beispielsweise können mehrere IT-Dienstleister in die
Bereitstellung eines benötigten Services involviert sein. Hieraus ergeben sich recht-
liche, organisatorische und technische Fragestellungen, z. B. „Welche Potenziale
hat der Bezug von IT-Dienstleistung aus einer Plattform gegenüber dem direkten
Bezug von IT-Dienstleistern?". Auch aus Sicht von Entwicklern (bzw. Independent
Software Vendors (ISVs)) ergeben sich hier ein Vielzahl von neuen Möglichkeiten
und Herausforderungen. Im einfachsten Fall kann eine Anwendung auf der Plattform entwickelt werden, was aber bis hin zu komplexen Architekturen von aufeinander aufbauenden modularen Services führen kann, die über die Plattform als SaaS
Lösung betrieben und verkauft wird. Ein gutes Verständnis seitens der Partner und
Anwender für Fähigkeiten einer Plattform ist essenziell, um deren Potenziale ausschöpfen zu können. Des Weiteren soll im Rahmen dieses Artikels auch auf mögliche Risiken eingegangen werden.

Im Rahmen dieses Artikels soll auf Basis von Experteninterviews und öffentlich
verfügbaren Informationen das Konzept der Cloud Plattformen verdeutlicht werden.

Insbesondere die verschiedenen Wertschöpfungsmechanismen für beteiligte Akteure (B2B Endkunden, Entwickler/ ISVs, Integratoren etc.) sollen hier beschrieben werden. Dabei stehen potenzielle Handlungsfelder und Risiken stehen im Fokus der Betrachtung.

11.2   Grundlagen Cloud Plattform Ökosysteme – Begriffsverständnis und relevante Einflussfaktoren auf das Geschäftsmodell

Im Cloud Computing gibt es in dieser Hinsicht eine Überschneidung der Begrifflichkeiten. Zum einen hat sich durch die Service-Ebene „PaaS" der Begriff Plattform etabliert, wobei dieser Term im engeren Sinne den technischen Aspekt einer Entwicklungsumgebung in der Cloud fokussiert (z. B. IDE und Datenbank Services). Hierbei steht also nicht der Gedanke im Vordergrund verschiedene Kundensegmente zu vernetzen, sondern primär zur Entwicklung von Softwarelösungen in der Cloud. Im Einklang mit der theoretischen Plattform-Literatur zeigen die aktuellen Entwicklungen in der Praxis jedoch, dass diese Begriffsdeutung den Umfang des Plattformkonzeptes nur teilweise widerspiegelt. Deshalb verstehen wir im Rahmen dieses Artikels ein Cloud Plattform Ökosystem als Koordinationsstruktur für ein Netzwerk von Organisationen (dem Ökosystem), welches das gemeinsame Erschaffen von Wert (‚Value Co-Creation') durch komplementäre Dienste und Produkte über Kerntechnologien (die Cloud Plattform) ermöglicht (Gawer und Cusumano 2002, 2008; Thomas et al. 2014). Die Cloud Plattform stellt ein erweiterbares Software-System dar, welches Kernfunktionalitäten über Module mit den jeweiligen Schnittstellen zur Verfügung stellt (Tiwana et al. 2010). Das Ökosystem beschreibt die losen Netzwerke von Geschäftspartnern (z. B. Zulieferer, Distributoren, Outsourcer & Technologieprovider usw.), die die Erstellung und den Vertrieb des Produktes einer Firma beeinflussen oder davon beeinflusst werden (Iansiti und Levien 2004). In dieser Koordinationsstruktur muss eine Vielzahl an Mechanismen etabliert werden, z. B. bezüglich der Kontrollstruktur (Zugangsbeschränkung oder Öffnung für Komplementäre[1] (Entwickler und ISVs)) oder der Definition von Standards (West 2003; Boudreau 2010). Ein Plattform Ökosystem ist dementsprechend ein komplexes Geflecht aus Eigentümerstruktur (z. B. Konsortium), den Plattform-Akteuren und definierten Kontrollmechanismen für komplementäre Produkte und Services (Gawer und Cusumano 2002; Gawer und Henderson 2007). Der Plattformbetreiber benötigt spezifische Fähigkeiten, um ein tragfähiges Geschäftsmodell (GM) zu finden, welches die Besonderheiten mehrseitiger Beziehungen über die Cloud Plattform zu den verschiedenen Akteuren (Kunden und Komplementäre) berücksichtigt (Boudreau und Hagiu 2008; Evans 2013; Hagiu 2014).

Ein wesentlicher Aspekt, den Unternehmen bei der Konzeption ihres Geschäftsmodells beachten müssen ist der Umfang ihrer Kundensegmente, sowie die

---

[1] Komplementoren entwickeln Applikationen basierend auf den Plattformkomponenten und -Services (z. B. Videospiel für eine Konsole) (Rickmann et al. 2014).

Abhängigkeit zwischen diesen Segmenten und der Bedeutung für das GM. Hierbei wird der Begriff der „Multi-Sided Platform" verwendet (Choudary et al. 2015). Bei der konkreten Betrachtung von Plattformen wird deutlich, dass der Wert der Plattform für ein bestimmtes Kundensegment (z. B. B2B Endkunde) stark von dem Angebot abhängt. Dieses Angebot wiederum erbringt die Plattform meist nicht selbst, sondern entsprechende Anbieter (z. B. ISV / Entwickler). Nun ist es für diese wiederum wichtig, dass die Plattform einen umfangreichen Kundenstamm hat, dem sie ihr Angebot zur Verfügung stellen kann und dies den Aufwand zur Integration mit der Plattform (bzw. deren Services) rechtfertigt. Folglich bedingen beide Segmente (Käufer als auch Anbieter) in Wechselwirkung den Wert der ihnen die Plattform bietet (umgangssprachlich auch als „Henne-oder-Ei Prinzip" bezeichnet). Folgt man an dieser Stelle den Überlegungen von Metcalf[2] wird deutlich, dass dieser Nutzen aus dem Netzwerk (Netzwerkeffekt) nicht nur linear sondern auch exponentiell steigen kann. Folglich besteht ein enormes Interesse für Plattformbetreiber – als auch der einzelnen Kundensegmente – möglichst viele potenzielle Nutzer auf die Plattform zu holen, bzw. mit diesen zu interagieren.

Abstrakt beschreibt das Geschäftsmodell wie Wert erschaffen, dieser Wert an Kunden und Partner geliefert und von diesem Wert wieder abgeschöpft wird (z. B. Umsatzmodelle) (Wirtz et al. 2010). Der Begriff des Geschäftsmodells verdankt seine Popularität der zunehmend komplexer werdenden Wertschöpfung zur Bereitstellung von Produkten und Services (siehe z. B. Popp 2011). Insbesondere die stärkere Durchdringung von Informations- und Kommunikationstechnologien forcierte diese Betrachtungsweise zuerst in der Wissenschaft und folglich auch in der Praxis (Veit et al. 2014). Gerade im Bereich der Cloud Plattform Ökosysteme spricht man auch von „IT-enabled Business Models", welche spezifische IT-Fähigkeiten benötigen zusätzlich zu den wesentlichen Komponenten des Geschäftsmodells (u. a. Kernprozesse, Ressourcen, Kernaktivitäten). (Amit und Zott 2012). Per Definition hat jedes Unternehmen ein Geschäftsmodell, unabhängig davon ob es explizit formuliert wurde oder nicht (Chesbrough 2010). Wir wollen uns bei der folgenden Betrachtung zunächst auf die Wertschöpfung und -abschöpfung konzentrieren – unabhängig von darunter liegenden Mechanismen.

11.3 Wertschöpfung in Cloud Plattform Ökosystemen

11.3.1 Kernfunktionalitäten von Cloud Plattformen

Aufgrund unterschiedlicher Begriffsauffassungen (siehe vorheriger Abschnitt) wollen wir zunächst auf die typischen Funktionen von PaaS Plattformen eingehen und diese im Kontext der Plattform Ökosysteme erweitern. PaaS offerieren ein Set von Technologien zur Entwicklung und zum Betrieb von SaaS Applikationen. Die zentrale Komponente von PaaS Plattformen stellt die Application Runtime Environment (ARE) dar in der die SaaS Applikationen ausgeführt werden. Diese muss demzufolge

---

[2] Das Metcalfesches Gesetz besagt, dass der Nutzen von Netzwerken quadratisch zur Anzahl der vernetzen Nutzer steigt.

auch die klassischen Anforderungen an Cloud Software erfüllen (Mandantenfähigkeit, Skalierbarkeit, Verfügbarkeit usw.). Des Weiteren wird oftmals eine integrierte Entwicklungsumgebung (IDE) angeboten, die verschiedene Programmiersprachen und Bibliotheken unterstützt (z. B. Java, Python, Datenbank Services). Zusätzlich werden Integrationsservices angeboten, um externe Datenquellen einzubinden (Beimborn et al. 2011).

Grundsätzlich kann man Plattformen nach dem Vorhandensein von sogenannten „Core" Applikationen unterscheiden. Dabei handelt es sich um eine Applikation (z. B. ein CRM System) um das die Plattform entwickelt wurde. Entwickler können hier komplementäre Applikationen wie z. B. Erweiterungen und Add-Ons entwickeln, die auf Daten und Funktionalitäten der Core-Applikation zurückgreifen (als Beispiel wäre hier die Salesforce.com App Cloud zu nennen). Zunehmend kann man beobachten, dass auch weitere Services in Plattform Ökosystemen zur Verfügung gestellt werden (z. B. Analytics oder IoT Services) auf die Entwickler zurückgreifen können. In beiden Fällen besteht eine gewisse Abhängigkeit, wobei diese im Fall der Core-Applikation größer ist.

Darüber hinaus werden weitere Dienste entlang der Wertschöpfungskette angeboten, wie beispielsweise Marketing und Sales durch angeschlossene elektronische Marktplätze. Weitere Value-Added Services umfassen die Abwicklung von Transaktionen und Zahlungen. Dies beinhaltet alle Aktivitäten vom Vertragsabschluss über die Generierung von Rechnungen bis hin zum (regelmäßigen) Zahlungsverkehr. Zusätzlich können Dienstleistungen zur Unterstützung des Betriebs (z. B. First Level Support Hotline, Monitoring) und der Qualitätssicherung (Zertifizierung, Quality Reviews) darunter fallen. Abb. 11.1 zeigt die wesentlichen Komponenten einer PaaS Plattform, sowie deren Akteure.

Das Ökosystem umfasst mindestens 3 Akteure: den Plattformbetreiber, die Entwickler (Einzelentwickler oder ISVs) und die Endkunden (B2B). Je nach Funktionsumfang der Plattform können Entwickler Stand-Alone oder Komplementär-Applikationen entwickeln. Für Erstere greifen ISVs nur auf die Cloud Umgebung zur Entwicklung und zum Betrieb zurück. Im Zweiten Fall werden Teile der Plattform benutzt oder neu kombiniert (Mash-Up). Dies erhöht allerdings den Grad der Abhängigkeit. B2B Endkunden nutzen die Software und Umgebung, die durch Plattformbetreiber ermöglicht und bereitgestellt und ggf. durch die ISVs weiterentwickelt wird. Darüber hinaus entstehen vertragliche und verwaltungstechnische Konstrukte in denen der Plattformbetreiber bestrebt ist die Komplexität für die Endkunden zu reduzieren und für ein Mindestmaß an Qualität und Zuverlässigkeit zu sorgen. Im Folgenden wollen wir die Mechanismen genauer beschreiben die zur Wertschöpfung und -abschöpfung im Ökosystem beitragen.

11.3.2 Wertschöpfung in Cloud Plattform Ökosystemen

Wir orientieren uns in der folgenden Analyse an jeweils bestehenden generischen Mechanismen zur Wertschöpfung und -abschöpfung. Für die *Wertschöpfung* können drei Mechanismen unterschieden werden: (1) *neue Vertriebskanäle*, (2) *Effizienzerhöhung* und (3) *Erschaffung von Komplementären* (Amit und Zott 2001).

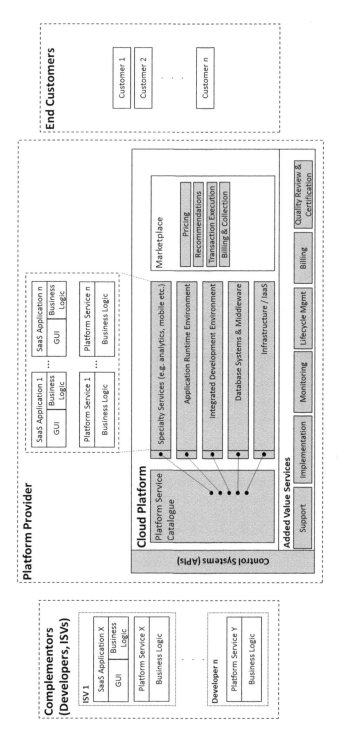

Abb. 11.1 Generische Konzeption eines Cloud Plattform Ökosystems

Neue Vertriebskanäle im Bereich E-Business entstehen durch das Verbinden von neuen Transaktionspartnern, was sich in veränderten Transaktionsstrukturen widerspiegelt. Im Kontext von Cloud Plattformen werden traditionelle Vertriebsstrukturen von Enterprise Software durch elektronische Marktplätze ersetzt und daraus resultierend wird der Kundenzugang für Entwickler erleichtert. In unserer Untersuchung haben wir sowohl klassische Marktplätze vorgefunden, als auch Konzepte zu ‚White-Label' Ansätzen. Hierbei wird einem Händler ein angepasster Marktplatz zur Verfügung gestellt über den seine Bestandskunden Software beziehen können. Des Weiteren können bei einigen Plattformen traditionelle Applikationen für Endkunden (z. B. Banking) auch Entwicklern zur Wiederverwendbarkeit zur Verfügung gestellt werden. Über APIs können so komplexe Systeme aus vielen Modulen kombiniert werden (Mash-Up). Somit können über Plattformen auch komplett neue Kundensegmente erschlossen werden.

Eine Erhöhung der *Effizienz* kann durch vereinfachte und vereinheitliche Transaktionen und Koordinationsaktivitäten erreicht werden (Zott und Amit 2007). In Cloud Plattform Ökosystemen kann dies durch die Standardisierung von Prozessen und Informationsflüssen erfolgen bspw. zur Koordination von Komplementären. Aus Entwicklersicht fällt darunter insbesondere das zur Verfügung stellen von standardisierten Entwicklungs- und Betriebsumgebungen (inkl. des Prozesses von der Entwicklung zum Betrieb). Dies ermöglicht eine Fokussierung auf die Kernkompetenzen eines Entwicklers, sodass er sich keine Gedanken um Verfügbarkeit, Sicherheit, Skalierbarkeit etc. machen muss. Die Standardisierung und Automatisierung von Transaktionen (Vertragsabschluss, Bezahlung, Lieferung & Monitoring) erhöht ebenfalls die Effizienz für beide Parteien. Eine Fokussierung auf Standardisierung bzw. Vereinheitlichung von Endkundenprozessen ist ebenfalls denkbar. In diesem Fall werden Applikationen für Endkunden bereits vorintegriert und können somit bei Bedarf schnell zusammen gekauft und genutzt werden.

Komplementäre Produkte und *Services* werden durch die Bindung an bzw. Integration mit den Ressourcen des Partners charakterisiert, um Netzwerkeffekte zu erzielen (beide zusammen bieten größeren Mehrwert als einzeln) (Rai und Tang 2014). In unserem Kontext sind besonders innovative Applikationen hervorzuheben, die auf den Plattform Services basieren. Diese Plattform Services können sehr vielfältig sein, von Basic Services (Big Data Analytics) zu sehr spezifischen Services (Verschlüsselung, Twitter, branchenspezifische Services (Finance)). Dabei wird der „(re-) kombinatorische" Charakter von digitalen Innovationen betont (Mash-Up) (Yoo et al. 2012). Je stärker der offene Innovationsgedanke durch ISVs hier ausgeprägt ist, desto schneller wächst das Ökosystem an wiederverwendbaren Services. Der Plattformbetreiber muss Kontroll- und Qualitätsanforderungen an Komplementärprodukte definieren. Hinzu kommen angebotene komplementäre Dienstleistungen zumeist durch den Plattformbetreiber (Consulting, Value Added Services), beispielsweise Implementierungs- oder Migrationsservices. Diese werden separat bezahlt und sollen helfen Einstiegshürden zu beseitigen.

In Bezug auf *Wertabschöpfung* können ebenfalls drei generische Mechanismen unterschieden werden: (1) Bundling, (2) Lock-In und (3) Imitationsbarrieren (Teece 2010). *Bundling* umfasst den Verkauf von einer Sammlung an Produkten und Dienstleistungen für einen vorher bestimmten Preis (Sirmon et al. 2008). In unserer Analyse wurde sichtbar, dass oftmals Entwicklungsfunktionalitäten gebündelt werden, ergänzt um bestimmte Unterstützung durch den Plattformbetreiber (Marketing und Marktzugang durch Partner Betreuung). Je nach Ausgestaltung des Preismodells können diese entweder zu einem fixen Preis genutzt werden oder sind sogar frei bis zum Produktiven Einsatz. Die Abrechnung erfolgt zumeist nach der genutzten Infrastruktur. Hinzu kommen die einzelnen Plattform Services, welche in der Regel transaktionsorientiert abgerechnet werden. Diese werden oftmals mit einem Freemium-Modell bepreist, um zum Ausprobieren anzuregen.

Unter *Lock-In* versteht man, das Abwandern von Kunden und strategischen Partnern zur Konkurrenz zu verhindern (Zott und Amit 2007). Dies wird entweder durch proprietäre Technologie erreicht oder das strategische Platzieren von Produkten (Ballon und Van Heesvelde 2011). Die befragten Experten haben übereinstimmend berichtet, dass proprietäre Technologien in Cloud Plattformen in der Regel nicht verwendet werden. Allerdings haben wir zwei Aspekte gefunden, die Ähnlichkeiten diesbezüglich aufweisen: (1) Technologien die das Wechseln zwischen Private und Public Betrieb ermöglichen und (2) die Vorintegration von Anwendungen zur Standardisierung von Prozessen. Gerade im Bereich der Plattformen werden auch Industriestandards verwendet (z. B. Docker Container oder Cloud Foundry), da die Marktteilnehmer dies erwarten. Plattformbetreiber versuchen sich mit sehr spezifischen Services gegenüber der Konkurrenz abzusetzen. Gerade im Hinblick auf das Erschaffen von Komplementären entstehen hier Abhängigkeiten, die einen Wechsel verhindern oder erschweren.

Mit *Imitationsbarrieren* wird versucht zu verhindern, dass Wettbewerber das Produkt oder den Service kopieren können beispielsweise durch Patente oder Lizenzen (Rai und Tang 2014). Wir haben keine Anhaltspunkte gefunden, dass Patentrechte in diesem Bereich eine große Rolle spielen. Nur wenige sehr spezifische Plattform Services werden als patentrechtlich relevant angesehen.

11.4 Bewertung von Geschäftspotenzialen und Risiken

Im Folgenden wollen wir die Wertschöpfungsmechanismen der Plattform Ökosysteme aus Abschn 3.2 nutzen, um im Detail für jede Rolle im Ökosystem die potenzialele und Risiken zu erläutern.

11.4.1 ISVs und Software-Entwickler

Software Entwickler können in Cloud Plattform Ökosystemen neue Potenziale für Ihre Geschäftstätigkeit vorfinden, welche allerdings ebenso mit Risiken verbunden sind. Tab. 11.1 gibt einen zusammenfassenden Überblick. Nachfolgend wollen wir die einzelnen Punkte erläutern.

Tab. 11.1 Potentiale und Risiken für Entwickler und ISVs

		Potenziale	Risiken
Wertschöpfung.	Effizienz	• Standardisierte Prozesse (Entwicklung, Betrieb und Verkauf von Software)	• Know-How Verlust (z. B. Infrastruktur)
	Komplementäre Services & Produkte	• Einfache Einbindung und Wiederverwendung von Services • Innovationen durch Erweiterung	• Abhängigkeit zu den verwendeten Services
	Neue Vertriebskanäle	• Neue Transaktionsstrukturen (Marktplätze) und neue Vertriebswege (Developer Services) • Zugang zu neuen Kundensegmenten	• Verlust von „Customer Ownership"
Wertab-schöpfung	Bundling	• Attraktive Lösungsbundles unabhängig vom eigenen Portfolio	• Bedeutungsverlust der eigenen Lösung im Bundle • Zunehmender Wettbewerb
	Lock-In Imitations-barrieren	• Planungssicherheit und langfristige Partnerschaft	• Hohe Switching Costs & Abhängigkeit zu bestimmten Services • Kein Multihoming möglich

Cloud Plattformen bieten den Entwicklern die Möglichkeit deren Infrastruktur zur Entwicklung von Applikationen und Betrieb an die Plattform auszulagern. Der Entwickler muss sich keine Gedanken mehr um Sicherheit, Ausfallsicherheit, Skalierbarkeit etc. machen, sondern kann sich auf seine Kern-Kompetenzen fokussieren. Dahingehend bieten auch standardisierte Prozesse (z. B. zur Transaktionsabwicklung und Bezahlung) einen *Effizienzgewinn*. Demgegenüber steht das Risiko des Know-How Verlustes und damit einhergehend einer größeren Abhängigkeit gegenüber dem Plattformbetreiber. Entwickler können *komplementäre* Innovationen (Applikationen) erschaffen durch die vereinfachte Einbindung und Rekombination (Mash-Up) von Services. Durch die Modularisierung und Standardisierung von Schnittstellen verringert dies auch die Eintrittsbarrieren zur Erstellung von komplexen Applikationen. Gleichzeitig erhöht dies die Abhängigkeit zu den benutzten Services (und der Plattform). Plattformbetreiber ermöglichen oftmals durch elektronische Marktplätze das Erschließen neuer *Vertriebswege* und Kundensegmente. Dies schließt auch den Vertrieb der eigenen Lösungen als Service für andere Entwickler mit ein. Demgegenüber steht das Risiko den direkten Zugang zu Kunden langfristig an den Plattformbetreiber zu verlieren. Im Rahmen von Service-*Bundles* können zunächst die grundlegenden Plattform Services gebündelt werden. Zukünftig sind durch die Integrationsservices jedoch auch kundenzentrierte Lösungs-Bundles für Endkunden denkbar. Somit können Entwickler dem Kunden spezifische und integrierte Lösungen anbieten ohne das gesamte Portfolio selbst anbieten zu müssen. Gleichzeitig besteht die Gefahr, dass die eigene Lösung im Bundle an Bedeutung verliert und leichter durch Konkurrenzlösungen austauschbar wird, wobei mit einigen Plattformen auch Exklusivitätsvereinbarungen ausgehandelt werden können. Neben der bisherigen direkten Konkurrenz (andere Entwickler) kann auch der Plattformbetreiber selbst sein Lösungsangebot erweitern und somit zum Konkurrenten werden (Platform Envelopment). Positive Effekte durch Plattform-*Lockin* und *Imitationsbarrieren* können in größerer beidseitiger Planungssicherheit (Road Map) und langfristigen Partnerschaften gesehen werden. Demgegenüber entstehen größere Kosten, wenn die Plattform verlassen werden soll (z. B. durch zusätzliche Kosten für Integrationen oder Umlernen auf neue Plattformen). Zudem ist das gleichzeitige Nutzen von verschiedenen Plattformen (z. B. als weiteren Vertriebsweg) nur schwer oder gar nicht möglich.

11.4.2 B2B Endkunden

B2B Endkunden können in Cloud Plattform Ökosystemen neue Potenziale für den Einsatz von IT vorfinden, welche allerdings ebenso mit Risiken verbunden sind. Tab. 11.2 gibt einen zusammenfassenden Überblick. Nachfolgend wollen wir die einzelnen Punkte erläutern.

Durch standardisierte Prozesse und entsprechende Applikationen, die bereits vorintegriert sind, kann die *Effizienz* von Endkunden gesteigert werden. Diese Applikationen können ebenfalls in der Cloud betrieben werden (z. B. durch Container Standards). Weiterhin unterstützen Plattformen verschiedene Betriebsmodi (public, private, hybrid), wobei hier z. T. auch der Wechsel zwischen Diesen durch proprietäre Technologien vereinfacht wird. Insgesamt soll Komplexität im Management der Anwendungslandschaft und -Prozesse, sowie der kaufmännischen Administration verringert werden. Demgegenüber steht das Risiko Flexibilität und Individualität zu verlieren. Dieses sollte man gerade in Prozessen genau abwägen in denen man sich einen Wettbewerbsvorteil verspricht. *Komplementäre Services* in den Ökosystemen können nützliche Nischenprodukte (z. B. branchenspezifische Erweiterungen) schneller verfügbar machen. Ein möglicher Know-How Verlust und die Abhängigkeit zu diesen Komplementären könnten ein Risiko darstellen. Durch neue *Transaktionsstrukturen* (Marktplätze) können Endkunden sich leichter einen vergleichenden Überblick über Applikationen verschaffen mit anschließendem direktem Vertragsabschluss und standardisierter Bezahlung. Allerdings kann (und muss) der Plattformanbieter das Ökosystem aus verfügbaren Applikationen maßgeblich steuern, sodass die Gefahr eines eingeschränkten Angebots besteht. Im Rahmen von Lösungsbundles können sowohl Infrastruktur- und Applikationsleistungen eingekauft werden, als auch denkbare Applikationsbundles, die auf bestimmte

Tab. 11.2 Potentiale und Risiken für B2B Endkunden

		Potenziale	Risiken
Wertschöpfung.	Effizienz	• Standardisierte und vorintegrierte Prozesse • Hybrider IT Betrieb für schnelle Marktreaktionen	• Standardisierung verhindert Flexibilität und Individualität
	Komplementäre Services & Produkte	• Vorhandensein von Nischenprodukten (z. B. vielfältige Erweiterungen, Schnittstellen etc.)	• Know-How Verlust und Abhängigkeit
	Neue Vertriebskanäle	• Einfacherer Bezug von Software (inkl. Bezahlung & Lizenzmgmt.) • Vergleich von versch. Lösungen	• Eingeschränktes Lösungsportfolio durch Plattformanbieter
Wertab-schöpfung	Bundling	• Attraktive Lösungsbundles auf Bedürfnisse zugeschnitten (z. B. Branchen- und Prozesslösungen)	• Standardisierung verhindert Flexibilität und Individualität
	Lock-In Imitations-barrieren	• Planungs- und Investitionssicherheit, langfristige Partnerschaft	• Hohe Switching Costs & Abhängigkeit zu bestimmten Services • Kein Multihoming möglich

Branchen- oder Prozessbedürfnisse abgestimmt und konfiguriert sind. Diese vorde-finierten Lösungsbundles stehen allerdings ebenfalls einer verminderten Flexibilität und Individualität gegenüber. Im Rahmen von *Lock-In* und *Imitationsbarrieren* werden einerseits die Planungs- und Investitionssicherheit für die Kunden erhöht. Andererseits können so der Wechsel zu Konkurrenzplattformen durch hohe Wech-selkosten erschwert oder das gleichzeitige Nutzen von mehreren Plattformen ver-hindert werden.

11.4.3 Weitere Rollen im Wertschöpfungsnetzwerk

Auf Basis der vorangegangenen Erläuterungen zur Wertschöpfung von Cloud Platt-formen, sowie der Potenziale und Risiken für Entwickler und B2B Endkunden, sol-len nachfolgend weitere Rollen im klassischen Wertschöpfungsnetzwerk für Cloud Services diskutiert werden. Cloud Plattformen übernehmen einige Aufgaben ande-rer Rollen, beispielsweise von Infrastruktur-Providern. Gleichzeitig übernehmen sie bereits teilweise die Aufgaben von Systemintegratoren bei der Integration von Daten, Anwendungen und Prozessen. Wenn vorintegrierte IT-Landschaften oder sogar Lösungsbundles angeboten werden, dann werden konzeptionelle Aufgaben übernommen, die klassischerweise durch (IT) Consultants durchgeführt werden. Ähnlich verhält es sich mit Partner Unterstützung seitens der Plattformbetreiber, die Entwickler bei der Konzeption und dem Marktzugang für deren Lösungen unterstützen. Gerade bei der Auswahl und dem Vergleich von Lösungen auf dem elektronischen Marktplatz übernimmt die Plattform die Aufgabe von Aggregatoren. Zudem werden der Vertragsabschluss, sowie die anschließende Überwachung von Vertragseinhaltung und die Verrechnung ebenfalls über die Plattform angestrebt. Damit entsteht eine Bündelung von vielfältigen Funktionen und Aufgaben bei den Plattformbetreibern (je nach Geschäftsmodell und Funktionsumfang). Insgesamt kann je nach Ausgestaltung der Plattform, den Ressourcen und der Marktstruktur eine starke Zentralisierung der Funktionen entlang der traditionellen Wertschöpfungskette entstehen.

11.5   Zusammenfassung und zukünftige Entwicklungen

Im Rahmen dieses Artikels wurde zunächst das Konzept der Cloud Plattform Ökosysteme vorgestellt, wobei insbesondere auf deren mögliche Funktionalitäten eingegangen wurde. Basierend auf empirischen Untersuchungen konnten Mechanismen zur Wertschöpfung (Neue Vertriebs- und Transaktionskanäle, Effizienz, Komplementäre Produkte und Services) sowie -abschöpfung (Bundling, Lock-In, Imitationsbarrieren) analysiert werden. Anschließend wurden jeweils Chancen und Risiken für das Geschäftsmodell der Akteure im B2B Enterprise Software Segment analysiert ((1) ISVs & Entwickler, (2) B2B Endkunden, (3) Aggregatoren & Consultants). Je nach konkreter Ausgestaltung der Plattform (inkl. Offenheit) sowie deren Funktionalitäten entstehen für alle beteiligten Rollen jeweilige Chancen und Risiken. Die Entscheidung für eine bestimmte Plattform sollte gerade vor dem Hintergrund von Lock-In Effekten (durch z. B. Integrationsservices oder die Verwendung von spezifischen Plattform Services) ausreichend durchdacht und geprüft werden. Sobald man sich für eine Plattform entschieden, hat entstehen bereits durch Eingewöhnungs- und Lernaufwände Wechselhürden. Diesbezüglich spielt auch die Überlegung der Zukunfts- und Planungssicherheit eine Rolle. Gerade Vertrauen in die Innovationsfähigkeit und konsistente Weiterentwicklung der Plattform, sowie des Ökosystems, sind hier zentrale Aspekte. Traditionell haben etablierte und internationale Anbieter hier einen Vorsprung durch bestehendes Markenvertrauen, sowie einen gut ausgebauten Kunden- und Partnerzugang. Der Wettbewerb zwischen den Plattformanbietern wird vermutlich in den kommenden Jahren noch weiter zunehmen, wobei die Ressourcen (Geld, IT-Assets) und die Marktmacht eine entscheidende Rolle spielen können. Aus Sicht der beteiligten Akteure kann Interoperabilität zwischen den Plattformen verhindern, dass es zu sehr großen Lock-In Effekten kommt bzw. ein Vorhandensein in verschiedenen Plattformen („Multihoming") ermöglichen. Dies geschieht zum Teil bereits durch Standards auf Entwickler-Seite für bestimmte Bereiche, z. B. Container-Technologien (Docker) oder für Cloud Applikationen (Cloud Foundry). Interessant wird sein, wie stark zukünftige (komplementäre) Innovationen im B2B Software Bereich über Plattformen entstehen, und ob dies vornehmlich durch offenere oder stärker kontrollierte Ökosysteme angeregt wird. In diesem Fall würde vermutlich die Innovationskraft stärker hin zu den spezialisierten ISVs und Entwicklern gehen. Aus B2B Endkundensicht könnte der Weg ebenfalls hin zu Commodity-Prozessen gehen, die durch Plattformen zur Verfügung gestellt werden. Dies gilt für Domänen, die keine Abgrenzung vom Wettbewerb darstellen. Für Spezialanforderungen können dann weiterhin eigene Anwendungen entwickelt werden oder durch den Marktplatz bezogen werden. Durch die zunehmende Standardisierung könnten klassische Geschäftsfelder zur Umsetzung von individuellen Systemlandschaften zunehmend unter Druck geraten. Insbesondere dort wo der Plattformbetreiber zusätzlich beratend zur Seite steht (z. B. Vertrieb, Konzeption und Umsetzung von Applikationen) könnten hier „All-in-One" Plattformen den bisherigen Akteuren die Wettbewerbsposition strittig machen.

Literatur

Amit R, Zott C (2001) Value creation in e-business. Strateg Manag J 22(6–7):493–520
Amit R, Zott C (2012) Creating value through business model innovation. MIT Sloan Manag Rev 53(3):41–49
Ballon P, Van Heesvelde E (2011) ICT platforms and regulatory concerns in Europe. Telecommun Policy 35(8):702–714
Beimborn D, Miletzki T, Wenzel S (2011) Platform as a service (PaaS). Bus Inf Syst Eng 3(6):381–384
Boudreau K (2010) Open platform strategies and innovation: granting access vs devolving control. Manag Sci 56(10):1849–1872
Boudreau KJ, Hagiu A (2008) Platform rules: multi-sided platforms as regulators. Available at SSRN 1269966
Chesbrough H (2010) Business model innovation: opportunities and barriers. Long Range Plan 43(2–3):354–363
Choudary SP, Parker GGP, Van Alystne M (2015) Platform scale: how an emerging business model helps startups build large empires with minimum investment. Platform Thinking Labs, Boston
Choudary SP, Van Alstyne MW, Parker GG (2016) Platform revolution: how networked markets are transforming the economy – and how to make them work for you. WW Norton & Company, New York
Cusumano M (2010) The evolution of platform thinking. Commun ACM 53(1):32
Daugherty P (Accenture), Banerjee P (Accenture), Biltz MJ (Accenture) (2015) Digital business era: stretch your boundaries. http://techtrends.accenture.com/us-en/business-technology-trends-report.html. Zugegriffen am 25.11.2015
Evans DS (2013) Economics of vertical restraints for multi-sided platforms. University of Chicago Institute for Law & Economics Olin Research Paper (626), Chicago
Gawer A, Cusumano M (2002) Platform leadership. Harvard Business School Press, Boston, S 51–59
Gawer A, Cusumano M (2008) How companies become platform leaders. MIT Sloan Manag Rev 49(2):1–13
Gawer A, Henderson R (2007) Platform owner entry and innovation in complementary markets: evidence from Intel. J Econ Manag Strateg 16(1):1–34
Hagiu A (2014) Strategic decisions for multisided platforms. MIT Sloan Manag Rev 55(2):71
Iansiti M, Levien R (2004) Strategy as ecology. Harv Bus Rev 82(3):68–81
Leimeister S, Riedl C, Böhm M, Krcmar H (2010) The business perspective of cloud computing: actors, roles, and value networks. In: Proceedings of 18th European conference on information systems ECIS 2010, Atlanta

van der Meulen R (Gartner) (2015) Gartner CIO survey shows digital business means platform busi-ness. CIO survey. http://www.gartner.com/newsroom/id/3164421. Zugegriffen am 25.11.2015

Popp K (2011) Software industry business models. IEEE Softw 28(4):26–30

Rai A, Tang X (2014) Information technology-enabled business models: a conceptual framework and a coevolution perspective for future research. Inf Syst Res 25(1):1–14

Rickmann T, Wenzel S, Fischbach K (2014) Software ecosystem orchestration: the perspective of complementors. In: Twentieth Americas conference on information systems, Atlanta, S 1–14

Sirmon DG, Gove S, Hitt MA (2008) Resource management in dyadic competitive rivalry: the effects of resource bundling and deployment. Acad Manag J 51(5):919–935

Teece DJ (2010) Business models, business strategy and innovation. Long Range Plan 43(2–3):172–194

Thomas L, Autio E, Gann D (2014) Architectural leverage: putting platforms in context. Acad Manag Perspect 28(2):198–219

Tiwana A, Konsynski B, Bush A a (2010) Research commentary – platform evolution: coevolution of platform architecture, governance, and environmental dynamics. Inf Syst Res 21(4):675–687

Veit D, Clemons E, Benlian A, Buxmann P, Hess T, Kundisch D, Spann M et al (2014) Business models. An information systems research agenda. Bus Info Syst Eng 6(1):45–53

West J (2003) How open is open enough?: melding proprietary and open source platform strate-gies. Res Policy 32(7):1259–1285

Wirtz BW, Schilke O, Ullrich S (2010) Strategic development of business models. Long Range Plan 43(2–3):272–290

Yoo Y, Henfridsson O, Lyytinen K (2010) The new organizing logic of digital innovation: an agenda for information systems research. Inf Syst Res 21(4):724–735

Yoo Y, Boland RJ, Lyytinen K, Majchrzak A (2012) Organizing for innovation in the digitized world. Organ Sci 23(5):1398–1408

Zott C, Amit R (2007) Business model design and the performance of entrepreneurial firms. Organ Sci 18(2):181–199

Security-by-Design in der Cloud-Anwendungsentwicklung

12

Gunther Schiefer, Andreas Oberweis, Murat Citak
und Andreas Schoknecht

Zusammenfassung

Unternehmen erkennen zunehmend die ökonomischen und operationalen Vorteile von Cloud Computing, die es ihnen ermöglichen, sowohl signifikante Kosteneinsparungen zu erzielen als auch den Einsatz neuer Software-Anwendungen zu beschleunigen. Der Einsatz von Cloud Computing erfordert jedoch eine zunehmende Betrachtung neuer Herausforderungen an die Sicherheit von Daten, die immer noch eine Barriere für eine breitere Akzeptanz von Cloud Computing sind. In diesem Artikel werden Erkenntnisse aus dem von der EU geförderten Projekt PaaSword vorgestellt, welches das Ziel verfolgt, das Vertrauen in Cloud Computing zu erhöhen. In diesem Projekt wurde ein Datensicherheits-Framework entwickelt, wobei der Fokus auf Software-Entwicklern liegt, die bei der Entwicklung von sicheren Cloud-Anwendungen und –Diensten unterstützt werden sollen. Dazu wird zunächst das zugrunde liegende Architektur-Konzept vorgestellt, um dann auf die kontextbasierte Zugriffskomponente einzugehen. Zentraler Aspekt dieser Zugriffskomponente ist ein kontextbasiertes Zugriffsmodell, das von Entwicklern zur Annotation von Data Access Objects verwendet werden kann. Das Zugriffsmodell baut auf einem Attribute-based Access Control Modell auf. Dabei werden Zugriffsrechte gewährt, indem Zugriffsregeln ausgewertet werden, welche Kontextattribute berücksichtigen. Im PaaSword-Zugriffsmodell kann festlegt werden, auf welche Daten unter welchen Bedingungen zugegriffen werden darf. Die Formulierung der Regeln baut auf dem XACML-Standard auf,

---

Vollständig überarbeiteter und erweiterter Beitrag basierend auf Schoknecht, Schiefer, Citak, Oberweis (2016) Security-by-Design in der Cloud-Anwendungsentwicklung, HMD – Praxis der Wirtschaftsinformatik Heft 311 53(5):688–697

G. Schiefer (✉) · A. Oberweis · M. Citak · A. Schoknecht
Karlsruher Institut für Technologie (KIT), Karlsruhe, Deutschland
E-Mail: gunther.schiefer@kit.edu; andreas.oberweis@kit.edu; murat.citak@kit.edu;
andreas.schoknecht@kit.edu

der es ermöglicht, einzelne Regeln mit Kontextbedingungen zu komplexeren Regelwerken zusammenzufassen. Weiterhin wird der Datenbankadapter für eine sichere Speicherung von Daten vorgestellt. Dieser agiert gegenüber einer Anwendung wie ein klassisches relationales Datenbanksystem, transformiert die Datenbank jedoch so, dass die Daten verschlüsselt gespeichert werden können und trotzdem durchsuchbar bleiben. Dazu werden mehrere Datenbanken und besonders gestaltete Indizes verwendet. Die sichere Speicherung wird unterstützt durch Maßnahmen zur sinnvollen Aufteilung von Attributen auf getrennte Datenbanken für die Indizes. Abschließend wird ein leichtgewichtiges Schlüsselmanagement beschrieben, welches durch eine Aufteilung des Datenbankschlüssels die Sicherheit weiter erhöht, eine weiteren Autorisierungsfaktor hinzufügt und die Mechanismen zur Zugriffskontrolle und Speicherung verbindet.

Schlüsselwörter
Cloud Computing · Sicherheit · Kontextbasiertes Zugriffsmodell · Durchsuchbare Verschlüsselung · Security-by-Design

12.1   Einleitung

Unternehmen erkennen zunehmend die ökonomischen und operationalen Vorteile von Cloud Computing, die es ihnen ermöglichen, sowohl signifikante Kosteneinsparungen zu erzielen als auch den Einsatz neuer Software-Anwendungen zu beschleunigen. Der Einsatz von Cloud Computing erfordert jedoch eine zunehmende Betrachtung neuer Herausforderungen an die Sicherheit von Daten, die laut dem LinkedIn Cloud Security Spotlight Bericht (Schulze 2015) die größte Barriere für eine schnellere Annahme von Cloud Computing sind. 90 % der 1000 für diesen Bericht befragten Teilnehmer äußerten sich mäßig oder sehr besorgt bezüglich des Sicherheitsniveaus. In vielen Fällen werden jene Daten missbräuchlich verwendet, welche auf Datenträgern gespeichert sind. Im Arbeitsspeicher einer Cloud-Anwendung sind die Daten im Vergleich dazu in der Regel nur eine deutlich kürzere Zeitspanne verfügbar. Um den Schutz der Daten zu erhöhen, muss deshalb verstärkt der Schutz der persistent gespeicherten Daten ins Auge gefasst werden.

In diesem Artikel werden Erkenntnisse aus dem von der EU geförderten Projekt PaaSword[1] vorgestellt, welches das Ziel verfolgt, das Vertrauen in Cloud Computing zu erhöhen. Im Projekt wurde ein Datensicherheits-Framework entwickelt, wobei der Fokus auf Software-Entwicklern liegt, die bei der Entwicklung von sicheren Cloud-Anwendungen und –Diensten unterstützt werden sollen. Diese Entwickler können über Annotationen im Code beispielsweise bestimmen, welche Daten bei der Speicherung in einer Datenbank verschlüsselt werden sollen oder welche

---

[1] www.paasword.eu.

Kontextbedingungen bei einem kontextbasierten Zugriff gelten müssen. In dieser Hinsicht möchte das PaaSword-Projekt das Prinzip des Security-by-Design (Waidner et al. 2014) in der Praxis der Software-Entwicklung fester verankern. In diesem Artikel wird zunächst kurz das zugrunde liegende Architektur-Konzept vorgestellt, um dann vertieft auf die zwei zentralen Mechanismen für (i) die kontextbasierte Zugriffskontrolle und (ii) eine sichere Speicherung von Daten einzugehen.

Zentraler Aspekt der Zugriffskomponente ist ein kontextbasiertes Zugriffsmodell, das von Entwicklern zur Annotation von Datenzugriffsobjekten (sog. Data Access Objects, DAO) verwendet werden kann. Das Zugriffsmodell baut auf einem Attribute-based Access Control Model (ABAC) (Hu et al. 2014) auf. Bei ABAC werden Zugriffsrechte gewährt, indem Regeln ausgewertet werden, welche Kontextattribute berücksichtigen. Zu diesen Attributen können beispielsweise die IP-Adresse des anfragenden Computers, die Art des verwendeten Geräts, der momentane Aufenthaltsort oder die Rolle des Nutzers innerhalb einer Organisation gehören. Im PaaSword-Zugriffsmodell werden Aspekte konzeptualisiert, die bei der Auswahl von Datenzugriffsregeln beachtet werden müssen und mit deren Hilfe das kontextbasierte Zugriffsmodell festlegt, auf welche Daten unter welchen Bedingungen zugegriffen werden darf. Wenn die möglichen Kontextarten und deren Verarbeitung feststehen, können die Entwickler Zugriffsregeln zu Datenzugriffsobjekten hinzufügen. Im Projekt werden dazu die Möglichkeiten von Annotationen in Java genutzt und erweitert. Die Formulierung der Regeln baut auf dem XACML-Standard (Parducci et al. 2013) auf. XACML ermöglicht es, einzelne Regeln mit Kontextbedingungen anhand von Kombinationsalgorithmen zu komplexeren Regelwerken („Policies") zusammenzufassen. Zudem wird eine ontologische Beschreibung von Regeln eingesetzt, die z. B. eine automatische Plausibilitätsprüfung ermöglicht.

Für die sichere Speicherung der Daten wurde in PaaSword der Datenbankadapter (Database Proxy) aus dem Projekt MimoSecco (Achenbach et al. 2011) in der Funktionalität erweitert. Der Datenbankadapter agiert gegenüber einer Anwendung wie eine relationale Datenbank, verwendet im Hintergrund jedoch mehrere Cloud-Datenbanken. Durch eine ausgeklügelte Datenbanktransformation werden die eigentlichen Daten vor der Speicherung komplett verschlüsselt und zusätzlich Indizes erzeugt, deren Nutzinformation ebenfalls verschlüsselt ist. Dadurch besteht weiterhin die Möglichkeit, die Daten zu durchsuchen, ohne vorher die verschlüsselten Daten wieder komplett aus der Datenbank auslesen zu müssen. Weiter hinzugekommen ist die Möglichkeit, Beschränkung zum Schutz der Vertraulichkeit zu definieren (Privacy Constraints) und die erzeugten Indizes entsprechend zu fragmentieren.

Im folgenden Kapitel wird zunächst das PaaSword-Framework zur Entwicklung sicherer Cloud-Anwendungen vorgestellt, um den Überblick herzustellen. Kap. 3 beschreibt das kontextbasierten Zugriffsmodell, dabei wird insbesondere auf die Formulierung von Zugriffsregeln eingegangen. Die verteilte durchsuchbare Verschlüsselung wird in Kap. 4 näher beleuchtet. Der Artikel endet mit einer Zusammenfassung in Kap. 5.

12.2 Entwicklung sicherer Cloud-Anwendungen mit Hilfe des PaaSword-Frameworks

Ziel des PaaSword-Projektes war die Entwicklung eines Frameworks, um sichere Cloud-Anwendungen entwickeln zu können, um somit die Verbreitung dieser Anwendungen zu unterstützen. Dabei stehen nicht einzelne Sicherheitsmechanismen wie neuartige Verschlüsselungsalgorithmen im Vordergrund, sondern Anwendungsentwickler sollen bei der Entwicklung durch das Framework unterstützt werden. Abb. 12.1 zeigt zunächst die konzeptuelle Architektur des PaaSword-Frameworks, mit dessen Hilfe Anwendungsentwickler Cloud-Anwendungen entwickeln können, die auf eine physisch verteilte und vollständig verschlüsselte Datenbank zugreifen. Zu den wesentlichen Bestandteilen des Frameworks zählen (i) der Policy Enforcement Mechanism zur Beschreibung und Verwaltung von Zugriffsregeln sowie zur Annotation von Data Access Objects und (ii) eine physisch verteilte und verschlüsselte Datenbank. Auf dieser Basis kann dann eine Cloud-Anwendung (iii) mit Hilfe des PaaSword-Frameworks entwickelt und mit den Laufzeitkomponenten (PaaSword Container) ausgeführt werden.

Im Folgenden werden zunächst die generellen Zusammenhänge innerhalb des PaaSword-Frameworks beschrieben, um dann anschließend in Kap. 3 vertieft auf das kontextbasierte Sicherheitsmodell (Context-aware Policy Access Model) einzugehen.

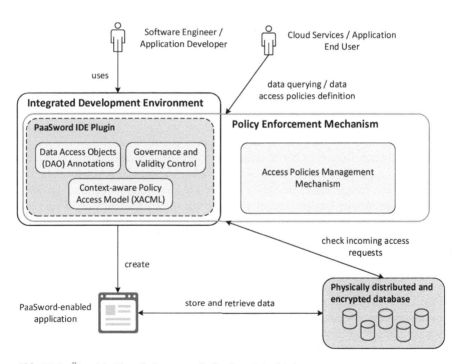

Abb. 12.1 Übersicht über die konzeptuelle PaaSword-Architektur

Im Rahmen des PaaSword-Projekts wurden Bibliotheken entwickelt, die bei der Entwicklung von Java-basierten Cloud-Anwendungen die Annotation von Data Access Objects ermöglichen. Diese Annotationen sind dazu gedacht, sensible Daten zu markieren, die geschützt werden sollen; um die Art der Verschlüsselung und Zugriffsrechte festzulegen oder um die Restriktionen bei der Verteilung der Attributwerte zu beschreiben. Bei der Kompilierung einer Anwendung werden solche DAO-Annotationen auf ihre Validität hin überprüft und mit dem restlichen Code kompiliert. Der Policy Enforcement Mechanism überprüft dabei die Validität der beschriebenen Zugriffsregeln zur Kompilierzeit (Governance and Validity Control Komponente) und ist ebenso dafür zuständig, Zugriffsberechtigungen eingehender Anfragen zur Laufzeit zu bestimmen. Darüber hinaus können zur Laufzeit weitere Zugriffsregeln definiert werden, sodass Regeln auch flexibel während des Betriebs einer Anwendung angepasst werden können. Die letztgenannten Optionen werden über die Access Policies Management Mechanism-Komponente realisiert. Wenn eine PaaSword-aktivierte Anwendung instanziiert wird, erzeugt der Datenbankadapter – entsprechend der Vorgaben von Operatoren und Annotationen im Code – ein passendes Set von benötigten verteilten Datenbanken und die dazugehörigen kryptografischen Schlüssel. Zur Laufzeit agiert der Datenbankadapter gegenüber der Anwendung wie eine monolithische relationale Datenbank, sichert die gespeicherten Daten jedoch durch die Datenbanktransformation ab (siehe Kap. 4).

Weitere Details zur konzeptuellen Architektur des PaaSword-Frameworks können aus der PaaSword Referenzarchitektur (Gouvas und Michalas 2015) entnommen werden.

12.3 Kontextbasiertes Sicherheitsmodell

Für die Festlegung von Sicherheitsregelwerken zum Erstellzeitpunkt und zur Laufzeit benötigt der Policy Enforcement Mechanism ein Sicherheitsmodell, mit dem diese Regelwerke definiert werden können. Damit kann ein Entwickler schon beim Entwickeln von Anwendungen festlegen, welche sensiblen Daten einen besonderen Schutz benötigen. Mit Hilfe des Modells kann einerseits ein Sicherheitsprofil für die Speicherung dieser Daten an den Zugriffspunkt gebunden werden, andererseits können kontextabhängige Zugriffsregeln für den Zugriff auf diese Daten festgelegt werden.

12.3.1 PaaSword-Sicherheitsmodell

Für die Zusammenfassung der genannten Aufgaben in einem Modell berücksichtigt das PaaSword-Sicherheitsmodell die folgenden Aspekte:

- Sicherheitsrelevante Kontextelemente (Security Context Elements)
- Zugriffsberechtigungen (Permissions)
- Kontextmuster (Context Pattern)
- Verteilungs- und Verschlüsselungselemente (Data Distribution and Encryption Elements, DDE)

Die ersten drei Aspekte werden für die Formulierung von Zugriffsregeln benötigt. Damit können Data Access Objects annotiert werden. Hierbei werden nicht nur statische Zugriffsregeln definiert, sondern auch kontextabhängige Zugriffsregeln für eine an die Situation dynamisch angepasste Zugriffskontrolle festgelegt. Dazu werden die zur Auswertung relevanten Kontextelemente festgelegt, auf deren Werten die jeweils aktuellen Zugriffsentscheidungen entsprechend der formulierten Zugriffsregeln beruhen. Kontextmuster stehen direkt in Verbindung mit sicherheitsrelevanten Kontextelementen, welche wiederum mit Zugriffsberechtigungen verknüpft sind. Die Kontextmuster werden verwendet, um Zugriffsentscheidungen abhängig von der bisherigen Nutzung zu treffen. Hierdurch können beispielsweise unübliche Datenzugriffe herausgefiltert werden oder es können als Informationsbarriere – im Sinne einer „Chinese Wall" (Brewer und Nash 1989) – Zugriffe auf konkurrierende Datenteile verhindert werden, welche nicht vermischt werden dürfen.

Die sicherheitsrelevanten Kontextelemente beispielsweise sind in fünf Top-Level-Konzepte eingeteilt (Verginadis et al. 2016):

- Location: Beinhaltet Informationen über den Ort (z. B. physikalischer Standort oder Netzwerk-Standort), an dem die Daten gespeichert werden oder von dem aus auf die Daten zugegriffen wird.
- DateTime: Hierbei werden zeitliche Aspekte wie beispielsweise konkrete Zeitpunkte oder -intervalle betrachtet, die einen Zugriff charakterisieren.
- Connectivity: Dieses Kontextelement enthält Informationen, die in Beziehung zur Konnektivität stehen, welche von Subjekten verwendet werden, um auf sensible Daten zuzugreifen. Die Art des Geräts oder die Art der Verbindung sind Beispiele hierfür.
- Object: Objekte beziehen sich auf jede Art von Artefakten (wie z. B. (nicht) relationale Daten, Dateien oder Software-Artefakte), die gemäß ihrem Sensibilitätsgrad geschützt werden sollen.
- Subject: Subjekte stellen Agenten (wie z. B. Organisation, Personen oder Gruppen) dar, die Zugriff auf bestimmte Artefakte anfordern.

Die Verteilungs- und Verschlüsselungselemente (DDE) legen die Sicherheitsmechanismen für die Speicherung der Daten fest. Hier kann die kryptografische Stärke einer Verschlüsselung ebenso definiert werden wie die geforderte Fragmentierung oder die Verteilung von Indextabellen auf physisch verschiedene Datenbanken.

Aus Abb. 12.2 wird der Zusammenhang der Aspekte im kontextbasierten Sicherheits-Modell von PaaSword ersichtlich. Weitere Details zum kontextbasierten Sicherheitsmodell finden sich in dem PaaSword-Projektbericht Context-aware Security Model (Verginadis et al. 2016). Im folgenden Abschnitt wird näher auf die Formulierung von Zugriffsregeln unter Einbeziehung von Kontextregeln eingegangen.

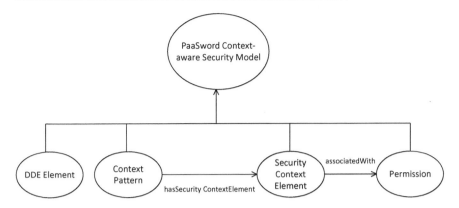

Abb. 12.2 Kontextbasiertes Sicherheitsmodell von PaaSword

12.3.2 Formulierung von Zugriffsregeln

Zugriffsmodelle sind dafür zuständig festzulegen, wer (welcher Nutzer) was (welche Operation) mit wem (welchen Objekten) durchführen darf. Objekte können dabei z. B. ein Dienst, ein Server, eine Datenbank oder eine einzelne Datenzeile in einer Datentabelle sein. Übliche Operationen sind schreiben, lesen, aktualisieren und löschen (CRUD[2]) von Daten. Der Nutzer ist das aktive Element und wird als Subjekt bezeichnet. Zugriffsregeln definieren damit die erlaubten Operationen, welche ein Subjekt mit einem Objekt durchführen darf.

Grundlegend können nach Decker (2011) folgende drei Formen der Zugriffskontrolle unterschieden werden, welche oft miteinander kombiniert werden: Discretionary Access Control (DAC), Mandatory Access Control (MAC) und Role-Based Access Control (RBAC). Beim Einsatz des DAC-Modells wird die Identität des Benutzers verwendet, um Zugriffsentscheidungen zu treffen. Die Zugriffe auf Objekte können durch Benutzer gesteuert werden, falls diese Eigentümer dieser Objekte sind, weshalb diese Form auch als benutzerbestimmbare Zugriffskontrolle bezeichnet wird. Bei MAC hingegen liegt die Kontrolle der Zugriffsberechtigungen nicht bei den Benutzern, sondern das System (letztlich der Sicherheitsbeauftragte) legt systemweite Zugriffsstrategien fest, die durch Benutzer nicht mehr beeinflussbar sind. Der zentrale Aspekt für die Kontrolle der Zugriffe bei RBAC ist die Verwendung von Rollen, um Objektzugriffe über die Rollenzugehörigkeit eines Benutzers zu steuern. Eine weitere bekannte Form der Zugriffskontrolle ist das Attribute-based Access Control Model (ABAC), welches die Formulierung von Zugriffsregeln basierend auf Attributen erlaubt. Grundsätzlich wurde gezeigt, dass sich die Zugriffsmodelle DAC, MAC und RBAC mit ABAC abbilden lassen (Priebe et al. 2005), sodass auch das PaaSword-Framework auf ABAC basiert.

---

[2] Create, Read, Update, Delete.

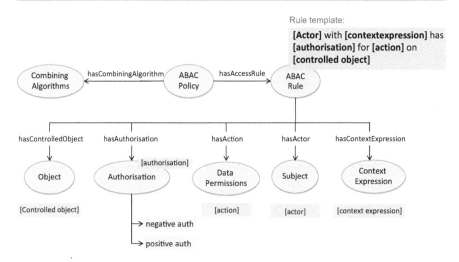

Abb. 12.3 Ontologische Beschreibung von Regelwerken (Verginadis et al. 2016)

Mit ABAC können beliebige Kontextattribute verwendet werden. Hier kann damit beispielsweise das gerade verwendete Endgerät, der momentane Aufenthaltsort oder die Art des verwendeten Zugangsnetzes (WLAN, Mobilfunk, usw.) als Kontextattribut genutzt werden. Ebenso kann die momentane Rolle eines Nutzers als dynamisches Attribut aufgefasst werden. Entsprechend dem ABAC-Modell werden Regelwerke (policies) als eine Sammlung von Regeln (rules) formuliert. Eine Regel legt fest, was ein Subjekt unter welchen Kontextbedingungen (context expression) für eine Autorisierung besitzt, um eine Aktion mit einem Objekt durchzuführen. In Abb. 12.3 ist eine ontologische Beschreibung der Zusammensetzung von Regelwerken dargestellt. Kontextbedingungen sind dabei eine beliebige Verknüpfung von Bedingungen der einzelnen Kontextelemente mittels der Booleschen Operatoren AND, OR, XOR und NOT. Diese Regewerke können nach ABAC noch zu Policy-Sets zusammengefasst werden, dies wird jedoch aus Gründen der Verständlichkeit im Weiteren weggelassen.

Zudem bietet diese ontologische Repräsentation den Vorteil, die Kompatibilität von Zugriffsregeln durch automatisierte Reasoning-Verfahren überprüfen zu können. Sind z. B. mögliche, zulässige Örtlichkeiten für einen Datenzugriff bekannt, so können implementierte Regeln, die diese Ortsbeschränkungen überprüfen, mit diesem Wissen abgeglichen werden. Sollte ein unbekannter Ort in einer Regel spezifiziert sein, kann diese Regel abgelehnt werden (Veloudis und Paraskakis 2016). Dadurch können letztlich Entwickler bei der Beschreibung und Verwendung von Zugriffsregeln unterstützt werden, indem sie auf Inkonsistenzen oder Widersprüche aufmerksam gemacht werden.

12.3.3 Anwendung und Auswertung von Zugriffsregeln

Als Beispiel soll hier ein Parkhaus dienen, bei dem Kunden die Parkgebühren unter anderem mit ihrer Kreditkarte bezahlen können. Die Kreditkartendaten sind als schützenswert eingestuft und werden deshalb zusätzlich über Kontextbedingungen besonders geschützt. Für die Mitarbeiter im Parkhaus muss die Möglichkeit bestehen, aus den Daten zu entnehmen, ob ein Kunde die Parkgebühren bezahlt hat bzw. manuell Bezahlvorgänge vorzunehmen. Der Zugriff auf die Bezahldaten soll jedoch auf das Parkhaus und die Arbeitszeiten beschränkt werden. Durch diese Einschränkungen wird erreicht, dass die sensiblen Bezahldaten nicht unabsichtlich an öffentlichen Orten mit unbefugten Zuschauern von den Mitarbeitern eingesehen werden können, oder unbefugt von den Mitarbeitern von anderen Orten und außerhalb der Arbeitszeiten geändert werden. Dazu kann die folgende Regel festgelegt werden:

ParkingEmployee with (Location = CarPark AND Time = WorkingHour) has positive auth for Read on PaymentsTable

Diese durch das Template aus Abb. 12.3 beschriebene Regel realisiert einen Teil der oben erläuterten Zugriffskontrolle. Sie kontrolliert das Objekt Bezahldaten (*PaymentsTable*). Sie ist gültig für einen Nutzer (Subjekt), welcher die Rolle Parkhausmitarbeiter hat (*ParkingEmployee*) und für den gleichzeitig die Kontextbedingungen *Location=CarPark* und *Time=WorkingHour* zutreffen. Die Regel gibt eine Erlaubnis (*positive auth*) für das Lesen der Daten (*Read*). Um das oben beschriebene Szenario zu vervollständigen, muss eine zweite Regel definiert werden, bei der die erlaubte Aktion „*Write*" anstelle von „*Read*" lautet. Zusätzlich existiert eine Kombinationsregel für das Regelwerk, welche den Datenzugriff verbietet solange keine gültige Regel eine explizite Erlaubnis gibt. Bei der Auswertung der Regeln können die in Tab. 12.1 dargestellten Fälle auftreten:

Die jeweilige Entscheidung wird aus folgenden Gründen getroffen: Da es keine Regel gibt, welche anderen Nutzern als den Mitarbeitern des Parkhauses einen Zugriff auf die Bezahldaten gibt, wird der Zugriff verweigert (Zeile 1). Da zudem keine Regel existiert, die den Mitarbeitern des Parkhauses einen Zugriff auf andere Objekte als die Bezahldaten gibt, wird der Zugriff ebenso verweigert (Zeile 2). Die Auswertung der Kontextbedingungen in den Zeilen 3 und 4 ergibt keine gültige Auswertung, sodass die Regel nicht zutrifft und der Zugriff verweigert wird. Erst wenn auch die Auswertung der Kontextbedingungen dazu führt, dass die formulierte Regel anwendbar ist, wird der Zugriff gewährt (Zeile 5).

Ein Entwickler kann dabei etwa für die Kontextbedingung WorkingHour die Zeit von 8:00–18:00 Uhr angeben. Sollte das Wissen über die Arbeitszeiten der Mitarbeiter des Parkhauses (z. B. zwischen 7:00 und 20:00 Uhr) für die Überprüfung

Tab. 12.1 Auswertungsfälle der Zugriffsregel

Subject	Object	Action	Context	Decision
Any person who is not a parking employee	`PaymentsTable`	Read or Write	Any context	Deny
`ParkingEmployee`	Any object other than `PaymentsTable`	Read or Write	Any context	Deny
`ParkingEmployee`	`PaymentsTable`	Read or Write	*Location*: Any other than `CarPark`	Deny
`ParkingEmployee`	`PaymentsTable`	Read or Write	*Time*: Any other than `WorkingHour`	Deny
`ParkingEmployee`	`PaymentsTable`	Read or Write	*Location*: `CarPark` *Time*: `WorkingHour`	Permit

der Regeln vorhanden sein, so kann der Entwickler auf die widersprüchliche Regel automatisiert aufmerksam gemacht werden. Somit wird eine mögliche Fehlerquelle reduziert.

12.4   Sichere Speicherung

Aktuelle Regelwerke (z. B. die Europäische Datenschutzgrundverordnung EU-DSGV) fordern technologische Schutzmaßnahmen entsprechend dem Stand der Technik. Die Verschlüsselung der gespeicherten Daten ist eine solche Maßnahme. Dazu bieten gängige Datenbanksysteme die Möglichkeit, die gespeicherten Nutzdaten verschlüsselt abzulegen (z. B. MariaDB[3]). Der Schutz der gespeicherten Daten ist aber nur solange gewährleistet, wie der entsprechende Schlüssel nicht missbräuchlich genutzt werden kann. Deshalb ist ein entsprechendes Schlüsselmanagement notwendig.

PaaSword bietet mit der durchsuchbaren verteilten Verschlüsselung die Möglichkeit, Daten auf einen höheren Schutzlevel im Vergleich zu einer monolithischen verschlüsselten Datenbank zu speichern. Der folgende Abschnitt beschreibt zunächst die Datenbanktransformation. Die darauf folgenden Abschnitte beschäftigen sich mit dem Mechanismus zur Beschränkung der gemeinsamen Speicherung von Attributen in Indizes (Privacy Constraints) und dem verteilten Schlüsselmanagement.

12.4.1 Durchsuchbare verteilte Verschlüsselung

In der Cloud gespeicherte Daten sollten zur Verringerung des Missbrauchspotenzials verschlüsselt gespeichert werden. Der Ansatz, die Daten an der Verwendungsstelle vor der Speicherung komplett zu verschlüsseln hat jedoch den Nachteil, dass diese nicht mehr durchsucht werden können. Werden also nur auszugsweise Daten benötigt, müssen dennoch alle Daten wieder geladen, diese entschlüsselt und dann der gewünschte Auszug erstellt werden. Um diesen Nachteil zu umgehen, wird die ursprüngliche Datenbank durch den PaaSword-Datenbankadapter transformiert (siehe Abb. 12.4).

Dazu verschlüsselt der Datenbankadapter die Originaldatentabelle zeilenweise und speichert diese auf einem Datenserver. Weiterhin werden Indextabellen der für eine spätere Suche benötigten Attribute erzeugt. Diese speichern zu den vorhandenen Attributwerten in verschlüsselter Form die jeweiligen Zeilen der verschlüsselten Originaltabelle, in welchen diese Attributwerte enthalten sind. Die Originaldaten sind damit komplett verschlüsselt und geschützt. Die einzelnen Indizes enthalten zwar noch alle Attributwerte, die Verbindung zwischen den Attributen ist jedoch verborgen. Die Datenbank könnte jetzt beispielsweise auch

---

[3] mariadb.com/kb/en/library/data-at-rest-encryption/.

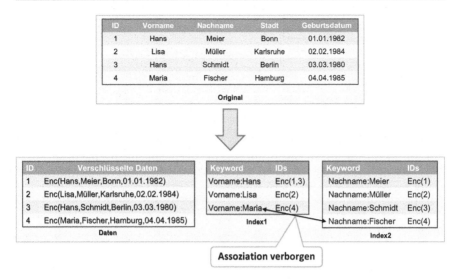

Abb. 12.4 Datenbanktransformation

Lisa Meier oder *Hans Fischer* enthalten. Werden die Indizes auf verschiedene räumlich und organisatorisch getrennte Datenbankserver (Indexserver) verteilt, erhalten die Betreiber dieser Indexserver noch weniger Information über die Originaldaten.

Zum Auffinden der Daten – beispielsweise von *Hans Schmidt* – werden vom Datenbankadapter die Indizes entsprechend abgefragt. *Index1* liefert verschlüsselt (1,3) und *Index2* verschlüsselt (3) zurück. Der Datenbankadapter kann nun die Information der Indexserver entschlüsseln und die benötigte Datenzeile(n) ermitteln. Im nächsten Schritt werden diese Daten (und nur diese) aus der verschlüsselten Datentabelle abgerufen, entschlüsselt und der datenanfragenden Anwendung zur Verfügung gestellt.

Zur weiteren Erhöhung der Sicherheit können die Attributwerte verschlüsselt bzw. nur Hashwerte der Attributwerte in den Indextabellen abgelegt werden. Dadurch reduzieren sich allerdings auch die Abfragemöglichkeiten. Eine Suche nach Teilen von Attributwerten (z. B. SQL LIKE Befehl) ist dann nicht mehr möglich.

12.4.2 Verteilung der Attribute auf Indexserver

Wie oben schon angesprochen, kann die Verteilung der Indizes auf räumlich und organisatorisch getrennte Indexserver die Sicherheit weiter erhöhen. Praktisch dürfte es jedoch nicht sinnvoll sein, für jeden Index einen eigenen Servern vorzusehen. Es ist eher von einer begrenzten Anzahl an Indexservern auszugehen. In PaaS-word können deshalb Regeln (Privacy Constraints) definiert werden, welche Attributwerte nicht zusammen abgelegt werden dürfen. Daraus wird dann eine Verteilung dieser Attributwerte für eine minimale Anzahl an benötigten Datenbankserver bestimmt.

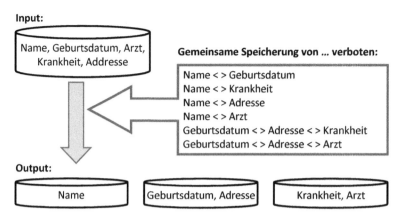

Abb. 12.5 Privacy Constraints

Für den Fall, dass die Verschlüsselung in einem Indexserver gebrochen und damit die Assoziation zwischen den Attributwerten dort wieder hergestellt werden könnte, soll der Informationsgehalt in einem Indexserver möglichst wenig Information offenbaren. Im Beispiel in Abb. 12.5 könnte beispielsweise die Zuordnung von Krankheit und Arzt in einem Indexserver offenbart werden. Der Informationsgewinn wäre jedoch sehr gering, da die Information, welcher Arzt welche Krankheiten behandelt, im Allgemeinen auch anderweitig öffentlich zugänglich ist.

12.4.3 Schlüsselmanagement

Daten sind durch eine Verschlüsselung nur dann geschützt, wenn der Schlüssel nicht bekannt ist. Die permanente Speicherung des Schlüssels direkt im Datenbankadapter eröffnet dem Betreiber einen jederzeitigen unkontrollierbaren Zugang zu den Daten. Der Schlüssel wird im Datenbankadapter jedoch nur während der Ver- und Entschlüsselung benötigt. Um das Risiko eines Missbrauchs oder eines Diebstahls zu reduzieren soll der Schlüssel dort nur dann vorliegen, wenn er benötigt wird. Ein Lösungsansatz ist z. B. ein dedizierter Schlüsselserver, der von einem vertrauenswürdigen Dritten betrieben wird und den Schlüssel nur auf eine autorisierte Anforderung hin herausgibt. Es kann auch sichere Hardware verwendet werden, welche den Schlüssel nur dann herausgibt, wenn eine Autorisierung des Dateneigentümers vorliegt (Schiefer 2012). Diese Autorisierung benötigt in der Regel eine eigene Infrastruktur mit Zertifikaten für alle Anwender. Die Autorisierung könnte auch darin bestehen, dass der eine Datenbankoperation anfragende Dateneigentümer den Schlüssel mitschicken muss. Wenn allerdings beispielsweise viele Mitarbeiter eines Unternehmens auf den gleichen Datenbestand mobil zugreifen müssen, wäre das Risiko für einen Schlüsselverlust recht hoch, da jeder Mitarbeiter im Besitz des Schlüssels sein müsste.

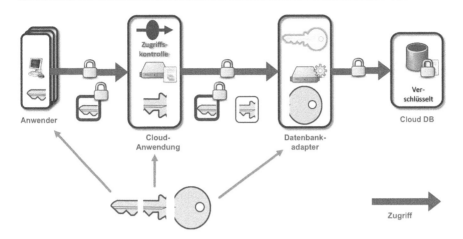

Abb. 12.6 Grundidee des Schlüsselmanagements

In PaaSword wurde ein leichtgewichtiger Ansatz gewählt. Die Grundidee ist, den Schlüssel mathematisch in drei Teile zu zerlegen und jeweils einen Teil beim Datenbankadapter, bei der Cloud-Anwendung und im Endgerät des Anwenders zu hinterlegen (siehe Abb. 12.6). Mit jeder Anfrage an die Cloud-Anwendung zur Durchführung einer Operation mit den Daten wird der Schlüsselteil des Anwenders gesichert mitgeschickt. Wenn die Cloud-Anwendung die Anfrage genehmigt – da der Anwender zu dieser Datenoperation berechtigt ist (siehe Zugriffskontrolle in Kap. 3) – fügt sie ihren Schlüsselteil hinzu und veranlasst die nötigen Datenbankoperationen beim Datenbankadapter. Der Datenbankadapter fügt seinen dritten Schlüsselteil hinzu, rekonstruiert temporär den Schlüssel, kontrolliert dessen Validität anhand von Prüfdaten und führt im Erfolgsfall die geforderten Datenbankoperationen auf der transformierten Datenbank aus. Technische Details zum Verfahren finden sich u. a. in (Schiefer et al. 2017).

Mit diesem Verfahren werden mehrere Ziele erreicht: (i) Die Autorisierung durch den Anwender erfolgt ohne zusätzliche Infrastruktur. (ii) Es gibt keine Möglichkeit die Zugriffskotrolle zu umgehen (außer der Anwender wäre im Besitz von Schlüsselteil und privatem Zertifikat der Cloud-Anwendung). (iii) Der Schlüssel ist in keiner der beteiligten Komponenten als Ganzes gespeichert, er liegt lediglich kurzzeitig im Datenbankadapter vor.

Der Verlust eines Schlüsselteils beim Anwender ist ein möglicher Fall. Zur Sicherheit müssen dann umgehend die anderen Schlüsselteile gelöscht werden. Damit dies keine Auswirkung auf andere Anwender hat, werden für jeden Anwender individuelle Schlüsselteile erzeugt. Damit kann einem bestimmten Anwender problemlos der Zugang entzogen werden bzw. ein kompromittierter Schlüsselteil nutzlos gemacht werden, ohne dass dies Auswirkungen auf die anderen Anwender hat.

Für die Erzeugung der Schlüsselteile beim Aufsetzen des Systems bzw. beim Hinzufügen oder Ersetzen von anwenderspezifischen Schlüsselteilen ist der Originalschlüssel nötig. Dieser wird jedoch sicher beim Dateneigentümer (i. d. R. ein Anwenderunternehmen) verwahrt und nur kurzzeitig für diese Aufgabe „herausgeholt". Ansonsten ist dieser in keinem laufenden System online verfügbar (kann also auch nicht entwendet werden) und ist keinem beteiligten Cloud-Anbieter bekannt. Die einzige Ausnahme ist die Zeit, in welcher er für die Durchführung einer Datenbankoperation im Datenbankadapter benötigt wird. Für den Fall der Fälle, dass z. B. der Betreiber der Cloud-Anwendung ausfällt, wäre das Anwenderunternehmen jedoch in der Lage, die eigenen Daten mithilfe des Originalschlüssels aus der verschlüsselten Datentabelle zu rekonstruieren. Damit stärkt das Verfahren die Datenhoheit des Dateneigentümers.

12.5   Zusammenfassung und Ausblick

Der Artikel gibt einen Einblick in die wesentlichen Sicherheitsmechanismen innerhalb des PaaSword-Projekts, welches Security-by-Design in der Cloud-Anwendungsentwicklung stärker verankern möchte. Es stellt dem Anwendungsentwickler die benötigten Werkzeuge zur Verfügung, um Sicherheitsregelwerke passend zu den jeweils gewünschten Sicherheitsanforderungen schon bei der Entwicklung umzusetzen. Dazu wurde dargelegt, wie mit Hilfe eines auf ABAC basierenden Modells Regeln zur Zugriffskontrolle beschrieben werden können. Die verwendete ontologische Repräsentation erlaubt zudem ein automatisiertes Schlussfolgern über Zugriffsregeln sowie weiterem Wissen, sodass die Kompatibilität von implementierten Regeln überprüft werden kann. Die durchsuchbare verschlüsselte Speicherung ist ein weiterer Baustein, mit dem die Sicherheit der persistenten Daten von Cloud-Anwendungen erhöht werden kann ohne auf die Vorteile der Durchsuchbarkeit zu verzichten. Das Schlüsselmanagement fügt einen weiteren Baustein hinzu, der die Umgehung der beiden andern Sicherheitsmechanismen unmöglich macht.

Damit verwendet PaaSword eine Drei-Faktor-Authentifizierung („Wissen", „Sein", „Haben"). Ein Anwender muss sich i.d.R. bei der Cloud-Anwendung anmelden (Faktor 1). Die kontextsensitive Zugriffskontrolle bietet die Option, Bedingungen über den Anwender festzulegen (z. B. Aufenthaltsort), welche er erfüllen muss (Faktor 2). Das Schlüsselmanagement bedingt, dass der Anwender im Besitz seines spezifischen Schüsselteils sein muss (Faktor 3). Die letzten beiden Faktoren werden außerdem nicht nur zu Beginn einer Sitzung abgefragt sondern mit jeder Aktion des Anwenders erneut geprüft.

Im Rahmen des Projektes wurden vier Pilotanwendungen und ein Mechanismus zur Unterstützung der Bereitstellung der benötigten Cloud-Ressourcen entwickelt. Diese demonstrieren eindrucksvoll die Möglichkeiten und das Potenzial für einen kommerziellen Einsatz der entwickelten Lösung, welcher durch die beteiligten Industriepartner erfolgt.

Danksagung This project has received funding from the European Union's Horizon 2020 research and innovation programme under grant agreement No 644814.

Literatur

Achenbach D, Gabel M, Huber M (2011) MimoSecco: a middleware for secure cloud storage. In: Frey DD, Fukuda S, Rock G (Hrsg) Improving complex systems today, proceedings of the 18th ISPE international conference on concurrent engineering, 4–8 July 2011. Springer, Boston, S 175–181

Brewer D, Nash M (1989) The Chinese Wall security policy. In: Proceedings of IEEE symposium on security and privacy, 1–3 Mai 1989, Oakland/Kalifornien/USA, S 206–214

Decker M (2011) Modellierung ortsabhängiger Zugriffskontrolle für mobile Geschäftsprozesse. KIT Scientific Publishing, Karlsruhe

Gouvas P, Michalas A (2015) PaaSword reference architecture – deliverable D1.3. https://www.paasword.eu/deliverables. Zugegriffen am 01.12.2017

Hu V, Ferraiolo D, Kuhn R, Schnitzer A, Sandlin K, Miller R, Scarfone K (2014) Guide to attribute based access control (ABAC) definition and considerations. NIST special publication 800-162. http://nvlpubs.nist.gov/nistpubs/SpecialPublications/NIST.SP.800-162.pdf. Zugegriffen am 01.12.2017

Parducci B, Lockhart H, Rissanen E (2013) OASIS eXtensible Access Control Markup Language (XACML) TC. http://docs.oasis-open.org/xacml/3.0/xacml-3.0-core-spec-os-en.pdf. Zugegriffen am 01.12.2017

Priebe T, Dobmeier W, Muschall B, Pernul G (2005) ABAC – Ein Referenzmodell für attributbasierte Zugriffskontrolle. In: Sicherheit 2005: Sicherheit – Schutz und Zuverlässigkeit, S 285–296

Schiefer G (2012) Wer liest alle meine Daten in der Wolke. OBJEKTspectrum Themenspecial Cloud Computing, SIGS DATACOM, Troisdorf

Schiefer G, Citak M, Schoknecht A, Gabel M, Mechler J (2017) Security in a distributed key management approach. In: IEEE 30th international symposium on computer-based medical systems (CBMS), 22–24 Juni 2017, Thessaloniki/Griechenland, S 816–821

Schulze H (2015) LinkedIn Cloud Security spotlight report. http://media.scmagazine.com/documents/114/cloud-security-spotlight-repor_28381.pdf. Zugegriffen am 01.12.2017

Veloudis S, Paraskakis I (2016) Access policies model – deliverable D2.2. https://www.paasword.eu/deliverables. Zugegriffen am 01.12.2017

Verginadis Y, Patiniotakis I, Mentzas G (2016) Context-aware security model – deliverable D2.1. https://www.paasword.eu/deliverables. Zugegriffen am 01.12.2017

Waidner M, Backes M, Müller-Quade J (2014) Development of secure software with security by design. Fraunhofer Institute for Secure Information Technology, SIT technical reports, SIT-TR-2014-03

Cloud Computing aus Sicht der Ethik

13

Oliver Bendel

Zusammenfassung

Zahlreiche Unternehmen transferieren Daten ihrer Kunden in die Cloud, oder diese werden selbst aktiv, nutzen spezielle Dienste und soziale Medien. Es stellen sich viele Fragen: Wird der Benutzer genügend informiert? Sind ihm alle Konsequenzen des Vorgangs klar? Was ist, wenn Inhalte als verdächtig angesehen und Informationen an Behörden weitergereicht werden? Wie können lebenswichtige und personenbezogene Daten geschützt werden? Der Beitrag stellt Probleme rund um Cloud Computing für Privatkunden aus Sicht des Verbraucherschutzes und der Informationsethik systematisch dar, mit Fokus auf Bild und Text. Aus der Unternehmensethik heraus werden Vorschläge für Anbieter unterbreitet.

Schlüsselwörter

Cloud Computing · Verbraucherschutz · Informationsethik · Unternehmensethik · Wirtschaftsethik · Konsumentenethik

13.1 Cloud Computing ist überall

Der Begriff der Cloud ist, wie das dazugehörige Phänomen, allgegenwärtig. Betriebe speichern ihre Daten in der Wolke, entwickeln Anwendungen in ihr und nutzen Software über sie (vgl. Bedner 2010; Münzl 2015). Je nach Anforderung werden Public, Private, Hybrid oder Community Clouds bevorzugt. Privatpersonen laden

---

Überarbeiteter Beitrag basierend auf Bendel (2016) Cloud Computing aus Sicht von Verbraucherschutz und Informationsethik, HMD – Praxis der Wirtschaftsinformatik Heft 311, 53(5):607–618.

O. Bendel (✉)
Fachhochschule Nordwestschweiz, Windisch, Schweiz
E-Mail: oliver.bendel@fhnw.ch

© Springer Fachmedien Wiesbaden GmbH, ein Teil von Springer Nature 2018
S. Reinheimer (Hrsg.), *Cloud Computing*, Edition HMD,
https://doi.org/10.1007/978-3-658-20967-4_13

ihre Fotos (z. B. Profilbilder, Party- und Urlaubsfotos) und ihre Dokumente hoch, seien es Notizen, Tagebücher oder Manuskripte. Sie machen dies absichtlich und absichtsvoll, insofern sie beim Hochladen selbst aktiv werden und ihre Gründe dafür haben, mögen diese in der Sicherheit liegen oder in der Flexibilität, oder unabsichtlich und unachtsam, insofern ihre Daten ohne ihr Wissen durch den Anbieter bzw. den Dienst und das Gerät synchronisiert werden.

Der vorliegende Beitrag diskutiert unterschiedliche Anwendungs- und Verhaltensweisen. Er zeigt, dass Cloud Computing für Privatpersonen (und Unternehmensmitarbeiter) aus Sicht von Verbraucherschutz und Informationsethik sowohl Risiken als auch Chancen beinhaltet, wobei vor allem die einen ausformuliert werden, da damit Handlungsbedarf verbunden ist, und die anderen angedeutet sind. Am Rande, soweit für die ethische Auseinandersetzung relevant, werden rechtliche Fragen angesprochen. Der Begriff des Cloud Computing wird bewusst weit gehalten, und es werden klassische Speicherdienste ebenso einbezogen wie – für Privatpersonen besonders relevant – bestimmte soziale Netzwerke und Kommunikationsdienste, über die man Inhalte hochlädt, verteilt und bewahrt.

13.2   Die verschiedenen Wolken

Wie Big Data gilt Cloud Computing als disruptiver Ansatz (vgl. Atchison et al. 2014). Dienste, Anwendungen und Ressourcen werden über Hochleistungsserver meist externer Anbieter „flexibel und skalierbar … angeboten", und zwar „ohne eine langfristige Kapitalbindung und IT-spezifisches Know-how vorauszusetzen" (Repschläger et al. 2010). „Es handelt sich um eine Form des IT-Sourcings, bei der der komplette Betrieb und Wartungsaufwand beim Anbieter verbleibt und ausschließlich die Leistung vom Kunden angemietet und verbrauchsabhängig bezahlt wird." (ebd.) Damit wird der Normalfall der Public Cloud angesprochen, bei der es eben einen externen Anbieter gibt. Auch kostenloser Gebrauch ist möglich, gerade für Privatpersonen.

Infrastructure as a Service (IaaS) ist der Zugang zu virtualisierten Hardwareressourcen, etwa Computern, Netzwerken und Speichern, Platform as a Service (PaaS) zu Programmierungs- oder Laufzeitumgebungen mit dynamisch anpassbaren Rechen- und Datenkapazitäten, Software as a Service (SaaS) zu Softwaresammlungen und Anwendungsprogrammen (vgl. Abts und Mülder 2013, S. 151 ff.). Dieser Beitrag konzentriert sich auf IaaS für Privatpersonen, insbesondere auf Speicher- und File-Sharing-Dienste für Texte und Fotos. Der Up- und Download von Musik wird, da es sich um einen eigenen großen Problembereich handelt, weitgehend ausgeklammert (vgl. Köhler 2012), ebenso die Selbstvermessung, das Quantified Self. Die Verzeichnisse sind entweder nur persönlich (und eventuell für den Anbieter) sichtbar oder aber für Freunde bzw. Gruppen oder sogar für die Weltöffentlichkeit freigegeben.

Ein Spezialfall sind Private Clouds, bei denen sich Anbieter und Nutzer im selben Unternehmen befinden bzw. Privatpersonen ihre eigenen Dienste betreiben. Immer häufiger werden Public Cloud und Private Cloud zusammengeführt zur

Hybrid Cloud. Beispielsweise werden streng vertrauliche Dokumente in der Private Cloud untergebracht, weniger vertrauliche und massenhaft anfallende Daten dagegen in der Public Cloud. Im gegebenen Kontext interessiert vor allem die Public Cloud, bei der rechtliche und ethische Fragen unmittelbar auftauchen und die für Privatpersonen der übliche Anwendungsfall ist. Natürlich sind auch Private Clouds nicht vor Missbrauch geschützt, und Hybrid Clouds können entsprechende Lücken aufweisen, ebenso die hier nicht weiter thematisierten Community Clouds.

13.3 Verbraucherschutz und Informationsethik

Verbraucherschutz, auch Konsumentenschutz genannt, ist der Schutz von Verbrauchern vor überteuerten, gefährlichen, schadhaften, ungeeigneten oder unnötigen Produkten und Dienstleistungen und vor Undurchschaubarkeit und Fehlinformation auf Seiten der Hersteller und Händler. Ausgangspunkt ist die Tatsache, dass Konsumenten auf die Angebote und damit auf die Firmen mehr oder weniger angewiesen sind. Sogenannte Verbraucherzentralen bieten Beratung und Informationen zu Fragen des Verbraucherschutzes, helfen bei rechtlichen Problemen, zeigen moralische Herausforderungen auf (womit Beziehungen zur Ethik entstehen) und vertreten die Interessen der Kunden und Konsumenten (vgl. Bendel 2012a). Sie sind unabhängig, überwiegend öffentlich finanziert und gemeinnützig.

Die Bereichsethik der Informationsethik hat die Moral (in) der Informationsgesellschaft zum Gegenstand. Sie untersucht, wie sich deren Mitglieder in moralischer Hinsicht verhalten respektive verhalten sollen; ebenso betrachtet sie unter sittlichen Gesichtspunkten das Verhältnis der Informationsgesellschaft zu sich selbst, auch zu nicht technikaffinen Mitgliedern, und zu wenig technisierten Kulturen (vgl. Bendel 2012b). Die Wirtschaftsethik (ebenfalls eine Bereichsethik) hat die Moral der und in der Wirtschaft zum Gegenstand. Moralische Akteure sind einzelne Menschen, die wirtschaftliche Interessen haben, die produzieren, handeln, führen und ausführen (Individualethik) sowie konsumieren (Konsumentenethik), und das Unternehmen (Unternehmensethik als Hauptgebiet der Institutionenethik), das Verantwortung gegenüber Mitarbeitern, Kunden und Umwelt trägt (vgl. Bendel 2016, S. 245; Noll 2013).

Bei der im vorliegenden Beitrag begonnenen Diskussion sind nicht nur Begriffe der Wirtschaftsethik (vor allem der Unternehmens- und der Konsumentenethik), sondern auch und vor allem der Informationsethik anzuwenden, z. B. „informationelle Autonomie" bzw. „informationelle Selbstbestimmung" (womit der Schwerpunkt mehr auf die Selbstbestimmung, weniger auf die Unabhängigkeit, gelegt bzw. die rechtliche Dimension mit angesprochen wird), „digitaler Graben" und „Informationsgerechtigkeit" (vgl. Bendel 2016), zudem „digitale Identität". Informationelle Autonomie ist die Möglichkeit, unabhängig und selbstständig auf Informationen zuzugreifen, über die Verbreitung von eigenen Äußerungen und Abbildungen selbst zu bestimmen sowie die Daten zur eigenen Person einzusehen und gegebenenfalls anzupassen (vgl. ebd., S. 11 f.). Der digitale Graben verläuft zwischen schwach und stark vernetzten und computerisierten Ländern sowie innerhalb der Informationsgesellschaft und trennt diejenigen, die

Zugang zum Internet und zu Onlinediensten haben, von denjenigen, die ihn nicht haben
oder nicht haben wollen (vgl. ebd., S. 47). In der Tendenz widerspricht der digitale
Graben dem Gerechtigkeitsprinzip (vgl. Kuhlen 2004). Die Informationsgerechtigkeit
bezieht sich auf den der Allgemeinheit möglichen Zugang zur Information und zu IKT
und ist mit der Informationsfreiheit (d.i. Informationszugangsfreiheit) verbunden. Die
digitale Identität bildet sich im Netz ausgehend von einem Profil und die Aktivitäten
des Benutzers über eine Zeitspanne dokumentierend. Sie ist auch im realen Raum
(etwa bei der Jobsuche und im Freundeskreis) von großer Bedeutung und eine feste
Referenzgröße. Mehr und mehr gibt es zusätzlich zu der digitalen Identität, die vom
Benutzer generiert wird, digitale Identitäten, die von Behörden und Unternehmen
erstellt und gepflegt werden.

13.4 Das unbeabsichtigte vs. das beabsichtigte Hochladen

Dem Anwender ist in einem gewissen Umfang zuzumuten, sich mit Blick auf Cloud-
Dienste, App-Einstellungen und Endgeräte zu informieren. Allerdings kann es vor-
kommen, dass er aufgrund mangelnder Bildung respektive Vorstellungskraft oder
von Einschränkungen nicht in der Lage dazu ist. Die Ursache des Informationsdefi-
zits liegt in diesen Fällen offenbar bei ihm. Wenn der Benutzer, der sich in diesem
Sinne nicht auf einen adäquaten Stand bringen konnte, das erfolgte Hochladen nicht
aktiv initiiert oder nicht intendiert hat, wird anscheinend gegen seine informationelle
Selbstbestimmung verstoßen. Man kann freilich argumentieren, dass Selbstbestimmung eben die Bestimmung durch das Selbst ist, und wenn diese aus Gründen, die
im Selbst liegen, nicht erfolgen kann, habe man das Recht darauf verwirkt.

Ein häufiges Phänomen ist indes, dass der Benutzer einen Vorgang gar nicht
verstehen kann, weil der Cloud-Anbieter sich nicht klar und deutlich ausdrückt,
oder jenem nicht zuzumuten ist, den Vorgang zu durchleuchten, weil die Erklärun-
gen und Bestimmungen mehrere Seiten umfassen oder in einer ihm nicht zugängli-
chen Sprache wie Englisch verfasst sind. Die Ursache des Problems liegt hier
zweifelsohne beim Unternehmen. Nicht zuletzt mag dieses mit technischen oder
medialen Anforderungen aufwarten, denen der Benutzer nicht entsprechen kann,
z. B. weil er zu bestimmten Instrumenten oder Diensten keinen Zugang hat oder
sich Versionen, Updates und Upgrades nicht leisten kann, etwa bei Betriebssystemen und Anwendungsprogrammen. Die informationelle Selbstbestimmung scheint
durch das absichtliche oder unabsichtliche, immerhin aber in Kauf genommene
Aufstellen von informationellen Hindernissen oder Ausheben eines digitalen Gra-
bens verletzt zu werden.

Der beabsichtigte Upload scheint vorderhand unproblematisch zu sein. Der
Benutzer hat beispielsweise erklärt, die AGB gelesen und verstanden zu haben (oft
im Widerspruch zur Realität), oder den Vorgang aktiv begonnen. Allerdings ist bei
Kindern und Jugendlichen eine eingeschränkte Geschäftsfähigkeit – das wäre die
rechtliche Dimension – und auch Einsichtsfähigkeit – damit kommt die moralische Perspektive ins Spiel – vorhanden. Zudem ist zu bedenken, dass sich Moral
nicht nur auf andere Menschen und auf die Umwelt (einschließlich der Tiere),

sondern ebenso auf die handelnde Person selbst richten kann: Diese soll auch gut zu sich selbst sein. Die Frage ist demnach, ob der Benutzer die Konsequenzen seines Handelns voraussehen und beurteilen kann. Womöglich schadet er durch das Hochladen seinem jetzigen oder späteren Selbst, z. B. durch kompromittierende Selfies. Nun ist es nicht unbedingt Aufgabe der Firmen, den Benutzer vor sich selbst zu schützen. Es wäre aber wünschenswert, wenn Wirtschaft, Politik, Gesundheits- und Bildungswesen und Einrichtungen der Gesellschaft – einschließlich der Verbraucherzentralen – zur Aufklärung beitragen und vor zu erwartenden Konsequenzen warnen würden.

13.5 Der Content in der Cloud

13.5.1 Selbst erstellte Inhalte

Das Hochladen von selbst erstellten Inhalten (von User-generated Content im wörtlichen und unmittelbaren Sinne) ist zunächst in dem Sinne unheikel, als dem Urheberrecht entsprochen wird (vgl. Rohrlich 2013). Ein selbst verfasstes Gedicht oder ein Selbstbildnis des Benutzers landet in der Cloud und wird dort vorgehalten. Es ist der Urheber selbst, der sein Werk ausliefert. Problematisch wird es, wenn der Anbieter exklusive oder nichtexklusive Lizenzen erwirbt. Insbesondere bei sozialen Medien wie Twitter und Facebook, die als Cloud-Dienste fungieren können, ist der zweitere Fall üblich. Dadurch werden zumindest Nutzungs- und Vervielfältigungsrechte (als Dimensionen im Verwertungsrecht) eingeräumt. Beispielsweise kann ein Foto des Mitglieds (sogar eines, das es selbst zeigt) auf eine Karte oder eine Tasse gedruckt und verkauft werden. Weiter kann ein Anbieter oder ein anderer Benutzer behaupten, der Urheber zu sein, was auf eine aufwändige Klärung der wahren Verhältnisse, auch vor Gericht, hinauslaufen wird. Möglich ist daneben der Diebstahl geistigen Eigentums durch Dienst- und Plattformbetreiber oder andere Benutzer. Diese lassen sich von Fotos, Texten oder Songs inspirieren bzw. kopieren und verbreiten diese gesamthaft oder teilweise, ohne die Quelle anzugeben. Daraus resultieren nicht zuletzt moralische Probleme, etwa hinsichtlich der digitalen Identität.

13.5.2 Nicht selbst erstellte Inhalte

Das Hochladen von nicht selbst erstellten Inhalten kann aus rechtlichen Gründen problematisch sein. In vielen Ländern gilt die Datei in der Cloud als erlaubte private Kopie (vgl. Rohrlich 2013). Ist der Dienst allerdings für andere Personen oder sogar für größere Gruppen (in Deutschland von mehr als sieben Personen) oder die ganze Welt zugreifbar, wie es bei Bildplattformen wie Flickr nicht unüblich ist, handelt es sich in der Regel um eine unerlaubte Veröffentlichung und mithin eine Zuwiderhandlung mit Blick auf Urheber- bzw. Verwertungsrecht (vgl. *ebd.*). Daneben können allgemeine oder besondere Persönlichkeitsrechte tangiert sein. Ferner ist selbst bei einem kleinen Kreis die Gefahr nicht von der Hand zu weisen, dass ein

Zugehöriger seinen Zugang missbraucht und Kopien, etwa von Dokumenten, für einen großen Kreis erstellt, ohne dass dies vom Benutzer gewünscht ist und verhindert werden kann. Dabei entstehen neben rechtlichen Problemen auch moralische Herausforderungen, etwa der Verlust von Vertrauen und die Einbuße von Kontrolle über die digitale Identität, wenn personenbezogene Daten betroffen sind.

13.5.3 Inhalte mit Daten anderer Personen

Das Hochladen von Inhalten mit Daten anderer Personen kann ebenfalls rechtlich und moralisch beanstandet werden. Es kann gegen Urheber- und speziell Verwertungsrecht sowie das Persönlichkeitsrecht verstoßen. Häufig werden Kontaktdaten aus Notebooks und Smartphones von sozialen Netzwerken und Kommunikationsdiensten wie Facebook und WhatsApp abgezogen und von diesen verwendet. Unbeteiligte werden zum Zwecke der Anwerbung kontaktiert. Zudem kann das Recht am eigenen Bild berührt sein. Ein Benutzer, der ein Foto oder Video von Personen angefertigt hat, die klar und deutlich zu erkennen sind und nicht in die Veröffentlichung einwilligen, ist der Urheber, darf aber die Verwertung nicht vornehmen, da er nicht über dieses spezielle Motiv, die jeweils abgebildete Person, verfügen darf. Der Betroffene ist nicht nur im Allgemeinen in seiner informationellen Autonomie angetastet, sondern eventuell auch im Speziellen, wenn er unvorteilhaft getroffen, halb bekleidet oder nackt ist bzw. intime Handlungen an sich oder anderen vornimmt, wenn also Privat- und Intimsphäre betroffen sind und man sich ehrverletzend über ihn äußern und ihm gegenüber verhalten kann.

13.6   Sicherheit von Cloud-Diensten

Zur Sicherheit und Unsicherheit von Cloud-Diensten existieren viele Einteilungen und Erkenntnisse (vgl. Bedner 2010; Münzl 2015). Im Folgenden werden ein paar wenige Punkte herausgegriffen, die im vorliegenden Kontext besonders relevant sind, und beispielhaft erläutert.

13.6.1 Verschlüsselung und Analyse der Daten

Verschlüsselung sollte auf Benutzerseite vorgenommen werden, also bevor sich die Daten auf den Weg zu den Servern machen. Wo diese stehen und wer Zugang zu ihnen und Zugriff auf sie hat, muss man vor dem Abschluss eines Vertrags abklären. Nicht alle Anwender sind in der Lage, mit kryptografischen Mitteln ihre Daten zu sichern. Sind diese unverschlüsselt auf den Rechnern, kann der Cloud-Anbieter bzw. der Host-Provider im Prinzip semantische Analysen vornehmen (vgl. Kroschwald 2015). Diese mögen dazu dienen, die Kunden und ihre Bedürfnisse besser kennenzulernen, aber ebenso dazu, strafbare Inhalte aufzuspüren. Bekannt wurde, dass Microsoft bei seinen Cloud-Computing-Diensten solche Überprüfungen durchgeführt und Verdächtige

deutschen Ermittlern gemeldet hat (vgl. Mansmann 2015), was man, da es Kinderpornografie betraf, moralisch begrüßen mag, wodurch gleichwohl in die Privatheit einge-
griffen wurde, was ethisch zu hinterfragen ist. Zudem weiß der Benutzer nicht, wie die
Algorithmen funktionieren. Selbst bei verschlüsselten Daten sind gewisse Analysen
möglich, etwa in Bezug auf die Art und Häufigkeit des Zugriffs.

13.6.2 Löschung von Daten

Eine Löschung der Daten kann durch den Cloud-Anbieter bzw. den Host-Provider
oder durch einen Angreifer erfolgen. Erstere bereinigen den Bestand aufgrund
menschlichen Versagens oder technischer Fehler. Sie können auch der Meinung sein,
dass Daten nicht den Nutzungsbestimmungen entsprechen, etwa Fotos oder Texte
pornografisch oder rassistisch seien. Zweiterer will bestimmte oder alle Dateien eli-
minieren, um Spuren zu verwischen oder Schaden beim anderen anzurichten bzw.
Nutzen für sich selbst zu stiften. Manche Daten müssen aus gesetzlichen Gründen in
bestimmten Zeitabständen gelöscht werden, wobei in diesem Kontext und mit Blick
auf den Privatuser vor allem Metadaten betroffen sind. Ein Spezialfall ist die verse-
hentliche oder absichtliche (aber nicht durchdachte) Löschung durch den Benutzer.
In vielen Fällen (und in den meisten bei klassischen Speicherdiensten) können die
vernichteten Daten wiederhergestellt werden, was allerdings zusätzliche Probleme
aufwirft und nach Lösungen verlangt, bis hin zum Recht auf Vergessenwerden (vgl.
Mayer-Schönberger 2010). Eine dauerhafte Löschung, die der Benutzer nicht
wünscht, kann ihm erhebliche private und berufliche Nachteile bescheren, z. B. weil
er einen Vorgang, eine Begebenheit, eine Anstellung oder einen Abschluss nicht
mehr nachweisen kann, und seine digitale Identität beschädigen.

13.6.3 Wegfall oder Ersetzung des Anbieters

Der Anbieter kann insolvent werden oder aus rechtlichen bzw. politischen Gründen
gezwungen sein, seine Dienste einzustellen, etwa weil das Land unsicher geworden
oder aus einem Verbund wie der EU ausgetreten ist. Bei Geschäftsaufgabe werden
Rechenzentren u. U. an andere Anbieter verkauft, die neue Regelungen einführen.
Der Benutzer ist womöglich weder mit dem geänderten Standort noch mit den geänderten Bestimmungen einverstanden, und es ist denkbar, dass er schlechter gestellt
ist, sowohl finanziell als auch informationell, bzw. Zustände und Prozeduren erleiden
muss, die nachteilig für ihn sind. Die Daten können ferner an Subunternehmer ausgelagert werden; der Cloud-Anbieter ist nicht durchgehend der Host-Provider (vgl.
Kroschwald 2015). Dadurch verbreiten sie sich weiter, ohne dass der Benutzer immer
weiß, wo sie liegen und wer darauf zugreifen kann; im Extremfall weiß dies nicht
einmal der Anbieter. Im schlimmsten (und seltensten) Fall werden bei Insolvenz die
Rechenzentren aufgelöst, und der Benutzer ist nicht mehr in der Lage, an seine Daten
heranzukommen. Dies mag ihm wiederum erhebliche Nachteile bescheren und seine
digitale Identität beeinträchtigen.

13.6.4 Einsichtnahme in die Datensammlungen

Eine Einsichtnahme in die Datensammlungen kann in manchen Staaten legal erfolgen, in den USA etwa auf der Grundlage des Patriot Act. Durch diesen sind u. a. „der Zugriff auf Kundendaten zum Zwecke der Strafverfolgung" und „die geheimdienstliche Untersuchung zur Terrorismusbekämpfung" (Kroschwald 2015) möglich. Der europäische Benutzer, der Cloud-Dienste in Anspruch nimmt, die in den Vereinigten Staaten angesiedelt sind, muss damit nicht nur nationales und europäisches, sondern auch US-amerikanisches Recht beachten; natürlich bezieht sich das genauso auf andere Standorte, und die Unmöglichkeit dieser Aufgabe liegt auf der Hand. Einerseits kann die informationelle Selbstbestimmung verletzt und die Privatsphäre beeinträchtigt werden, andererseits muss der Benutzer strafrechtliche Konsequenzen und Einschränkungen seiner Reisefreiheit fürchten.

13.6.5 Beschlagnahmung oder Diebstahl der Server

Bei Beschlagnahmung oder Diebstahl der Server geraten die Daten in andere bzw. falsche Hände. Ist keine Verschlüsselung erfolgt, können Behörden oder Banden unmittelbar auf die Daten zugreifen. Gibt es keine weiteren Sicherungen, droht neben einem Missbrauch der Daten auch Datenverlust. Dies kann dem Benutzer wiederum Nachteile bescheren und seine digitale Identität beeinflussen. Dabei ist besonders störend, dass offizielle oder kriminelle Kräfte am Werk sind, denen man ausgeliefert ist. Die informationelle Selbstbestimmung ist damit in erheblichem Maße bedroht, und der Schaden kann dauerhaft angerichtet und weltweit erkennbar sein. In Ausnahmefällen sind auch Vorteile möglich, etwa wenn fremderstellte, problembehaftete digitale Identitäten verloren gehen.

13.6.6 Erpressungsversuche

Bestechungs- und Erpressungsversuche können sich auf die Mitarbeitenden der Unternehmen beziehen. Externe können interessiert sein an Fotografien von Prominenten und Betuchten sowie an Inhalten anderer Personen, um wiederum Erpressungsversuche zu starten. Auch die Mitarbeitenden selbst mögen Benutzer unrechtmäßig ausbeuten. Durch Erpressung, in Verbindung mit entsprechendem Datenklau (oder unerwünschten Datengeschenken), werden Privatsphäre bzw. informationelle Autonomie in Frage gestellt und Persönlichkeitsrechte der Benutzer verletzt. Neben den Inhalten selbst können Metadaten weitergereicht werden, wodurch für den Benutzer potenziell zusätzlicher rechtlicher und moralischer Schaden entsteht. So ist es u. U. für Strafverfolgungsbehörden und Gerichte bzw. für die Gesellschaft ein Unterschied für die Bewertung, ob strafbare oder unmoralische Inhalte einmalig oder häufig hochgeladen und aufgerufen werden.

13.7   Konsequenzen für den Benutzer

Gelangen Daten des Benutzers in die Hände von Unbefugten, können sich daraus, wie verschiedentlich angedeutet, erhebliche Konsequenzen ergeben. Im Folgenden werden im Kontext des Cloud Computing strafrechtliche Verfolgung bzw. strafrechtlicher Vollzug, gesellschaftliche Ächtung, Mobbing und Denunziation im persönlichen Umfeld sowie Beeinträchtigung der digitalen Identität näher betrachtet.

13.7.1 Strafrechtliche Verfolgung und strafrechtlicher Vollzug

Eine mögliche Konsequenz ist die strafrechtliche Verfolgung. Diese kann stattfinden, nachdem der Cloud-Anbieter bzw. Host-Provider oder ein Benutzer eine Behörde informiert oder die Polizei selbst bestimmte Inhalte entdeckt hat (vgl. Mansmann 2015). Der Verdacht, unerlaubtes Material (etwa Kinderpornografie) zu besitzen, kann sich erhärten oder eben nicht. Bei Reisen kann es passieren, dass die örtlichen und nationalen Behörden aktiv werden und man nach dortigem Recht festgehalten und verurteilt wird. Dies ist zum einen angängig, wenn die Inhalte des Anwenders auf dem Server gegen die Bestimmungen des entsprechenden Landes verstoßen (wie Karikaturen von Propheten oder Göttern). Zum anderen kann über die Synchronisierung ein Gerät, das vor dem Grenzübertritt sozusagen aufgeräumt wurde, mit strafbaren Inhalten aus der Cloud wiederbeladen werden. Dies ist natürlich eine grundsätzliche Gefahr. Während lokal gespeicherte Inhalte mit Hilfe bestimmter Methoden gelöscht werden können, ist eine dauerhafte Entfernung auf fremden Servern für den Benutzer u. U. schwierig, kaum überprüfbar und nicht unbedingt garantiert. Strafverfolgung und -vollzug haben moralische Implikationen und gefährden das gute Leben des Benutzers. Sind sie für diesen nicht voraussehbar und nicht vereinbar mit dem in seiner Heimat geltenden Recht oder seinem Rechts- und Moralempfinden, stellen sich Fragen der Gerechtigkeit.

13.7.2 Gesellschaftliche Ächtung

Neben Strafverfolgung und -vollzug ist eine gesellschaftliche Ächtung möglich. Dabei muss kein rechtlicher Verstoß des Benutzers vorliegen, sondern es genügt, wenn er aus Sicht einer Gruppe oder der Bevölkerung moralisch falsch gehandelt hat. Im schlimmsten Falle erfolgt eine Ablehnung durch mehrere Gesellschaften oder durch einen Teil der Weltbevölkerung, mitsamt der üblichen Berichterstattung und Verfolgung in den sozialen Netzwerken (Shitstorms, Cybermobbing und -stalking, Denunziation). Das Foto, das eine junge Amerikanerin auf Facebook hochgeladen hatte und das sie inmitten der Häftlingsbaracken im ehemaligen deutschen Vernichtungslager Auschwitz zeigt, nannten Medien das „schlimmste Selfie aller Zeiten" (vgl. Krafczyk 2014). Deutlich wird, wie eine private, nicht reflektierte Verhaltensweise im Zusammenspiel mit technischer Unterstützung ernste Konsequenzen haben kann. Doch ebenso kann jede reflektierte Verhaltensweise den Zorn nicht reflektierter Zeitgenossen in den sozialen Medien und darüber hinaus erregen.

13.7.3 Ächtung im persönlichen Umfeld

Eine gesellschaftliche Ächtung kann zum Teil von den Betroffenen ertragen werden, wenn Freunde und Bekannte zu ihnen halten. Vielfach geht mit ihr aber eine Ächtung im persönlichen Umfeld einher, werden Beleidigung, Verfolgung, Bedrohung und Überwachung selbst in geschützte Räume sozialer Medien und vertrauter Gebäude gebracht (vgl. Bendel 2016, S. 34). Damit droht die Auflösung von Freundschaften und von Beziehungen (ideelle Werte); außerdem können materielle Werte betroffen sein, wenn finanzielle Abhängigkeiten bestehen. Nicht in allen Fällen werden Geräte, die mit der Cloud verbunden sind, nur von einer Person benutzt. Digitale Kameras verfügen immer häufiger über WiFi- und Cloud-Anschlüsse. So teilen sich Lebenspartner und Familienmitglieder eine Wolke, was in unbeabsichtigte Offenlegungen münden kann.

13.7.4 Digitale Identität

Die Identität des Benutzers ist immer häufiger eine digitale oder eine durch das Digitale wesentlich geprägte. Die Summe des Lebens wird nicht allein gebildet durch Geburt, Kindheit und Jugend, Aus- und Weiterbildungen, Partnerschaften und Erfolge, sondern auch durch das Sammeln digitaler Fotos, das Posten von Blognachrichten, das „Erwerben" von Likes und Favs etc., womit wiederum Bezug auf das private oder berufliche Leben genommen wird. Wenn die Daten in den lokalen Speichern und auf persönlichen Geräten verloren gehen, sei es durch Diebstahl, Brand- oder Wasserschaden, ist die Sicherung in der Cloud ein Segen. Diese kann die digitale Identität sowohl bilden als auch schützen. Umgekehrt kann in der Wolke genauso Datenverlust entstehen und die digitale Identität von Anbietern und Angreifern manipuliert werden. Wie bereits angedeutet, kann eine fremderstellte digitale Identität auch zum Nachteil von Benutzern gereichen, und es kann von Vorteil sein, wenn sie zerstört wird.

13.8   Empfehlungen für Anbieter

Aus der Unternehmensethik heraus kann mit Verweis auf Konsumentenethik und Verbraucherschutz und unter Einbezug der Informationsethik ein Katalog von Empfehlungen für Anbieter erarbeitet werden. Empfehlungen für die Nutzer sollen an dieser Stelle nicht explizit unterbreitet werden. Implizit sind jedoch einige in den verschiedenen Kapiteln enthalten. Oben wurde bereits bemerkt, dass es wünschenswert wäre, wenn die Betriebe und andere Akteure zur Aufklärung beitragen und den Benutzer vor etwaigen Konsequenzen warnen würden. Überdies ist es sinnvoll, wenn Verbraucherzentralen ihren Beitrag leisten. Im Folgenden werden Vorschläge genannt, die sich aus der erfolgten Behandlung der Risiken ableiten lassen und rechtliche oder ethische Implikationen aufweisen:

- Informierung der Benutzer in Bezug auf die Risiken der Cloud-Dienste, in transparenter Art und Weise und in knapper und verständlicher Form (womöglich unter Verwendung sogenannter Leichter oder Einfacher Sprache), um Informationsgerechtigkeit und -freiheit zu schaffen; von Microsoft wurde etwa eine parallele Führung von Kurz- und Langtexten umgesetzt
- Erhöhung der technischen und organisatorischen Sicherheitsstandards, insbesondere bei der Löschung von Daten, bei Hacking- und Diebstahlversuchen, um u. a. informationelle Autonomie zu bewahren
- Minimierung von Risiken durch sorgfältige Auswahl von Partner- und Subunternehmen, etwa in Bezug auf das Hosting, um u. a. informationelle Selbstbestimmung zu schützen; insbesondere sind auch die Serverstandorte immer wieder einer Prüfung zu unterziehen
- Weiterbildung der Mitarbeitenden, auch auf der Managementebene, in Bezug auf ethische Begriffe und Konzepte (informationelle Autonomie, digitaler Graben etc.) und auf Corporate Social Responsibility
- Weiterbildung der Mitarbeitenden in Bezug auf rechtliche Regelungen (Recht auf informationelle Selbstbestimmung, Urheberrecht, Verwertungsrecht, Persönlichkeitsrecht), wiederum mit Blick auf Corporate Social Responsibility
- Verbesserung des Compliance-Managements und Etablierung von Compliance-Management-Systemen, wobei rechtlichen und ethischen Anforderungen und der zunehmenden Sensibilisierung des Verbrauchers genügt werden muss (vgl. Münzl 2015, S. 41 f.)
- Engagement im gesellschaftlichen, politischen und verwaltungstechnischen Diskurs, um Volksabstimmungen und Gesetzesänderungen zu erreichen und um Behördenzugriffe zu minimieren; Initiierung von entsprechenden Onlinepetitionen

Damit sind nur wenige und allgemeine Punkte genannt. Die Branchen und Betriebe müssen Chancen und Risiken selbst bewerten und zu spezifischen Anforderungen gelangen (vgl. Münzl 2015). Sie werden ein Interesse haben, ein Bündel von Maßnahmen umzusetzen, um bestehende Kunden zu halten und neue zu gewinnen, also aus wirtschaftlichen Gründen, und um moralische und rechtliche Aspekte zu berücksichtigen, was sowohl mit einer intrinsischen Motivation als auch mit einer extrinsischen Prävention (mithin der Abwehr von Ansprüchen und Verfolgungen) verknüpft sein kann.

13.9 Cloud-Anbieter in der Pflicht

Cloud-Computing-Dienste, als spezielle Lösungen oder in Form von sozialen Medien, sind praktisch und verbreitet. Sie helfen dem Endbenutzer dabei, Daten zu sichern, zu bewahren und seine digitale Identität zu wahren. Zugleich liefert er seine

Daten einem oder mehreren Unternehmen und u. U. Behörden und Hackern aus; letztlich transferiert er seine privaten Daten auf fremde Rechner. Natürlich ist das Vorhalten in lokalen Speichern ebenfalls ein Risiko, wenn man an Einbrüche und die erwähnten Wasser- und Brandschäden denkt. Dennoch kann man i. d. R. besser einschätzen, ob jemand auf die Daten zugegriffen hat und ob diese konsistent sind oder korrumpiert wurden.

Aus Sicht von Informationsethik und Verbraucherschutz stellen sich etliche Fragen, und es liegt im Interesse der Cloud-Anbieter, diese befriedigend zu beantworten. Wie deutlich wurde, können sie ganz konkrete Schritte veranlassen. Dabei mögen sie auch die Unterstützung von Verbraucherzentralen und von Wirtschaftsethikern einfordern, wobei sich diese mit Informationsethikern verständigen müssen (vgl. Bendel 2013). Dafür wiederum sind die Hochschulen entsprechend auszustatten, und schon auf Primar- und Sekundarstufe muss, etwa in der Philosophie und speziell in der Ethik, ein Interesse für existenzielle, moralische und soziale Fragen geweckt werden.

Literatur

Abts D, Mülder W (2013) Grundkurs Wirtschaftsinformatik – Eine kompakte und praxisorientierte Einführung, 8. Aufl. Springer, Wiesbaden

Atchison A, Mickeleit T, Rossi C (Hrsg) (2014) Social Business: Von Communities und Collaboration. Frankfurter Allgemeine Buch, Frankfurt am Main

Bedner M (2010) Cloud Computing: Technik, Sicherheit und rechtliche Gestaltung. Kassel University Press, Kassel

Bendel O (2012a) Verbraucherzentrale. Gabler Wirtschaftslexikon. Springer Gabler, Wiesbaden. http://wirtschaftslexikon.gabler.de/Definition/verbraucherzentrale.html. Zugegriffen am 28.04.2016

Bendel O (2012b) Informationsethik. Gabler Wirtschaftslexikon. Springer Gabler, Wiesbaden. http://wirtschaftslexikon.gabler.de/Definition/informationsethik.html. Zugegriffen am 28.04.2016

Bendel O (2013) Die Medizinethik in der Informationsgesellschaft: Überlegungen zur Stellung der Informationsethik. Informatik-Spektrum 36(6):530–535

Bendel O (2016) 300 Keywords Informationsethik: Grundwissen aus Computer-, Netz- und Neue-Medien-Ethik sowie Maschinenethik. Springer Gabler, Wiesbaden

Köhler TR (2012) Die Internetfalle: Google+, Facebook, Staatstrojaner – Was Sie für den sicheren Umgang mit dem Netz wissen müssen. Frankfurter Allgemeine Buch, Frankfurt am Main

Krafczyk E (2014) Die unappetitlichen Selfies von Auschwitz. DIE WELT, 29 Aug 2014. http://www.welt.de/geschichte/zweiter-weltkrieg/article131710140/Die-unappetitlichen-Selfies-von-Auschwitz.html. Zugegriffen am 04.07.2016

Kroschwald S (2015) Informationelle Selbstbestimmung in der Cloud: Datenschutzrechtliche Bewertung und Gestaltung des Cloud Computing aus dem Blickwinkel des Mittelstands. DuD-Fachbeiträge. Springer, Wiesbaden

Kuhlen R (2004) Informationsethik: Umgang mit Wissen und Informationen in elektronischen Räumen. UVK, Konstanz

Mansmann U (2015) Microsoft meldet Kinderpornografie in Cloud-Diensten an deutsche Ermittler. heise online, 12 Jan 2015. http://www.heise.de/newsticker/meldung/Microsoft-meldet-Kinderpornografie-in-Cloud-Diensten-an-deutsche-Ermittler-2516510.html. Zugegriffen am 04.07.2016

Mayer-Schönberger V (2010) Delete: Die Tugend des Vergessens in digitalen Zeiten. Berlin University Press, Berlin

Münzl G (2015) Cloud Computing als neue Herausforderung für Management und IT. Springer, Wiesbaden

Noll B (2013) Wirtschafts- und Unternehmensethik in der Marktwirtschaft. Kohlhammer, Stuttgart

Repschläger J, Pannicke D, Zarnekow R (2010) Cloud Computing: Definitionen, Geschäftsmodelle und Entwicklungspotenziale. HMD Prax Wirtschaftsinformatik 47:6–15

Rohrlich M (2013) Wie sieht das Urheberrecht in der Wolke aus? PC Magazin, 19 Juni 2013. http://www.pc-magazin.de/ratgeber/cloud-online-recht-urheberrecht-ratgeber-1500629.html. Zugegriffen am 04.07.2016

Cloud-Services in Kritischen Infrastrukturen – Anforderungen und IT-Risikomanagement

14

Michael Adelmeyer, Christopher Petrick
und Frank Teuteberg

Zusammenfassung

Neben vielfältigen Vorteilen ergeben sich durch den Einsatz von Cloud-Services Risiken für die IT-Sicherheit von Unternehmen. Dies ist insbesondere für Betreiber Kritischer Infrastrukturen relevant, die durch das Gesetz zur Erhöhung der Sicherheit informationstechnischer Systeme (IT-Sicherheitsgesetz) dazu verpflichtet werden, ihre IT besser vor Cyber-Attacken zu schützen. Die durch die Auslagerung von Prozessen und Funktionen in Cloud-Services entstehenden Risiken müssen folglich im Rahmen eines funktionierenden IT-Risiko- und Sicherheitsmanagements entsprechend überwacht werden. In diesem Kontext ist eine vollständige Identifikation sowie Bewertung der aus dem Einsatz von Cloud-Services entstehenden Risiken unerlässlich. Im vorliegenden Beitrag werden daher auf Grundlage von Experteninterviews ein Anforderungskatalog an Cloud-Services zur Umsetzung des IT-Sicherheitsgesetzes sowie ein Framework für das IT-Risikomanagement von Cloud-Services in Kritischen Infrastrukturen präsentiert.

Schlüsselwörter

Cloud Computing · IT-Sicherheitsgesetz · Kritische Infrastrukturen · IT-Risikomanagement · IT-Sicherheit · IT-Compliance

---

Vollständig überarbeiteter und erweiterter Beitrag basierend auf Adelmeyer et al. (2017) IT-Risikomanagement von Cloud-Dienstleistungen im Kontext des IT-Sicherheitsgesetzes, HMD – Praxis der Wirtschaftsinformatik Heft 313 54(1):111–123.

M. Adelmeyer (✉) · C. Petrick · F. Teuteberg
Universität Osnabrück, Osnabrück, Deutschland
E-Mail: michael.adelmeyer@uni-osnabrueck.de; C.Petrick@Bueltel.com;
frank.teuteberg@uni-osnabrueck.de

© Springer Fachmedien Wiesbaden GmbH, ein Teil von Springer Nature 2018
S. Reinheimer (Hrsg.), *Cloud Computing*, Edition HMD,
https://doi.org/10.1007/978-3-658-20967-4_14

14.1   Einführung

Cloud Computing bezeichnet die flexible Bereitstellung von konfigurierbaren, zu
einem Pool zusammengefassten Rechenressourcen über ein Netzwerk (Pearson
2013). Neben den technischen und ökonomischen Vorteilen, wie Skalierbarkeit, Flexibilität sowie geräte-, zeit- und ortsunabhängiger Zugriff, birgt ein Outsourcing
betrieblicher Prozesse und Funktionen in eine Cloud jedoch vielgestaltige Risiken für
die IT-Sicherheit und Compliance (Einhaltung regulatorischer Anforderungen) von
Unternehmen (Ackermann 2013; Adelmeyer et al. 2017; Teuteberg 2015). Zudem
erfordern die Virtualisierung und der Bezug von Ressourcen über die „Cloud" neue
Wege bei der Identifikation von Risiken sowie der Maßnahmenbestimmung, um
sowohl auf Dienstleister- als auch auf Kundenseite akzeptable Restrisiken zu erreichen (Königs 2017). Mit dem am 12. Juni 2015 verabschiedeten IT-Sicherheitsgesetz
(im Folgenden kurz „IT-SiG") verfolgt der Gesetzgeber das Ziel, Kritische Infrastrukturen (KRITIS) zu verpflichten, ihre IT besser vor Cyber-Attacken und Ausfällen zu
schützen. Eine zentrale Anforderung aus dem IT-SiG an die Betreiber Kritischer Infrastrukturen ist daher die Gewährleistung eines definierten Mindestsicherheitsniveaus
ihrer IT-Systeme. Das IT-SiG kann zudem als ein Vorgriff auf die Europäische Richtlinie zur Netz- und Informationssicherheit (NIS-Richtlinie) gesehen werden, die
Cloud-Dienstleister direkt adressiert (Europäische Union 2016; Grudzien 2016).
    Obwohl die Verwendung von Cloud-Services in Unternehmen stetig zunimmt
und diese aktuell sogar von der Mehrheit der Unternehmen eingesetzt werden, bleiben Sicherheitsbedenken sowie IT-Risiken in diesem Kontext große Hemmnisse,
insbesondere für KRITIS (Adelmeyer und Teuteberg 2018). Daraus resultiert ein
zwingender Handlungsbedarf für KRITIS und deren Cloud-Dienstleister, die technischen, organisatorischen und regulatorischen Anforderungen durch ein entsprechendes IT-Risikomanagement zu berücksichtigen.
    Die Risiken der Auslagerung von Prozessen und Funktionen in eine Cloud sind
verwandt mit denen des klassischen IT-Outsourcings, fokussieren jedoch stärker
IT-sicherheitsbezogene als strategische oder finanzielle Aspekte (Ackermann 2013;
Adelmeyer et al. 2017). Im Kontext von Kritischen Infrastrukturen spielen IT-
Sicherheitsrisiken von Clouds eine gesonderte Rolle (Adelmeyer und Teuteberg
2018). Je nach Bereitstellungs- bzw. Servicemodell der Cloud sind die sich ergebenden Risiken jedoch verschieden (Pearson 2013). Wird bspw. eine Cloud exklusiv für ein Unternehmen intern betrieben (Private Cloud), sind die damit verbundenen
Risiken gering (Knoll 2014). Somit hat eine detaillierte Betrachtung auf Einzelrisikoebene für den jeweiligen Anwendungsfall individuell zu erfolgen und ist daher
nicht Gegenstand der nachfolgenden Ausführungen.
    Im vorliegenden Beitrag sollen die sich aus dem IT-SiG ergebenden Anforde-
rungen an Cloud-Services und die Auswirkungen für KRITIS untersucht werden.
Zudem sollen unterschiedliche Anwendungsfälle und Perspektiven im Kontext
des IT-Risikomanagements von Clouds betrachtet werden. Hierzu wurden im
Juni 2016 sechs Interviews mit Experten aus verschiedenen Prüfungs- und
Beratungsgesellschaften geführt, die im Bereich IT-Sicherheit, Cloud Computing und IT-SiG tätig sind (s. Tab. 14.1).

Tab. 14.1 Gesprächspartner für die Experteninterviews

Position	Branche	Tätigkeitsfeld
Partner	Wirtschaftsprüfung (WP)	Informationssicherheit, Datenschutz, IT-Risikomanagement
Director	WP	Cyber Security
Geschäftsführer	WP	IT-(Sicherheits-)Prüfungen, Ordnungsmäßigkeit von IT-gestützten Rechnungslegungssystemen
Manager	WP	Cyber Security
IT-Prüfer	WP	IT-Sicherheit, Zertifizierung von Cloud-Services
Rechtsanwältin	Rechtsberatung	IT-Projekte, Lizenzverträge

Auf dieser Basis werden ein Anforderungskatalog an KRITIS und deren Cloud-Dienstleister zur Umsetzung des IT-SiG sowie ein Framework zum IT-Risikomanagement von Clouds in KRITIS entwickelt und Handlungsempfehlungen für die beteiligten Akteure gegeben. Die Ergebnisse können sowohl für KRITIS-Betreiber als auch Cloud-Dienstleister als Grundlage für die konkrete Ausgestaltung eines IT-Risikomanagements von Cloud-Services sowie zur Koordination bzw. Vertragsgestaltung der involvierten Parteien dienen.

14.2 IT-Sicherheit und IT-Sicherheitsgesetz

In einem Zeitalter der Digitalisierung und globalen Vernetzung gewinnt der Begriff „IT-Sicherheit" immer mehr an Bedeutung. Die Aufgabe der IT-Sicherheit besteht darin, „Unternehmen und deren Werte (Know-How, Kundendaten, Personaldaten) zu schützen und wirtschaftliche Schäden, die durch Vertraulichkeitsverletzungen, Manipulationen oder auch Störungen der Verfügbarkeit von Diensten des Unternehmens entstehen können, zu verhindern" (Eckert 2014). Die Wahrung der der IT-Sicherheit zugrunde liegenden Schutzziele (u. a. Verfügbarkeit, Integrität, Authentizität und Vertraulichkeit) bedingt ein funktionierendes IT-Sicherheits- und Risikomanagement in Unternehmen.

Um die Forderung nach mehr Sicherheit Kritischer Infrastrukturen vor dem Hintergrund der Digitalisierung umzusetzen, ist der deutsche Gesetzgeber mit dem IT-SiG seiner staatlichen Verpflichtung nachgekommen, die IT-Sicherheit zu stärken. Als ein Artikelgesetz stellt es eine Erweiterung bestehender Gesetze, wie dem Gesetz über das Bundesamt für Sicherheit in der Informationstechnik (BSIG), dem Atomgesetz (AtG), dem Energiewirtschaftsgesetz (EnWG), dem Telekommunikationsgesetz (TKG) und weiteren dar und richtet sich direkt an KRITIS-Betreiber (Grudzien 2016). KRITIS sind als Einrichtungen, Anlagen oder Teile davon definiert, die den Sektoren Energie, IT und Telekommunikation, Transport und Verkehr, Gesundheit, Wasser, Ernährung sowie Finanzen und Versicherungen angehören und deren Funktionieren eine besondere Bedeutung für das Gemeinwesen innehat, da ein Ausfall Versorgungsengpässe oder eine Gefährdung der öffentlichen Sicherheit zur Folge hat (vgl. § 2 Abs. 10 BSIG). Ausgenommen davon sind sogenannte „Kleinstunternehmen" (§ 8c Abs. 1 BSIG).

Für KRITIS-Betreiber ergeben sich aus dem IT-SiG zwei Kernanforderungen. Zum einen sollen innerhalb eines Zeitraums von zwei Jahren für kritische IT-Systeme, Komponenten oder Prozesse „angemessene organisatorische und technische Vorkehrungen zur Vermeidung von Störungen der Verfügbarkeit, Integrität, Authentizität und Vertraulichkeit" getroffen werden (§ 8a Abs. 1 BSIG). Zum anderen muss ein Meldewesen für Störungen im Unternehmen sowie innerhalb von 6 Monaten eine Kontaktstelle im Rahmen der Kommunikation mit dem Bundesamt für Sicherheit in der Informationstechnik (BSI) implementiert werden (Goldshteyn und Adelmeyer 2015; Grudzien 2016). Die Meldepflicht muss gemäß § 8b Abs. 4 BSIG für (erhebliche) Störungen, die zu einem Ausfall oder zu einer erheblichen Beeinträchtigung der Funktionsfähigkeit der betriebenen Kritischen Infrastrukturen geführt haben oder führen können, eingehalten werden. Insbesondere die Umsetzung organisatorischer und technischer Vorkehrungen birgt vor dem Hintergrund eines effektiven IT-Sicherheits- und Risikomanagements Herausforderungen für KRITIS-Betreiber. Zudem ergibt sich für Unternehmen der Sektoren die initiale Problematik der Klassifizierung als KRITIS.

14.3   Betroffenheit von Cloud-Betreibern durch das IT-Sicherheitsgesetzes

Zu unterscheiden ist, ob ein Cloud-Betreiber selbst als KRITIS klassifiziert wird oder als Dienstleister eines KRITIS-Betreibers agiert. Zur Konkretisierung der Vorgaben des IT-SiG sowie zur Klassifizierung der Betreiber wurden in zwei Körben entsprechende Verordnungen erlassen. Hierzu wurde am 22. April 2016 die erste „Verordnung zur Bestimmung Kritischer Infrastrukturen nach dem BSI-Gesetz (BSI-Kritisverordnung – BSI-KritisV)" des Bundesministeriums des Innern (BMI) für den ersten Korb der Sektoren Energie, Wasser, Ernährung sowie Informationstechnik und Telekommunikation erlassen (BMI 2016), die potenziell für Cloud-Betreiber maßgeblich ist. Diese erste Verordnung wurde für die verbleibenden Sektoren Gesundheit, Finanz- und Versicherungswesen sowie Transport und Verkehr mit der Änderungsverordnung vom 21.06.2017 ergänzt.

14.3.1 Klassifizierung von Cloud-Betreibern als KRITIS

Die Einstufung als KRITIS obliegt zunächst dem jeweiligen Betreiber. Der für Cloud-Betreiber relevante Paragraf ist § 5 BSI-KritisV, welcher in Abs. 1 ff. im Sektor Informationstechnik und Telekommunikation zwei verschiedene kritische Dienstleistungen spezifiziert. Dies sind Dienstleistungen aus der „Sprach- und Datenübertragung" sowie aus dem Bereich der „Datenspeicherung und -verarbeitung". Das BMI schätzt die Zahl der betroffenen Anlagen aus dem Bereich „Datenspeicherung und -verarbeitung" auf ca. 30. Als Beispiele führt das BMI Rechenzentren, Serverfarmen, TrustCenter und Content Delivery Networks auf (BMI 2016). Eine Konkretisierung bezüglich Cloud-Services im Bereich Datenspeicherung

Tab. 14.2 Relevante Schwellenwerte für Organisationen der Datenspeicherung und -verarbeitung (s. Anhang 4, Teil 3, BSI-KritisV)

Anlagenbezeichnung	Bemessungskriterium	Schwellenwert
Rechenzentrum (Housing)	Vertraglich vereinbarte Leistung in Megawatt (MW) (Jahresdurchschnitt)	5
Serverfarm (IT-Hosting)	Anzahl der laufenden Instanzen (Jahresdurchschnitt)	25.000
Content Delivery Networks (IT-Hosting)	Ausgeliefertes Datenvolumen in Terrabyte (TByte/Jahr)	75.000
Anlage zur Erbringung von Vertrauensdiensten (Vertrauensdienste)	Anzahl der ausgegebenen qualifizierten Zertifikate	500.000
	Anzahl von Zertifikaten zur Authentifizierung öffentlich zugänglicher Server	10.000

und -verarbeitung wird im Teil B zu § 5 Abs. 3 der BSI-KritisV vorgenommen. Hierin wird der Bereich IT-Hosting als Dienste für den Endkunden definiert, „die sich in ‚Infrastructure as a Service' (IaaS – z. B. (virtuelle) Server), ‚Plattform as a Service' (PaaS – z. B. Webhosting, LAMP-Systeme) und ‚Software as a Service' (SaaS) unterteilen lassen" (BMI 2016). Die Kategorie IT-Hosting ist demnach die maßgebliche Kategorie für Cloud-Dienstleister. Nach Einschätzung der Experten ist es ferner wahrscheinlich, dass hierunter überwiegend nicht reine Cloud-Betreiber, sondern Unternehmen der IKT-Branche fallen, die unter anderem Clouds betreiben und die vorgegebenen Schwellenwerte (s. Tab. 14.2) erfüllen.

Durch die BSI-KritisV wird dem Cloud-Betreiber die Pflicht zur Ermittlung des Versorgungsgrads (Relevanz der jeweiligen Dienstleistung aus gesamtgesellschaftlicher Sicht) „seiner Anlage für das zurückliegende Kalenderjahr bis zum 31. März des Folgejahres" auferlegt (Anhang 4, Nr. 2 BSI-KritisV). Die Klassifizierung anhand der Schwellenwerte setzt voraus, dass Instrumente und Prozesse vorliegen oder etabliert werden, die eine Aussage hinsichtlich der Bemessungsgrundlage ermöglichen.

14.3.2 Cloud-Betreiber ist Dienstleister von Kritischen Infrastrukturen

Sofern ein Cloud-Dienstleister für einen KRITIS-Betreiber Systeme, Prozesse oder Daten, die für den sicheren Betrieb der Kritischen Infrastruktur maßgeblich sind, betreibt, ist er mittelbar vom IT-SiG betroffen. Bei einem Outsourcing muss der KRITIS-Betreiber im Rahmen eines IT-Risikomanagements sicherstellen, dass die sich durch die Auslagerung potenziell ergebenden und das IT-SiG betreffenden IT-Risiken entsprechend identifiziert und überwacht werden. Die Verantwortung und Pflichten nach §§ 8a und 8b BSIG verbleiben bei einer Auslagerung informationstechnischer Systeme an Dritte beim KRITIS-Betreiber, welcher somit die Umsetzung der Anforderungen des IT-SiG beim Dienstleister sicherzustellen hat. Dies kann bspw. über Zertifizierungen oder externe Audits geschehen. Offen ist hierbei nach aktuellem Stand jedoch die Grundlage, nach der Cloud-Dienstleister in diesem Rahmen zu bewerteten sind oder unter welchen Voraussetzungen bestehende Zertifizierungen, wie z. B. nach ISO 27001, herangezogen werden können.

Die mittelbare Betroffenheit von Cloud-Betreibern durch das IT-SiG ist nach Einschätzung der Experten die wahrscheinlichere bzw. häufigere Form. Neben den ohnehin einzuhaltenden gesetzlichen Anforderungen bestimmter Sektoren (bspw. AtG, EnWG oder TKG) sind durch den Cloud-Dienstleister ferner alle branchenspezifischen Sicherheitsstandards (B3S) des IT-Sicherheitsgesetzes zu berücksichtigen, die seine Kunden betreffen (mögliche multiple Betroffenheit des Dienstleisters). Die KRITIS-Betreiber werden die entsprechenden Anforderungen in der Regel an ihre Dienstleister weitergeben, bspw. über entsprechende vertragliche Regelungen. Als Orientierung für Cloud-Dienstleister als auch KRITIS-Betreiber wurden vom UP KRITIS, einer öffentlich-privaten Kooperation zwischen KRITIS-Betreibern, deren Verbänden und den zuständigen staatlichen Stellen, entsprechende Best Practices veröffentlicht, die bei der Vertragsgestaltung zwischen den Parteien berücksichtigt werden können (UP KRITIS 2017).

14.4 Anforderungskatalog für Cloud-Dienstleistungen

Aus dem IT-SiG ergeben sich diverse Anforderungen für Cloud-Betreiber, die entweder selbst als KRITIS klassifiziert sind oder die als Dienstleister eines KRITIS agieren. Hieraus lassen sich Implikationen bzw. Handlungsempfehlungen für die betroffenen Unternehmen und das IT-Risikomanagement von Cloud-Dienstleistungen ableiten. Bestehende Maßnahmen, wie bspw. im Rahmen eines funktionierenden internen Kontrollsystems (IKS), müssen entsprechend integriert oder erweitert werden.

Tab. 14.3 führt die aus dem IT-SiG sowie den Experteninterviews identifizierten Anforderungen auf, welche direkte Relevanz für das unternehmensinterne IT-Risikomanagement haben. Unterschieden wird zwischen Anforderungen, die direkt für als KRITIS klassifizierte Cloud-Betreiber (1.X) sowie ggf. mittelbar für deren Dienstleister (DL) gelten. Diese müssen die Anforderungen (Tab. 14.3, bspw. Nr. 1.7 oder 1.8) nicht direkt umsetzen, können jedoch bspw. vertraglich dazu verpflichtet werden. Zudem existieren spezielle Anforderungen (TKG, TMG), die je nach Art der Dienstleistungserbringung des KRITIS-Betreibers anzuwenden sind. Die Anforderungen des AtG sowie EnWG aus dem IT-SiG werden im Regelfall nicht auf als KRITIS klassifizierte Cloud-Betreiber zutreffen, sofern diese nicht als Dienstleister eines KRITIS aus den betreffenden Sektoren agieren. Die Notwendigkeit eines ISMS (Tab. 14.3, Nr. 1.8) wird nicht explizit genannt, bildet nach Meinung der Experten jedoch im Kontext des aktuellen Stands der Technik den Standard beim Management von IT-Sicherheitsrisiken. Neben der mittelbaren Betroffenheit durch die Weitergabe der Anforderungen des IT-SiG durch KRITIS-Betreiber (s. Tab. 14.3, Kategorie DL bzw. 2.X), ergeben sich weitere ergänzende Anforderungen an Dienstleister.

Tab. 14.3 Anforderungen an als KRITIS klassifizierte Cloud-Betreiber sowie an Dienstleister von KRITIS

Nr.	Bezeichnung der Anforderung	Ursprung	Kategorie
1.1	Einhaltung technischer Anforderungen	§ 8a Abs. 1 BSIG	KRITIS, DL
1.2	Einhaltung organisatorische Anforderungen	§ 8a Abs. 1 BSIG	KRITIS, DL
1.3	Einhaltung des Stands der Technik	§ 8a Abs. 1 BSIG, (§ 109 Abs. 2 TKG)	KRITIS, DL
1.4	Entwicklung und Umsetzung branchenspezifischer Standards	§ 8a Abs. 2 BSIG	KRITIS, DL
1.5	Regelmäßige Audits und Zertifizierungen	§ 8a Abs. 3 BSIG	KRITIS, DL
1.6	Kontaktstelle einrichten und unterhalten	§ 8b Abs. 3 BSIG	KRITIS
1.7	Implementierung eines Meldewesens	§ 8b Abs. 4 BSIG, (§ 109 Abs. 5 TKG, § 13 Abs. 7 TMG)	KRITIS, DL
1.8	Implementierung und Betrieb eines Managementsystems für Informationssicherheit (ISMS)	§ 8b Abs. 4 BSIG, Experteninterviews	KRITIS, DL
1.9	Störungsbeseitigung	§ 100 Abs. 1 TKG	TKG, DL
1.10	Erstellen und Verwalten eines Sicherheitskonzepts	§ 109 Abs. 4 TKG	TKG, DL
1.11	Regelmäßige Auditierung des Sicherheitskonzepts	§ 109 Abs. 4 TKG	TKG, DL
1.12	Nutzerkommunikation von Störungen in Diensten	§ 109a Abs. 4 TKG	TKG, DL
1.13	Schutz der technischen Einrichtungen	§ 13 Abs. 7 TMG	TMG, DL
1.14	Schutz von personenbezogenen Daten	§ 13 Abs. 7 TMG	TMG, DL
1.15	Ermittlung des Versorgungsgrads der Anlage	BSI-KritisV	KRITIS
1.16	Entwicklung von Instrumenten zur Klassifikation anhand der Schwellenwerte	BSI-KritisV	KRITIS
1.17	Beschäftigung von IT-(Sicherheits-)Fachkräften	Experteninterviews	KRITIS, DL
1.18	Konformitätsprüfung der IT-Sicherheitsstrukturen	Experteninterviews	KRITIS, DL
2.1	Kommunikation mit dem BSI bei Produkt- und Systemüberprüfungen	§ 7a Abs. 1 BSIG	DL
2.2	Beseitigung von Sicherheitslücken in Soft- und Hardware	§ 7a Abs. 2 BSIG, Experteninterviews	DL
2.3	Dokumentation bzw. Zertifizierung der getroffenen Maßnahmen	Experteninterviews	DL
2.4	Kundenstammanalyse	Experteninterviews	DL
2.5	Umsetzung relevanter branchenspezifischer Sicherheitsstandards der Kunden	Experteninterviews	DL

14.5   IT-Risikomanagement-Framework für den Einsatz von Cloud-Services in Kritischen Infrastrukturen

Grundsätzlich können klassische IT-Risikomanagementkonzepte und -theorien des IT-Outsourcings beim Cloud Computing Anwendung finden (Teuteberg 2015). Diese müssen jedoch an den jeweiligen Anwendungsfall sowie die Anforderungen des IT-SiG angepasst werden.

Wie in Abb. 14.1 dargestellt, ist eine Berücksichtigung der Risiken in allen Phasen des IT-Risikomanagements über den gesamten Cloud-Lebenszyklus sowie eine Integration der vom IT-SiG geforderten Strukturen (bspw. Meldewesen) essenziell.

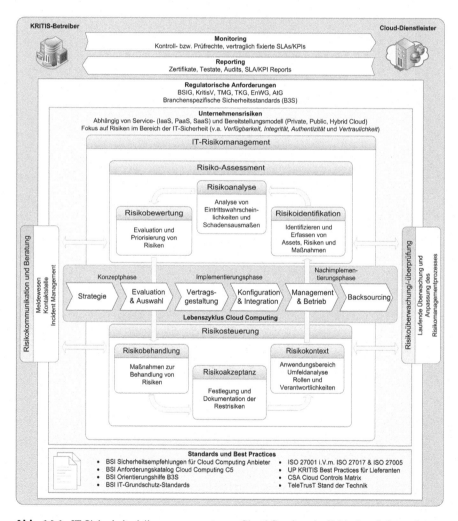

Abb. 14.1 IT-Sicherheitsrisikomanagement von Cloud-Services in Kritischen Infrastrukturen (in Anl. an Teuteberg 2015)

Der Fokus der Abbildung liegt auf der Auslagerung von Prozessen und Funktionen eines KRITIS an einen Cloud-Dienstleister, bei der vor allem ein adäquates Monitoring bzw. Reporting sowie eine funktionierende Risikokommunikation von Bedeutung sind. Der skizzierte Prozess des IT-Risikomanagements kann jedoch analog für einen internen Cloud-Betrieb angewendet werden. Aufgrund der unterschiedlichen Risikoausprägung je nach Service- bzw. Bereitstellungsmodell (Pearson 2013) wird nicht die Einzelrisikoebene betrachtet, sondern die generellen Anforderungen des IT-SiG bzw. der jeweilig geltenden regulatorischen Anforderungen. Entsprechende IT-sicherheitsbezogene Risiken und Kontrollen müssen für den jeweiligen Anwendungsfall aus den relevanten Regulatorien, Standards und Best Practices abgeleitet werden. Das IT-SiG führt in diesem Kontext insb. Risiken für die Verfügbarkeit, Integrität, Authentizität und Vertraulichkeit von Daten auf (s. § 8a Abs. 1 BSIG). Die Umsetzung eines konkreten IT-Risikomanagements kann sich insbesondere am ISO Standard 27005 zum Management von Informationssicherheitsrisiken orientieren (Klipper 2015).

14.5.1 Phasen des IT-Risikomanagements

Das Management von Informationssicherheitsrisiken, die durch den Einsatz von Cloud Computing in KRITIS entstehen, lässt sich durch folgende, an ISO 27005 angelehnte, Phasen beschreiben, welche im Regelfall iterativ durchlaufen werden (vgl. Klipper 2015) (s. Abb. 14.1):

- **Festlegung des Risikokontexts:** In dieser Phase werden der Anwendungsbereich und die Grenzen, Rollen und Verantwortlichkeiten sowie Basiskriterien festgelegt. Dies setzt eine genaue Umfeldanalyse sowie die Definition einer Risikostrategie voraus (Teuteberg 2015). Im Rahmen der Definition von Basiskriterien zur Bewertung von Risiken sollten in dieser Phase frühzeitig die Anforderungen aus dem IT-SiG (vgl. Abschn. 14.4) entsprechend berücksichtigt werden.
- **Risikoidentifikation:** In der Phase der Risikoidentifikation als erstem Teil des Risiko-Assessments werden die Assets und Prozesse, für die das Risikomanagement gelten soll, sowie die Bedrohungen, bereits umgesetzte Maßnahmen, Schwachstellen und Schadensauswirkungen identifiziert.
- **Risikoanalyse:** Im Rahmen der Risikoanalyse werden Eintrittswahrscheinlichkeiten, Auswirkungen bzw. Schadensausmaße sowie Risiko-Levels für betrachtete Szenarien ermittelt. Je nach eingesetztem Cloud-Service- und Bereitstellungsmodell können sich hierbei verschiedene Ausprägungen ergeben.
- **Risikobewertung:** Die zuvor identifizierten und analysierten Risiken werden in diesem Schritt im Kontext der definierten Basiskriterien evaluiert und priorisiert, um als Grundlage für die Festlegung der Risikobehandlung dienen zu können.
- **Risikobehandlung:** Auf Basis des Risiko-Assessments werden im Rahmend der Risikobehandlung Maßnahmen festgelegt, um angemessen auf Risiken bzw.

zukünftige Störereignisse reagieren zu können. Diese Maßnahmen umfassen z. B. die Modifikation (Reduktion durch Implementation von Vorkehrungen), Übernahme (bewusstes Tragen von Risiken), Vermeidung (Unterlassen von risikobehafteten Aktivitäten) sowie das Teilen (Transfer, bspw. durch Versicherung durch Dritte) von Risiken.

- **Risikoakzeptanz:** Festlegung und Dokumentation der Restrisiken, die nach Ausschöpfung aller Möglichkeiten der Risikobehandlung verbleiben.
- **Risikokommunikation und Beratung:** Die Risikokommunikation ist entscheidend für den Erfolg des Risikomanagementprozesses. Über alle Phasen des Prozesses müssen die Stakeholder (u. a. Management, Fachabteilungen, Mitarbeiter) informiert werden. Im Rahmen des IT-SiG sind zudem ein funktionierendes Meldewesen und Incident Management sowie die Aufrechterhaltung einer ständigen Kontaktstelle zum BSI essenziell.
- **Risikoüberwachung/-überprüfung:** Kontinuierliche Überwachung der Cloud-bezogenen Risiken sowie Kontrolle und Anpassung des Risikomanagementprozesses. Zudem sollten regelmäßig Statusberichte hinsichtlich des Erfolgs der Risikobegegnungsmaßnahmen, welche kontinuierlich anhand entsprechender Kennzahlen überwacht werden, erstellt werden (Teuteberg 2015).

14.5.2 Phasen des Cloud-Computing-Lebenszyklus

Das Risikomanagement von Cloud-Services sollte sich über den kompletten Lebenszyklus einer Cloud-Dienstleistung erstrecken. Daher ist ein Bewusstsein über die Spezifika der einzelnen Phasen essenziell (vgl. Königs 2017; Teuteberg 2015):

- **Phase 1: Cloud-Sourcing-Strategie:** In der ersten Phase des Outsourcings werden strategische Fragestellungen hinsichtlich der auszulagernden Systeme und Prozesse, zu Sicherheitsanforderungen, Service-und Bereitstellungsmodellen sowie zu Vor-, Nachteilen und Risiken eruiert.
- **Phase 2: Evaluation und Auswahl:** In der Evaluations- bzw. Auswahlphase werden die Auswahlalternativen bewertet sowie eine Entscheidung hinsichtlich des zu verwendenden Services sowie des Dienstleisters getroffen. In dieser Phase sollten bereits erste Verantwortlichkeiten hinsichtlich der Anforderungen des IT-SiG mit dem Dienstleister festgelegt werden.
- **Phase 3: Vertragsgestaltung:** Kritisch für die Vertragsgestaltung sind neben der Fixierung der Verantwortlichkeiten und Maßnahmen zur Wahrung der Informationssicherheit ebenfalls die Definition von Kennzahlen und Messgrößen. Die Compliance mit internen Richtlinien oder bspw. ISO 27001 kann in diesem Schritt über ein IT-Sicherheitskonzept erreicht werden.
- **Phase 4: Konfiguration und Integration:** Im Rahmen der Konfiguration und Integration werden Anpassungen der Funktionalitäten des Cloud-Services an die Gegebenheiten im Unternehmen vorgenommen. Zudem muss der Cloud-Service in die bestehende IT-Systemlandschaft integriert werden.

- **Phase 5: Management und Betrieb:** Diese Phase beinhaltet das kontinuierliche Management des Cloud-Services sowie der damit verbundenen Aufrechterhaltung eines angemessenen Informationssicherheitsniveaus.
- **Phase 6: Backsourcing:** Die Phase des Backsoucings findet häufig keine oder nur unzureichende Berücksichtigung. Hierbei werden die vorhandenen Services bewertet und ggf. wieder auf interne Stellen übertragen.

14.6   Rollen von Cloud-Services im Kontext Kritischer Infrastrukturen

Beim IT-Risikomanagement von Cloud-Services im Kontext des IT-SiG sind wiederum verschiedene Perspektiven zu unterscheiden. So kann ein KRITIS-Betreiber Prozesse und Funktionen an einen Cloud-Dienstleister auslagern (Abschn. 14.6.1) oder selbst eine Cloud betreiben (Abschn. 14.6.2). Zudem wird die Sicht eines Cloud-Betreibers als Dienstleister von KRITIS skizziert (Abschn. 14.6.3).

14.6.1 KRITIS-Betreiber lagert an einen Cloud-Dienstleister aus

Bei der Auslagerung von für die Funktion der Kritischen Infrastruktur maßgeblichen Systemen oder Prozessen in eine Cloud, wie bspw. Rechenzentrums- oder gar IT-Sicherheitsfunktionen, entstehen Risiken im Kontext des IT-SiG. Diese sind in das IT-Risikomanagement im Rahmen des Outsourcings zu integrieren und entsprechend beim Anbieter zu überwachen. Kategorisieren lassen sich diese Risiken grundsätzlich in die Bereiche „Vertrag", „eigenes Unternehmen" und „Anbieter" (Knoll 2014). Bei der Umsetzung der Anforderungen des IT-SiG kommt insbesondere den Bereichen „Vertrag" und „Anbieter" eine gehobene Bedeutung zu. Die Erfüllung der Anforderungen des IT-SiG durch den Dienstleister (Tab. 14.3, insb. Nr. 1.1, 1.2 und 1.3) sollte vertraglich festgelegt werden. Als Orientierung können die Best Practices des UP KRITIS (2017) oder die TeleTrusT Handreichung zum geforderten Stand der Technik (TeleTrusT 2016) dienen. Diese adressieren bspw. Elemente einer sicheren Vernetzung und Zugängen, Systemhärtung oder Verschlüsselung, aber auch deren Dokumentation.

Da der KRITIS-Betreiber im Falle von Verstößen gegen das IT-SiG primär verantwortlich bleibt, ist eine Überwachung der IT-Risiken beim Dienstleister erforderlich. Dies ist anhand vertraglich fixierter Service Level Agreements (SLAs), entsprechender Key Performance Indicators (KPIs) oder Kontroll- bzw. Prüfrechte möglich, bspw. auf Basis bestehender Standards (Königs 2017; Knoll 2014). Nach Einschätzung der Experten kann ISO 27001 als maßgeblich für die Umsetzung der Anforderungen des IT-SiG bzw. der B3S gesehen werden (Tab. 14.3, Nr. 1.4 und 1.8). Eine Zertifizierung nach ISO 27001, idealerweise unter Berücksichtigung von ISO 27017, welcher Kontrollen zur Informationssicherheit von Cloud-Services beschreibt oder den IT-Grundschutz-Standards des BSI, kann daher als Indikator für die Informationssicherheit bei Cloud-Dienstleistern gesehen werden.

Dennoch sollten bei Vorliegen einer Zertifizierung zwingend der Scope sowie die zugrunde liegenden Kriterien überprüft werden, um eine ausreichende Abdeckung interner und regulatorischer IT-Sicherheitsvorgaben und -kriterien sicherzustellen. Als Grundlage der Prüfung von Cloud-Services können zudem die Kriterien des „Anforderungskatalogs Cloud Computing (C5)" des BSI herangezogen werden (BSI 2017).

Der über alle Phasen des Cloud-Lebenszyklus auszugestaltende Risikomanagement-Prozess (vgl. Abb. 14.1) kann bspw. anhand eines IT-Sicherheitskonzepts umgesetzt werden, welches auf den standardisierten Risikomanagement-Prozess abgestimmt wird und sich auf die in der Cloud realisierten Services bezieht (Königs 2017). Das initiale Sicherheitskonzept enthält dabei ein Risiko-Assessment, welches für die Evaluation maßgeblich ist. Zudem dient es der Dokumentation der Risiken, Maßnahmen, der Umsetzungsplanung sowie der Restrisiken der Realisierung mit dem gewählten Cloud-Dienstleister. Das Sicherheitskonzept eignet sich somit sowohl für die Abstimmung mit dem Dienstleister als auch zu dessen Kontrolle und Überwachung (Königs 2017).

14.6.2 KRITIS-Betreiber ist Cloud-Betreiber

Ist der Cloud-Betreiber selbst als KRITIS klassifiziert, ist der Aufbau eines ISMS notwendig, z. B. nach ISO 27001 (Tab. 14.3, Nr. 1.8). Entsprechende im Rahmen des IT-SiG potenziell für den Anwendungsfall der Cloud relevante Risiken können dabei anhand bestehender Publikationen wie der Cloud Controls Matrix der Cloud Security Alliance (CSA) oder den BSI-Sicherheitsempfehlungen für Cloud Computing Anbieter identifiziert werden (BSI 2012). Das unternehmensinterne IT-Risikomanagement muss in diesem Kontext die Risiken beurteilen und überwachen. Eine Herausforderung ist der Aufbau und die Integration des Meldewesens. Interne Stellen und Strukturen, wie das IT-Risikomanagement oder das ISMS müssen in Zusammenarbeit potenziell meldungspflichtige Vorfälle identifizieren, kategorisieren und bewerten. Unabhängig vom Bereitstellungsmodell der Cloud (Private oder Public), ist diese auf Basis der aufgeführten gängigen Standards und Best Practices sowie den entsprechenden den KRITIS-Betreiber (bzw. seine Kunden) betreffenden etwaigen B3S zu betreiben und in das IT-Risikomanagement des Unternehmens zu integrieren.

14.6.3 Cloud-Betreiber ist Dienstleister von Kritischen Infrastrukturen

Aus Sicht eines Cloud-Dienstleisters von KRITIS ergibt sich bei Störungen oder Ausfällen der erbrachten Services die Notwendigkeit, diese unverzüglich an den KRITIS-Betreiber zu melden. Je nach Ausgestaltung des Vertrags ist es nach Einschätzung der Experten denkbar, dass der Cloud-Dienstleister entweder zunächst an den KRITIS-Betreiber oder aber direkt in dessen Namen an das BSI berichtet,

sofern die Meldestelle des KRITIS-Betreibers vertraglich an den Dienstleister ausgelagert wurde. In jedem Falle müssen die Erreichbarkeit und die Funktionsfähigkeit der Kommunikationsstrukturen beim Dienstleister sowie KRITIS-Betreiber
sichergestellt werden, wozu ggf. entsprechende Fachkräfte akquiriert werden müssen (Tab. 14.3, Nr. 1.7 und Nr. 1.17). Darüber hinaus muss eine Einhaltung etwaiger
B3S durch den Dienstleister sichergestellt werden, sofern ein Kunde davon betroffen ist (Tab. 14.3, Nr. 2.5). Es ist daher für Cloud-Dienstleister von Vorteil, den
Kundenstamm nach Unternehmen, die potenziell vom IT-SiG betroffen sind, zu
analysieren (Tab. 14.3, Nr. 2.4). Zudem sollten die Anforderungen des IT-SiG im
eigenen Unternehmen thematisiert, in das IT-Risikomanagement integriert und
dokumentiert (Tab. 14.3, Nr. 2.3) werden. Hierbei kann eine Zertifizierung auf Basis
von ISO 27001 (ggf. in Verbindung mit ISO 27017) helfen, angemessen sichere
Lösungen für die Anforderungen von KRITIS umzusetzen (Königs 2017). So entstehen für Cloud-Dienstleister Wettbewerbsvorteile, da KRITIS zukünftig verstärkt
auf anerkannte und gültige Zertifikate bzw. Nachweise achten werden.

Zur Erfüllung seiner Aufgaben kann das BSI ferner „auf dem Markt bereitgestellte oder zur Bereitstellung auf dem Markt vorgesehene informationstechnische
Produkte und Systeme untersuchen" (§ 7a Abs. 1 BSIG) (Tab. 14.3, Nr. 2.1). Da
hierunter auch Systeme bzw. Produkte von Cloud-Dienstleistern fallen (insb. SaaS),
sind entsprechende Überprüfungen der Cloud-Services durch das BSI zu erwarten
und entsprechend vorzubereiten.

14.7 Handlungsempfehlungen

Auf Basis der Anforderungsanalyse des IT-Sicherheitsgesetzes sowie den Experteninterviews wurden zudem Handlungsempfehlungen für KRITIS sowie Cloud-
Betreiber abgeleitet.

14.7.1 KRITIS-Betreiber

KRITIS-Betreiber, die ein für den Betrieb der Infrastruktur notwendiges System in
eine Cloud ausgelagert haben oder dies planen, sollten diverse Maßnahmen umsetzen, ggf. in Zusammenarbeit mit dem Dienstleister:

- **Analyse bestehender Outsourcings:** Bestehende Cloud-Services sollten dahin-
  gehend überprüft werden, ob eine Störung der ausgelagerten Systeme den
  Betrieb der Kritischen Infrastruktur maßgeblich gefährden kann. Zudem müssen
  der Dienstleister, das Vertragswerk oder evtl. bestehende Zertifizierungen hin-
  sichtlich der Anforderungen des IT-SiG, bspw. an ein ISMS oder Incident
  Management, überprüft werden.
- **Auswahl und Bewertung der Dienstleister:** Als Fokus bei der Auswahl von
  Cloud-Dienstleistern sollten die Kriterien einbezogen werden, die sich aus dem
  IT-SiG ergeben. KRITIS-Betreiber können sich dabei an Zertifikaten der
  Cloud-Dienstleister (bspw. ISO 27001) orientieren.

- **Vertragsgestaltung mit dem Cloud-Dienstleister:** Über die vertragliche Gestaltung lassen sich interne als auch sich durch das IT-SiG ergebende Anforderungen an den Cloud-Dienstleister übertragen und bspw. auf Basis der Best Practices des UP KRITIS fixieren (UP KRITIS 2017).
- **Prüfrecht und Audits:** Von den regelmäßigen Audits und Überprüfungen des KRITIS-Betreibers, die durch das IT-SiG diktiert sind, sind Cloud-Dienstleister ebenfalls mittelbar betroffen. Ein entsprechendes Prüfrecht des KRITIS-Betreibers beim Dienstleister oder alternative Nachweise über die Einhaltung der Anforderungen des IT-SiG sollten vertraglich fixiert werden.
- **Koordination von meldepflichtigen Vorfällen:** Hinsichtlich der Meldepflicht müssen klare Strukturen und Prozesse mit Cloud-Dienstleistern entworfen und implementiert werden. Störfälle beim Dienstleister müssen von diesem analysiert und zeitgerecht gemeldet werden, entweder an den KRITIS-Betreiber selbst oder direkt an das BSI.
- **Kooperation und Kommunikation:** Insbesondere die Aufrechterhaltung des „Stands der Technik" macht eine regelmäßige Kommunikation mit dem Cloud-Dienstleister über mögliche Risiken oder neue Anforderungen notwendig.
- **Ausfallbedingte Kosten:** Ermittlung der ausfallbedingten Kosten, sofern bestimmte Cloud-Dienste nicht mehr zur Verfügung stehen.

14.7.2 Cloud-Betreiber

Unabhängig von der Rolle des Cloud-Betreibers als Dienstleister oder selbst als KRITIS-Betreiber gelten nachstehende Handlungsempfehlungen:

- **Klassifikation bzw. Kundenstammanalyse:** Sollte die Dienstleistung des Cloud-Betreibers selbst als kritisch im Sinne des IT-SiG anzusehen sein, so ist die Klassifikation anhand der vom BSI festgelegten Schwellenwerte (vgl. Abschn. 14.3.1) durchzuführen. Cloud-Dienstleister sollten proaktiv klären, ob KRITIS-Betreiber im Kundenstamm vorhanden sind und ob die Auslagerungen zentrale Systeme oder Funktionen des jeweiligen Kunden betreffen (Tab. 14.3, Nr. 2.4).
- **Analyse bestehender Maßnahmen und des IT-Sicherheitsmanagements:** Als Basis des IT-SiG ist ISO 27001 maßgeblich. Die im Unternehmen getroffenen Maßnahmen und Kontrollmechanismen im Rahmen der IT-Sicherheit sollten daher auf Basis von ISO 27001 bzw. entsprechender Detaillierungen wie ISO 27017 und ISO 27005 zum Management von Informationssicherheitsrisiken, den Katalogen des BSI oder der TeleTrusT Handreichung zum Stand der Technik evaluiert und entsprechende Vorkehrungen getroffen sowie Risiken identifiziert werden (BSI 2012, 2016; TeleTrusT 2016).
- **Personal:** Bezogen auf die regelmäßigen Audits und das interne Risikomanagement gilt es Verantwortlichkeiten und Personal aufzubauen. Zudem muss im Rahmen der Meldepflicht qualifiziertes Personal für die Bewertung der Kritikalität und der Meldung von Vorfällen herangezogen werden.

- **Meldestruktur und Incident Management:** Zur Meldung bzw. Eskalation relevanter Vorfälle müssen Verantwortlichkeiten und Prozesse geschaffen werden.
- **Dienstlokalisierung:** Durch gesetzliche Vorgaben wie dem IT-SiG steigt der Kontrollbedarf über den Speicherort und die Verarbeitung von Daten für KRITIS-Betreiber. Durch inländisch betriebene Cloud-Services kann die Compliance mit den jeweiligen rechtlichen Vorgaben transparent sichergestellt werden (Wagner et al. 2015).

14.8 Fazit und Ausblick

Die Ressourcenbündelung und Vernetzung von Clouds führt zu Herausforderungen für das IT-Risikomanagement, insbesondere im Kontext der IT-Sicherheit und damit für Betreiber Kritischer Infrastrukturen (Ackermann 2013; Adelmeyer und Teuteberg 2018). Sofern KRITIS-Betreiber für ihre Funktion maßgebliche Systeme oder Prozesse in eine Cloud auslagern, verbleibt die Verantwortung der Einhaltung der Anforderungen des IT-Sicherheitsgesetztes beim auslagernden Unternehmen. Dieses muss Cloud-Dienstleister folglich mittelbar zur Einhaltung von IT-Sicherheitsstandards verpflichten, bspw. durch eine entsprechende Vertragsgestaltung und die Definition und Überwachung von KPIs, SLAs oder über Prüfrechte und Zertifikate. Insbesondere bei Zertifikaten und externen Nachweisen sollte jedoch der Scope dieser genau analysiert werden, um das IT-Risikomanagement entsprechend ausgestalten zu können. Der vorliegende Anforderungskatalog sowie das Framework zum IT-Risikomanagement von Cloud-Services in Kritischen Infrastrukturen können in diesem Kontext als Basis zur konkreten Umsetzung eines IT-Sicherheits- bzw. Risikomanagements von Cloud-Services dienen.

Literatur

Ackermann T (2013) IT Security Risk Management – Perceived IT Security Risks in the Context of Cloud Computing. Springer Gabler, Wiesbaden
Adelmeyer M, Teuteberg F (2018) Cloud computing adoption in critical infrastructures – status quo and elements of a Research Agenda. Erscheint. In: Proceedings zur Multikonferenz Wirtschaftsinformatik 2018, Lüneburg
Adelmeyer M, Walterbusch M, Lang J, Teuteberg F (2017) Datenschutz und Datensicherheit im Cloud Computing. Die Wirtschaftsprüfung (WPg) 1:35–42
BMI (2016) Verordnung zur Bestimmung Kritischer Infrastrukturen nach dem BSI-Gesetz (BSI-Kritisverordnung – BSI-KritisV). https://www.bsi.bund.de/SharedDocs/Downloads/DE/BSI/IT_SiG/BSI_Kritis_VO.pdf. Zugegriffen am 27.11.2017
BSI (2012) Eckpunktepapier Sicherheitsempfehlungen für Cloud Computing Anbieter. Bundesamt für Sicherheit in der Informationstechnik, Bonn. https://www.bsi.bund.de/SharedDocs/Downloads/DE/BSI/Publikationen/Broschueren/Eckpunktepapier-Sicherheitsempfehlungen-CloudComputing-Anbieter.pdf
BSI (2017) Anforderungskatalog Cloud Computing (C5) – Kriterien zur Beurteilung der Informationssicherheit von Cloud-Diensten. Bundesamt für Sicherheit in der Informationstechnik, Bonn. https://www.bsi.bund.de/SharedDocs/Downloads/DE/BSI/Publikationen/Broschueren/Anforderungskatalog-Cloud_Computing-C5.pdf

Eckert C (2014) IT-Sicherheit: Konzepte-Verfahren-Protokolle. De Gruyter Oldenbourg, München

Europäische Union (2016) Richtlinie (EU) 2016/1148 des Europäischen Parlaments und des Rates vom 6. Juli 2016 über Maßnahmen zur Gewährleistung eines hohen gemeinsamen Sicherheitsniveaus von Netz- und Informationssystemen in der Union

Goldshteyn M, Adelmeyer M (2015) Die Auswirkungen des IT-Sicherheitsgesetzes auf die Interne Revision. Z Interne Revis 6:244–255

Grudzien W (2016) IT-Sicherheitsgesetz – Gedanken zur Implementierung. Datenschutz und Datensicherheit 1:29–33

Klipper S (2015) Information Security Risk Management – Risikomanagement mit ISO/IEC 27001, 27005 und 31010. Springer Vieweg, Wiesbaden

Knoll M (2014) Praxisorientiertes IT-Risikomanagement: Konzeption, Implementierung und Überprüfung. dpunkt.verlag, Heidelberg

Königs H-P (2017) IT-Risikomanagement mit System. Springer Vieweg, Wiesbaden

Pearson S (2013) In: Pearson S, Yee G (Hrsg) Privacy and security for cloud computing. Springer, London, S 3–S42

TeleTrusT (2016) Handreichung zum „Stand der Technik" im Sinne des IT-Sicherheitsgesetzes (ITSiG). TeleTrusT – Bundesverband IT-Sicherheit e.V., Berlin. https://www.teletrust.de/fileadmin/docs/fachgruppen/ag-stand-der-technik/TeleTrusT-Handreichung_Stand_der_Technik.pdf

Teuteberg F (2015) Kennzahlengestütztes Risikomanagement zum Monitoring von IT-Outsourcing-Aktivitäten am Beispiel des Cloud Computing. Controlling – Z erfolgsorientierte Unternehmenssteuerung 27:290–299

UP KRITIS (2017) Best-Practice-Empfehlungen für Anforderungen an Lieferanten zur Gewährleistung der Informationssicherheit in Kritischen Infrastrukturen. http://www.kritis.bund.de/SharedDocs/Downloads/Kritis/DE/Anforderungen_an_Lieferanten.pdf. Zugegriffen am 27.11.2017

Wagner C, Hudic A, Maksuti S et al (2015) Impact of critical infrastructure requirements on service migration guidelines to the cloud. In: Proceedings of the 3rd international conference on future internet of things and cloud, Rom

Stichwortverzeichnis

}essentials{

HMD Best Paper Award – *essentials* mit ausgezeichnetem Inhalt

Mit dem »HMD Best Paper Award« werden alljährlich die drei besten Beiträge eines Jahrgangs der Zeitschrift »HMD – Praxis der Wirtschaftsinformatik« gewürdigt. Die prämierten Beiträge sind nun als *essentials* verfügbar!

HMD Best Paper Award 2016

Ch. Brandes, M. Heller
Qualitätsmanagement in agilen IT-Projekten – quo vadis?
erscheint 2017

H. Schröder, A. Müller
IT-Organisation in der digitalen Transformation
erscheint 2017

M. Böck, F. Köbler, E. Anderl, L. Le
Social Media-Analyse – Mehr als nur eine Wordcloud?
erscheint 2017

HMD Best Paper Award 2015

M. M. Herterich, F. Uebernickel, W. Brenner
Industrielle Dienstleistungen 4.0
ISBN print 978-3-658-13910-0; ISBN eBook 978-3-658-13911-7

P. Lotz
E-Commerce und Datenschutzrecht im Konflikt
ISBN print 978-3-658-14160-8; ISBN eBook 978-3-658-14161-5

S. Schacht, A. Reindl, S. Morana, A. Mädche
Projektwissen spielend einfach managen mit der ProjectWorld
ISBN print 978-3-658-14853-9; ISBN eBook 978-3-658-14854-6

Springer Vieweg

Änderungen vorbehalten. Stand Februar 2017. Erhältlich im Buchhandel oder beim Verlag.
Abraham-Lincoln-Str. 46 . 65189 Wiesbaden . www.springer.com/essentials

}essentials{

HMD Best Paper Award – *essentials* mit ausgezeichnetem Inhalt

Mit dem »HMD Best Paper Award« werden alljährlich die drei besten Beiträge eines Jahrgangs der Zeitschrift »HMD – Praxis der Wirtschaftsinformatik« gewürdigt. Die prämierten Beiträge sind nun als *essentials* verfügbar!

HMD Best Paper Award 2014

T. Walter
Bring your own Device
ISBN print 978-3-658-11590-6; ISBN eBook 978-3-658-11591-3

S. Wachter, T. Zaelke
Systemkonsolidierung und Datenmigration
ISBN print 978-3-658-11405-3; ISBN eBook 978-3-658-11406-0

A. Györy, G. Seeser, A. Cleven, F. Uebernickel, W. Brenner
Projektübergreifendes Applikationsmanagement
ISBN print 978-3-658-12328-4; ISBN eBook 978-3-658-12329-1

HMD Best Paper Award 2013

A. Wiedenhofer
Flexibilitätspotenziale heben
ISBN print 978-3-658-06710-6; ISBN eBook 978-3-658-06711-3

N. Pelz, A. Helferich, G. Herzwurm
Wertschöpfungsnetzwerke dt. Cloud-Anbieter
ISBN print 978-3-658-07010-6; ISBN eBook 978-3-658-07011-3

G. Disterer, C. Kleiner
Mobile Endgeräte im Unternehmen
ISBN print 978-3-658-07023-6; ISBN eBook 978-3-658-07024-3

Springer Vieweg

Änderungen vorbehalten. Stand Februar 2017. Erhältlich im Buchhandel oder beim Verlag.
Abraham-Lincoln-Str. 46 . 65189 Wiesbaden . www.springer.com/essentials

Ihr Bonus als Käufer dieses Buches

Als Käufer dieses Buches können Sie kostenlos das eBook zum Buch nutzen. Sie können es dauerhaft in Ihrem persönlichen, digitalen Bücherregal auf **springer.com** speichern oder auf Ihren PC/Tablet/eReader downloaden.

Gehen Sie bitte wie folgt vor:

1. Gehen Sie zu **springer.com/shop** und suchen Sie das vorliegende Buch (am schnellsten über die Eingabe der eISBN).
2. Legen Sie es in den Warenkorb und klicken Sie dann auf:
   zum Einkaufswagen/zur Kasse.
3. Geben Sie den untenstehenden Coupon ein. In der Bestellübersicht wird damit das eBook mit 0 Euro ausgewiesen, ist also kostenlos für Sie.
4. Gehen Sie weiter **zur Kasse** und schließen den Vorgang ab.
5. Sie können das eBook nun downloaden und auf einem Gerät Ihrer Wahl lesen. Das eBook bleibt dauerhaft in Ihrem digitalen Bücherregal gespeichert.

EBOOK INSIDE

eISBN	978-3-658-20967-4
Ihr persönlicher Coupon	yXQBpha2zRsTBwx

Sollte der Coupon fehlen oder nicht funktionieren, senden Sie uns bitte eine E-Mail mit dem Betreff: **eBook inside** an **customerservice@springer.com**.

Printed by Printforce, the Netherlands